Nuestros años diez

Nuestros años diez

La Asociación Pro-Indígena, el levantamiento de Rumi Maqui y el incaísmo modernista

Carlos Arroyo Reyes

www.librosenred.com

Dirección General: Marcelo Perazolo
Dirección de Contenidos: Ivana Basset
Diseño de cubierta: Emil Iosipescu
Diagramación de interiores: Andrés Beláustegui

"La publicación de este libro contó con un subsidio económico
del Centro de Estudios y Trabajos América Latina (Cetal),
de la ciudad de Uppsala-Suecia"

Primera edición en español - Impresión bajo demanda

© LibrosEnRed, 2005
Una marca registrada de Amertown International S.A.

ISBN: 1-59754-101-X
Impreso en Argentina - *Printed in Argentine*

Para encargar más copias de este libro o conocer otros libros
de esta colección visite www.librosenred.com

*Para Auria,
por saber escuchar,
siempre.*

Introducción

En la década de 1910, en el Perú se desarrollaron una serie de fenómenos, experiencias y movimientos que modificaron radicalmente la dinámica de su vida política, ideológica, social y cultural y, simultáneamente, le permitieron ingresar en lo que el gran historiador británico Eric Hobsbawm ha dado en llamar el «corto siglo XX». En el país, este proceso no desembocó en una revolución, como en México (1911) o Rusia (1917), pero sí en una especie de situación revolucionaria donde se desmoronó la llamada República Aristocrática (1895-1919) e irrumpieron muchas de las fuerzas políticas y sociales que gravitarían decisivamente en la conformación del Perú moderno.

Así, entre los fenómenos que reflejaron vívidamente la especie de crisis en las alturas que por esos años se vivía en el país, se puede mencionar la breve experiencia del gobierno de Guillermo Billinghurst (septiembre de 1912/ febrero de 1914), quien era conocido, entre los obreros y los artesanos de la capital, con el afectuoso apelativo de «Pan Grande». Resulta que, debido a su prédica contra el civilismo, la plutocracia y las oligarquías, su base social multitudinaria y beligerante y su mismo acercamiento a las clases proletarias, Billinghurst alteró seriamente la «normalidad» de la República Aristocrática y hasta hizo temer a algunos de los funcionarios de los gobiernos de los Estados Unidos de Norteamérica y de Gran Bretaña que su gestión podía conducir a una situación tan «peligrosa» como la que a la sazón existía en México, donde la lucha contra los afanes continuistas del porfiriato habían terminado encontrándose con los furores campesinos y las exigencias de tierra y libertad. Otro tanto se puede decir de la instauración de la dictadura militar del coronel Óscar R. Benavides (1914-1915), que los mismos civilistas, abjurando de su prédica antimilitarista y de la misma legalidad demoliberal que decían defender, promovieron con el objetivo de derrocar al gobierno populista de Billinghurst y restablecer los fueros de la ya maltrecha República Aristocrática. Finalmente, habría que referirse también a los inicios del «Oncenio» de Augusto B. Leguía (1919-1930), que marcó la crisis definitiva del civilismo y la República Aristocrática. Ocurre que, por ese entonces, recurriendo a una campaña electoral que resultaba un tanto similar a la que anteriormente Billinghurst había realizado, Leguía se hizo del gobierno por segunda vez y trató de implementar un proyecto que, entre otras cosas, buscaba arrebatarle el poder político a la antigua oligarquía civilista y entregárselo a un nuevo grupo de plutócratas que iría surgiendo y ampliándose a la sombra de la denominada «Patria Nueva».

En cuanto a los grandes esfuerzos que por esos años se desplegaron con la finalidad de organizar y/o concientizar a las llamadas «clases subalternas», se puede destacar la iniciativa de Pedro S. Zulen, Dora Mayer y Joaquín Capelo de organizar una institución como la Asociación Pro-Indígena (1909-1916), que se mostró muy activa particularmente durante la primera mitad de la década de 1910. De esta manera, gracias a sus campañas de denuncias contra el gamonalismo y los abusos de la Cerro de Pasco Mining Company, la Pro-Indígena llegó a tocar las fibras más sensibles de los mismos indígenas y, además, contribuyó decididamente a la formación de una corriente proindígena entre un sector de los intelectuales de Lima y, particularmente, de provincias, que fue donde tuvo mayor resonancia. Otro tanto se puede decir de la aparición de *La Protesta* (1911-1926), que, en su calidad de vocero del primer grupo anarquista de acción persistente en el Perú, llegó a jugar un rol fundamental no sólo en la propaganda del ideal anárquico, la difusión de la necesidad de la organización sindical, la lucha a favor de la jornada de las ocho horas o la solidaridad con las reivindicaciones del indio, sino también en la promoción de la autoeducación y el cultivo de una «cultura obrera». Este importante colectivo de ácratas fue conformado, entre otros, por el obrero de construcción civil Abraham Gamero, el textil Luis Felipe Grillo y los panaderos Manuel Caracciolo Lévano y Delfín Lévano.

Tampoco se pueden soslayar los esfuerzos orientados a dar vida a un proyecto socialista que realizaron José Carlos Mariátegui, César Falcón y Humberto del Águila, quienes animaron la efímera pero significativa experiencia de *Nuestra Época* (1918), un quincenario de combate de vagas tendencias socializantes que se inspiraba más en la revista *España* (1915-1924), de Luis Arasquistáin, que en los nuevos vientos que habían comenzado a soplar con la revolución bolchevique de Vladimir I. Lenin y León Trotski. Posteriormente, muchos de los jóvenes periodistas que participaron en la experiencia de *Nuestra Época* llegaron a confluir en la iniciativa igualmente fugaz del Comité de Propaganda y Organización Socialistas (1919) y, paralelamente, dieron vida a *La Razón* (1919), el primer diario de izquierda en el Perú. Por último, habría que referirse también al Comité Central Pro-Derecho Indígena Tahuantinsuyo (1919-1927), que jugó un rol fundamental en el «despertar indígena» que se produjo durante los primeros tramos de la década de 1920.

En lo referente a la propia movilización de los de abajo, se puede destacar la serie de movimientos campesinos que entre 1912 y 1915 se desarrollaron en distintos puntos del país, como Trujillo, Zaña, Chuyugal o Porcón. El más importante de ellos fue, sin duda alguna, el levantamiento de indios de San José, en Puno, que, a fines de 1915, promovió el sargento mayor de caballería del Ejército Peruano Teodomiro Gutiérrez Cuevas, el legendario Rumi Maqui Ccori Zoncco. Este levantamiento formaba parte de un alzamiento general que buscaba, antes que la restauración del Tahuantinsuyo propiamente dicha o la vuelta al tiempo de los incas, la reversión de todas las tierras a favor de los indígenas y la creación de un Estado de tipo federal. Otro tanto se puede decir acerca del desarrollo del movimiento obrero, que entre 1918 y 1919 vivió uno de los mejores momentos de su historia. Precisamente, éstos fueron los años de la constitución de la Federación Obrera Local de Lima, de la exitosa huelga general por la conquista de la jornada de las ocho horas, de la formación del Comité Pro-Abaratamiento de las Subsistencias y del famoso «paro de las subsistencias». En verdad, esta última acción, por su misma radicalidad, sobrepasó los límites de una simple paralización de labores y asumió las características de un motín o una revuelta urbana ya que fue acompañada con marchas tumultuosas, apedreamientos de locales de grandes firmas comerciales, acciones de saqueo y destrucción de pequeñas tiendas y pulperías, enfrentamientos con la gendarmería, exhibición de letreros con consignas que decían «¡Abajo los capitalistas y acaparadores!» o «¡Queremos pan!» y hasta izamientos de banderas rojas.

Finalmente, no se puede dejar de mencionar el movimiento a favor de la reforma universitaria que en 1919 impulsaron los estudiantes de la Universidad Nacional Mayor de San Marcos. Éstos fueron dirigidos por un núcleo que era integrado por Manuel Abastos y otros estudiantes, como Raúl Porras Barrenechea, Jorge Guillermo Leguía, Luis Alberto Sánchez o Jorge Basadre, que después conformarían la memorable «Generación del Centenario» o «Generación de la Reforma Universitaria». Aunque estalló bajo el influjo ideológico de la victoriosa insurrección de los estudiantes de la Universidad de Córdoba y la elocuente admonición de Alfredo Palacios, el famoso líder del socialismo argentino que por ese entonces acababa de visitar la ciudad de Lima, el movimiento reformista de los jóvenes estudiantes sanmarquinos también tuvo hondas raíces nacionales que, en este caso, se remontaban hasta la huelga que en demanda de una reforma universitaria llevaron a cabo los estudiantes de la Universidad San Antonio de Abad, del Cusco, nada menos y más, en 1909, o sea, diez años antes de que se lanzara el famoso «grito de Córdoba».

Por último, pasando ya al terreno de la dinámica propiamente cultural, se puede mencionar el caso de la aparición de una contestación originalmente literaria relacionada con la confrontación de clase que básicamente tuvo que ver con la actuación de Abraham Valdelomar y la generación de los «colónidos», que fueron la punta del *iceberg* de la lucha que libraban los nuevos sectores medios provincianos para poder afirmarse en una actividad que era parte importante de la legitimación ideológica de los grupos dominantes. Esta situación se reflejó de manera bastante nítida en 1916, cuando Valdelomar y los suyos lanzaron su propia revista, *Colónida*, y organizaron una especie de revuelta literaria contra el camino cerrado a la renovación que en la literatura peruana encarnaba el grupo generacional de José de la Riva-Agüero y Ventura García Calderón. Al final, a pesar que tuvo una vida muy corta y no pasó de los cuatro números, *Colónida* produjo una verdadera conmoción en el medio literario peruano y representó no sólo una apertura hacia el cosmopolitismo, lo extranjerizante o todo lo que parecía *snob*, sino también una apuesta a favor de lo vernáculo o lo nacional que Federico More, mejor que nadie, llegó a resumir en su frase-manifiesto de «quien literatura peruana pretenda hacer obligado está a inquirir en el alma de nuestros más remotos ancestrales». Otro tanto se puede decir del renacimiento del interés por lo incaico que, entre otras cosas, se manifestó en el gran éxito que tuvieron las «óperas incaicas» de Daniel Alomía Robles y, sobre todo, las representaciones del *Ollantay* que solían montar, tanto en el Cusco como en otras ciudades del Perú, diversas compañías teatrales cusqueñas. A este mismo tipo de impulso cultural pertenecen también los «cuentos incaicos» que entre 1915 y 1919 Valdelomar publicó en los diferentes diarios y revistas donde trabajaba o colaboraba y que, después de su muerte, serían reunidos en el libro *Los hijos del Sol* (1921).

En este libro, busco aproximarme a este intenso y crucial período de nuestra historia, pero, deliberamente, me focalizo en lo que, de una u otra forma, tiene que ver con el aspecto indígena o andino de la cuestión. De allí que me centre en la acción de la Asociación Pro-Indígena, el levantamiento de Rumi Maqui Ccori Zoncco y el impulso del incaísmo modernista, y no me detenga en otros puntos que, en algunos casos, como los que tienen que ver con la historia del movimiento obrero, la lucha por la jornada de las ocho hora o el «paro de las subsistencias», ya han sido objeto de estudios más o menos prolijos e inteligentes, mientras que, en otros, como los del billinghurismo o el anarquismo peruano, merecen ser tratados con más detenimiento, profundidad y simpatía. Además, aunque privilegio el estudio de Pedro S. Zulen, Teodomiro Gutiérrez Cuevas y Abraham Valdelomar, que son las figuras que mejor condensan o sintetizan estas valiosas experiencias, insisto también en un tipo de discurso que intenta rescatar el aporte de una serie de personajes que, a pesar del gran papel que cumplieron, aparecen como los eternos convidados de piedra de nuestros libros de historia y, muchas veces, ni siquiera figuran en esa suerte de registro de identidad histórica que son nuestros escasos y heroicos diccionarios histórico-biográficos. Éso, por ejemplo, es lo que ha sucedido con Francisco Chuquihuanca Ayulo, Modesto Málaga y algunos otros de los abnegados y consecuentes delegados de provincias de la Pro-Indígena; con José María Turpo, el heroico mártir del levantamiento de indios de San José; o con Leandro Alviña y los entusiastas animadores de la Compañía Dramática Incaica

Cusco. De esta manera, al focalizarme en el aspecto andino de nuestros años diez y ensayar un tipo de discurso que reivindica no sólo a los que tuvieron el don de la palabra sino también a los que trataron de silenciarlos o, simplemente, no les gustaba hablar demasiado, he escrito un libro que aspira contribuir a la construcción de una historia del Perú que discurra no solamente en Lima sino también en las provincias del interior, que es de donde, para bien o para mal, siempre han venido gran parte de los cambios que han ocurrido y seguirán ocurriendo en el país.

I. Pedro S. Zulen
y la Asociación Pro-Indígena

La Asociación Pro-Indígena (1909-1916) fue la más importante de las instituciones que llegó a constituir el indigenismo peruano o acaso la única que alcanzó a desarrollarse como tal, sobre todo si se le compara con la Sociedad Amiga de los Indios (1867) o el Grupo Resurgimiento (1926-1927), que fueron experiencias un poco similares pero de muy corta duración. A lo largo de su existencia, la Pro-Indígena impulsó un verdadero proceso del gamonalismo, supo denunciar los atropellos de la Cerro de Pasco Mining Company y, como si todo lo anterior fuese poco, se interesó en la suerte de las poblaciones nativas de la selva peruana. Así, gracias a estas nobles campañas, pudo promover una corriente proindígena entre un sector de los intelectuales de Lima y, particularmente, de provincias, que fue donde tuvo mayor resonancia. Además, llegó a tocar las fibras más sensibles de los propios indios y contribuyó decisivamente a lo que se conoció como «el despertar indígena». Por eso, las últimas páginas de su historia se solaparon con las de la fundación del Comité Central Pro-Derecho Indígena Tahuantinsuyo (1919-1927), que fue una de las primeras organizaciones de origen campesino. Posteriormente, cuando ya se había disuelto y parecía que se había perdido definitivamente entre las sombras del pasado, la Pro-Indígena insurgió como el referente inmediato de algunas de las iniciativas que la generación de José Carlos Mariátegui impulsó en la segunda mitad de la década de 1920, como fueron el nuevo proceso del gamonalismo de la revista *Amauta* (1926-1930) o la nueva cruzada proindígena del Grupo Resurgimiento.

Uno de los fundadores de la Pro-Indígena fue Pedro S. Zulen, un joven universitario que, aparte de estudiar Filosofía e interesarse en la literatura, se consagró a la causa de la redención social del indio. Más tarde, en el transcurso de la cruzada indigenista, empezó a radicalizarse y acabó abogando por la revolución agraria y el advenimiento del socialismo. Después de la disolución del Comité Central de la Pro-Indígena, Zulen viajó a Estados Unidos para poder estudiar en la Universidad de Harvard. Cuando regresó al Perú, fue nombrado director de la Biblioteca de la Universidad Nacional Mayor de San Marcos y, al poco tiempo, se hizo cargo de la cátedra de Filosofía y de Lógica. Pero, a pesar de la importante posición que llegó a conquistar dentro de la Universidad de San Marcos, Zulen supo mantenerse fiel a sus ideales, frecuentó a Mariátegui y se vinculó a las actividades de la Pro-Derecho Indígena Tahuantinsuyo y las Universidades Populares «González Prada». Desgraciadamente, falleció a los treinta y seis años de edad, cuando su indigenismo ya se había entrelazado con sus nuevas convicciones socialistas y cuando comenzaban a tomar cuerpo los nuevos movimientos sociales que él y sus compañeros de la Pro-Indígena habían alentado con tanta entrega y desprendimiento.

1. La cruzada indigenista

Los orígenes de la Asociación Pro-Indígena se remontan a abril de 1909, cuando un joven de diecinueve años con ancestros chinos llamado Pedro Salvino Zun Leng –o Zulen, como solía firmar–, que por ese entonces cursaba estudios en la Facultad de Letras de la Universidad Nacional Mayor de San Marcos, propuso que el Centro Universitario de esa casa de estudios discutiese el tema de la educación indígena. Por esa misma época, una periodista y escritora de origen alemán, Dora Mayer, pronunció un discurso sobre el indigenismo y lanzó la idea de la creación de una sociedad de carácter privado y no oficial destinada a defender los derechos de los indígenas. La propuesta fue secundada por Joaquín Capelo, un ingeniero y catedrático universitario que era senador por el departamento de Junín. Así, por iniciativa de Zulen, Mayer y Capelo, se constituyó esta institución que sería como una especie de voz de la consciencia nacional.

El modelo que inspiró a la Pro-Indígena fue el de las ligas inglesas, que eran sociedades de amplia base que actuaban al margen de las instituciones del Estado y, por lo general, se dedicaban a organizar campañas de denuncias que buscaban movilizar a la opinión pública alrededor de un fin concreto. Dentro de ellas, se puede mencionar a la Anti-Slavery Internacional, cuyos orígenes se remontan hasta 1787 y fue la organización que impulsó el movimiento para abolir el tráfico de esclavos en Inglaterra y la esclavitud en las colonias británicas.

Otro tanto se puede decir de la British and Foreing Anti-Slavery Society, que Thomas Forwell Brexton y otros distinguidos representantes de los cuáqueros, bautistas y metodistas ingleses formaron en 1839 con el fin de luchar por la abolición de la esclavitud en todo el mundo. En 1909, esta nueva sociedad –que también actuó bajo el nombre de Anti-Slavery Internacional–, después de incluir en su mandato el maltrato de los pueblos indígenas, decidió fusionarse con la Aborigines Protection Society y dio vida a la Anti-Slavery and Aborigines Protection Society, que se hizo muy conocida en todo el mundo por sus denuncias contra los crímenes y abusos de los caucheros en el Congo y en el Putumayo. En algún momento, Zulen, que seguía de cerca la experiencia de la Anti-Slavery International, llegó a sostener que estas ligas eran las que habían «hecho de la Inglaterra monárquica, una democracia práctica», que no existía en países que, como el nuestro, se titulaban «democráticos».[1]

Desde un primer momento, los fines que se planteó la Pro-Indígena fueron apoyar las quejas y reivindicaciones de los indígenas, designar abogados para defenderlos gratuitamente, enviar comisionados especiales a cualquier punto del país en el que ocurriese algún conflicto, elaborar un detallado informe sobre la condición del indio en cada provincia del Perú, efectuar una amplia encuesta nacional y promover el debate público en torno al mejoramiento físico, moral e intelectual del indio peruano.[2] Todo esto, de acuerdo a lo que en algún momento reconoció la propia Mayer, hizo que la asociación

---

[1] Zulen, Pedro S.: «Carta a José Coello Meza, febrero de 1912», citado en Leibner, Gerardo: «Pensamiento radical peruano: González Prada, Zulen, Mariátegui», *Estudios Interdisciplinarios de América Latina y El Caribe*, Vol. 8, N° 1, Tel Aviv, enero-junio de1997, pág. 127.

[2] Basadre, Jorge: *Historia de la República del Perú*, 5° Edición, Lima, Ediciones Historia, 1963, Tomo VIII, págs. 3658-3659.

apareciese como un experimento de rescate de la esclavizada raza indígena por medio de un cuerpo protector extraño a ella que buscaba servirle como abogado en sus reclamos ante los poderes del Estado.[3] Así, en términos de gestiones inmediatas, la Pro-Indígena perseguía que el Estado peruano se constituyese en protector y garante especial del indio contra los proyectos egoístas y atentatorios de individuos aislados –léase terratenientes, gamonales, grandes empresas extranjeras, etcétera– que lo seguían despojando de sus derechos políticos y humanos.[4] Sin embargo, su impulso no se agotó en esta función tutelar de abogado o cuerpo protector de los indios, pues su objetivo final era la promoción de la consciencia cívica indígena. Zulen se refería a esto último cuando hablaba de la necesidad de «convertir a los indígenas en ciudadanos conscientes de sus derechos».[5]

Para poder llevar a la práctica su programa de defensa de los derechos del indio, los fundadores de la Pro-Indígena constituyeron un Comité Central que inicialmente fue integrado por Capelo, Zulen, Mayer, el arqueólogo Emilio J. Lissón, el padre Vitaliano Berroa, el ingeniero Marco Aurelio Denegri y Emilio Sequi, director en Lima de *La Voce d'Italia*. En algún momento, José de la Riva-Agüero, uno de los más preclaros representantes de la Generación del Novecientos, figuró en la dirección. En 1910 el Mayor Teodomiro Gutiérrez Cuevas, ex-Subprefecto de Chucuito y futuro líder del levantamiento indígena de Azángaro (el legendario Rumi Maqui Ccori Zoncco), también apareció en los cargos directivos de la Pro-Indí-

---

[3] Mayer, Dora: «Lo que ha significado la Pro-Indígena», *Amauta*, Año I, Nº 1, Lima, septiembre de 1926, pág. 20.

[4] Zulen, Pedro S.: «Doctrina y programa de la Asociación Pro-Indígena», Lima, 8 de marzo de 1915.

[5] Zulen, Pedro S.: «Texto mecanografiado de conferencia (Lima, 1910-1911)».

gena. Dos años después, la plana mayor de la asociación fue reforzada con la presencia del músico Daniel Alomía Robles, el escritor y periodista Abelardo Gamarra y Rómulo Cúneo Vidal, un historiador del que ahora muy pocos se acuerdan pero que en su tiempo escribió libros tan apasionantes como *Historia de la guerra de los últimos incas peruanos contra el poder español (1535-1572)* (1925).

Aunque el Comité Central de la Pro-Indígena funcionaba en Lima, sus dirigentes acostumbraban salir al interior del país para poder conocer *in situ* lo que allí ocurría. Tal fue el caso de Cúneo Vidal, Vocal del Comité Central, que en 1912 viajó hasta el norte para conocer todo lo relativo a la masacre del valle de Chicama, donde unos 150 trabajadores azucareros fueron muertos durante la represión de una huelga. Después de efectuar las pesquisas correspondientes, Cúneo Vidal redactó el documento «La huelga de Chicama: Informe apoyado por la Asociación Pro-Indígena sobre los sucesos de Chicama y las medidas que deben ponerle reparo», que fue publicado en *La Prensa*, de Lima, el 10 de octubre de 1912. Por esa misma época, otro representante de la Pro-Indígena viajó hasta Cerro de Pasco para verificar las denuncias sobre los abusos de la compañía norteamericana Cerro de Pasco Mining Company.

El mismo Zulen, en su condición de Secretario General de la Pro-Indígena, hizo una gira por el sur del país, donde el poder del gamonalismo era brutal y los levantamientos indígenas, precisamente a raíz de lo anterior, también eran frecuentes. En esa oportunidad, Zulen no sólo se limitó a escuchar las denuncias de los indígenas, sino también hizo llegar la voz de aliento y esperanza que representaba la Pro-Indígena. Eso fue lo que ocurrió cuando visitó el ayllu de Acola, a orillas del Lago Titicaca, en el departamento de Puno, y pronunció el «Discurso a los indios de Chucuito». Así, en una parte de esta importante peroración, que fue publicada en *La Crónica*, de Lima, el 9 de febrero de 1915, Zulen dijo: «El día de la victoria no está lejano. Si hoy la frase "no hay justicia" acude, a cada instante, a vuestros labios, no debéis desesperar. El día que la libertad y la justicia triunfen veréis a vuestros pies a los mismos que hoy os vejan, que hoy os arrebatan vuestro patrimonio. Ese día el suelo será de nosotros solos, como lo fue antes... y entonces todos podremos decir: ¡Viva el Perú regenerado por sus indios!».[6]

Poco después de su fundación, la Pro-Indígena decidió publicar *El Deber Pro-Indígena*, que apareció como su órgano oficial. La directora de esta revista fue Mayer, responsable de publicaciones del Comité Central. Era una pequeña pero nutrida revista mensual de ocho páginas, que publicaba los informes que enviaban a Lima los delegados de la Pro-Indígena y daba cuenta de las actividades que realizaba la asociación. También insertaba artículos de opinión sobre diversos aspectos de la problemática indígena. El primer número circuló en octubre de 1912; el último, en marzo de 1916, cuando se disolvió esta asociación. Después, debido a la iniciativa y el empeño de Mayer, se publicaron algunos números más. Wilfredo Kapsoli, autor de un documentado estudio sobre la Pro-Indígena, sostiene que *El Deber Pro-Indígena* salió hasta diciembre de 1917.[7]

Como es fácil suponer, el blanco principal de la Pro-Indígena fue el feudalismo supérstite, que era presentado como el responsable que la República del Perú no fuese otra cosa que un país de siervos y esclavos. Zulen, que no era de andarse con medias tintas, lo dijo claramente en el primer número de *El Deber Pro-Indígena*: «Se aproxima la fecha de nuestro centenario [de la proclamación de la Independencia], y todavía tenemos los yanaconazgos y los enganches, las mayordomías

---

[6] Zulen, Pedro S.: «Discurso a los indios de Chucuito», *La Crónica*, Lima, 9 de febrero de 1915.

[7] Kapsoli, Wilfredo: *El pensamiento de la Asociación Pro-Indígena*, Cusco, Centro Las Casas, 1980, pág. 5.

y los pongajes; las tierras de las comunidades se vuelven haciendas y los verdaderos propietarios del suelo se convierten en indiada del amo usurpador; el látigo y la tortura, el hambre y las cárceles sólo se han hecho para los indios. El feudalismo no ha sido desterrado todavía de la Humanidad, porque existe en todas las secciones del territorio peruano. He aquí el país de esclavos que se llama "La República del Perú"».[8]

En el número dos de *El Deber Pro-Indígena*, como complementando las ideas de Zulen sobre la persistencia de la servidumbre y la feudalidad, Capelo, Presidente de la Pro-Indígena, agregó que en el Perú las cosas habían llegado hasta tal punto que podía afirmarse que con la República se había incrementado todavía más la opresión y explotación que desde la Colonia pesaba sobre el indio: «Haciendo excepción de Lima y unas cuantas ciudades de la costa –dice–, en todo el Perú el estado de cosas es idéntico, y en muchos casos quizá peor, en muchas minas y fundos agrícolas, de lo que era ese estado en la época del coloniaje: con ligeras variantes de nombres, subsisten en todo su horror los repartimientos, las mitas, las primicias, los servicios gratuitos, los trabajos forzados en minas, los fundos y obrajes, los fusilamientos, y despojos individuales y en masa, de la propiedad del suelo [...] Allí están para confirmar nuestros asertos, las hecatombes de Huancané, hechas en junio de 1910 y la última del valle de Chicama del presente año [1912], y las matanzas de Baños, aquí en Lima. Nada se ha hecho hasta hoy en castigo de esas sangrientas matanzas».[9]

---

[8] Zulen, Pedro S.: «¿Cómo celebraremos nuestro centenario?», *El Deber Pro-Indígena*, Año I, Nº 1, Lima, octubre de 1912.

[9] *El Deber Pro-Indígena*, Año I, Nº 2, Lima, noviembre de 1912, citado en Scheben, Helmut: «Indigenismo y modernismo», *Revista de Crítica Literaria Latinoamericana*, Año V, Nº 10, Lima, segundo semestre de 1979, pág. 122.

Pero, además de fustigar a la feudalidad supérstite, la Pro-Indígena también orientó sus dardos contra los desmanes de la Cerro de Pasco Mining Company en los asientos metalíferos y carboníferos del centro del país, y la presencia del capital imperialista en general. Por eso, desde un inicio, la asociación exigió la supresión de los enganches y el retiro de las fichas con que se remuneraba a los trabajadores de la Cerro de Pasco Mining Company, el pago de las indemnizaciones por los repetidos accidentes de trabajo de que eran víctimas los obreros, la indemnización de las fincas deterioradas por los trabajos mineros y la destrucción de los muros del asiento minero de Smelter que impidían el comercio y progreso en esa zona. Así, a comienzos de 1911, como parte de la campaña que la Pro-Indígena libraba contra el sistema del enganche, Denegri pronunció una importante conferencia en la Sociedad de Ingenieros, que después fue impresa como folleto con el título de *La crisis del enganche*. Simultáneamente, en las sesiones del Congreso de ese mismo año de 1911, Capelo propuso la nulidad del reglamento de locación de servicios para la minería que había sido expedido en 1903 y permitía la prisión por deudas para los indios y los obligaba a trabajar bajo pena de cárcel. Poco después, en el número de *El Deber Pro-Indígena* correspondiente a octubre de 1912, Mayer advirtió que «los indígenas ya no morían como carne de cañón bajo las órdenes de los caudillos y los generalotes, sino como carne de máquinas trituradoras al servicio de negociantes extranjeros».[10] Un año más tarde, utilizando gran parte del material recopilado en esta campaña de denuncias, Mayer escribió el folleto *La conducta de la Cerro de Pasco Mining Company*, que fue publicado tanto en inglés como en

---

[10] Mayer, Dora: «El estado de la causa», *El Deber Pro-Indígena*, Año I, N° 1, Lima, octubre de 1912.

español. Finalmente, en 1916, gracias a una iniciativa de Capelo, el Congreso aprobó la ley 2285, que, entre otras cosas, reglamentaba el pago efectivo de los jornales y establecía un salario mínimo de veinte centavos. En ese sentido, Jorge Basadre no se equivocó cuando, en su monumental *Historia de la República del Perú*, afirmó que todo este gran esfuerzo para denunciar a la Cerro de Pasco Mining Company y el sistema de enganche representó una de las más notables campañas que impulsó la Pro-Indígena.[11]

Otra de las grandes preocupaciones de la Pro-Indígena eran los conflictos sociales en el campo. Fue una problemática que apareció recurrentemente en las diversas ediciones de *El Deber Pro-Indígena*. Dentro de este rubro, se puede mencionar el informe que Cúneo Vidal preparó a raíz de la sangrienta matanza que siguió a la huelga que en abril de 1912 se inició en la hacienda Casa Grande y después se extendió por todo el valle de Chicama. Tampoco se puede dejar de resaltar la forma en cómo la Pro-Indígena encaró el caso de la brutal represión con la que los gamonales y el ejército respondieron al alzamiento indígena que en diciembre de 1915 estalló en la provincia de Azángaro, en Puno, y que hoy se conoce como el levantamiento de Rumi Maqui Ccori Zoncco. A este último acontecimiento *El Deber Pro-Indígena* llegó a dedicarle hasta dos «boletines extraordinarios»: el primero de ellos fue «Relación de los hechos realizados en Azángaro el 1º de diciembre de 1915», de Francisco Chuquihuanca Ayulo, delegado de la Pro-Indígena de Puno, que apareció en enero de 1916; el segundo fue «La historia de las sublevaciones indígenas en Puno», de Mayer, que fue publicado en septiembre y octubre de 1917.

---

[11] Basadre, Jorge: *Historia de la República del Perú*, 5º Edición, Lima, Ediciones Historia, 1964, Tomo X, págs 4520-4521.

Además, a raíz de la sorna con que algunos diarios y revistas de Lima trataron el levantamiento de Rumi Maqui Ccori Zoncco, Mayer se vio forzada a escribir el artículo «La sátira en su lugar», que en febrero de 1916 publicó en *El Deber Pro-Indígena*. Así, en su calidad de dirigente de la Pro-Indígena, Mayer repudió con energía que algunos periodistas limeños, como Clemente Palma, que era el director de *La Crónica* y *Variedades*, se empeñasen en convertir a Rumi Maqui Ccori Zoncco en el blanco de sus chanzas e ironías. Al respecto, su idea fue que la burla que se hacía de los indios no era un mero incidente sino todo un síntoma de la patología nacional del Perú oligárquico, semifeudal y racista de la década de 1910: «En *La Crónica* y *Variedades* –dice– encontramos dos artículos sobre el Neo-Tahuantinsuyo de Rumi Maqui, que no juzgamos inofensivos. Aquellas ironías, aquellas bromas, no carecían de tendencia doctrinaria: enseñaban al público que la raza indígena del Perú es algo tan pobre en su esencia, que cuanto hace debe tomarse del lado cómico; enseñaba al público que la pobreza, el atraso, la impotencia de conquistar el progreso, son causas de risa y que atribuyendo gratuitamente a un raído y sucio sujeto sacado de las filas de los comuneros puneños, pretensiones a revivir el esplendor de los incas o a remedar instituciones diplomáticas modernas, dorándose con el título de ministro de hacienda, basta para echar abajo los legítimos ensueños de un pueblo humilde, pastor o agricultor, que tiene derecho a la vida y a un porvenir nacional».[12] En otra parte de su artículo, ganada por la ira de los justos, Mayer exclamó: «¡Burlarse de la pobreza y desgracia de los indígenas en momentos en que más de cien individuos de esta raza yacen víctimas de cruel e impune asesinato en Azángaro! ¡Burlarse de la mendicidad de esta raza que

---

[12] Mayer, Dora: «La sátira en su lugar», *El Deber Pro-Indígena*, Año IV, Nº 41, Lima, febrero de 1916.

es culpa de los que gobiernan, de los que piensan en el Perú! ¿Es concebible semejante infamia?».[13]

Aunque no pretendió extender su radio de acción hasta las poblaciones nativas de la selva peruana, la Pro-Indígena contempló el caso de las atrocidades cometidas por los caucheros en contra de los diversos grupos étnicos que vivían en la zona del Putumayo (los indios huitotos, boras, andokes y ocaínas) y procedió a denunciar lo que aparecía como la amalgama del corregidor español y el «negrero» del Sur de los Estados Unidos de Norteamérica. Así, en julio de 1910, Zulen entabló comunicación epistolar con A. R. Stark, comisionado de la Anti-Slavery and Aborigines Protection Society, que viajó hasta el Perú para informarse sobre la cuestión del Putumayo y comprobar si eran ciertas o no las graves acusaciones que pesaban sobre Julio César Arana y la Peruvian Amazon Company, una compañía nominalmente inglesa.[14] Posteriormente, a raíz de los nuevos atropellos que los caucheros perpetraron en vísperas de 1912, la Pro-Indígena tomó nota del revelador informe de más de mil páginas preparado por el doctor Rómulo Paredes, que prácticamente confirmó que los horrores en el Putumayo (raptos, violaciones, torturas y asesinatos) no eran ninguna exageración. Varios meses después, Zulen volvió a ocuparse del problema del Putumayo en el artículo «Las correrías en las montañas del Cusco», que el 21 de julio de 1912 publicó en el diario *La Prensa*, donde contaba cómo los indios machiguengas continuaban siendo víctimas del látigo, la tortura y el hambre.[15] Por esa misma época, Zulen escribió

---

[13] *Ibíd.*

[14] Zulen, Pedro S.: «Respuesta a la carta de A. R. Stark, comisionado de la Anti-Slavery and Aborigines Protection Society, para informarse sobre la cuestión del Putumayo», *El Comercio*, Lima, 20 de julio de 1910.

[15] Zulen, Pedro S.: «Las correrías en las montañas del Cusco», *La Prensa*, Lima, 21 de julio de 1912.

el texto «Las correrías en el Bajo Ucayali», que vio la luz en *La Prensa* del 13 de julio de 1912, donde denunciaba cómo las autoridades de este apartado y olvidado lugar del Perú se dedicaban a cazar indios para después venderlos como cabezas de ganado a los caucheros.[16] Otro tanto se puede decir de las denuncias de la Pro-Indígena sobre el tráfico de niños que los comerciantes esclavistas realizaban en la región de Madre de Dios.

Por su parte, la Anti-Slavery and Aborigines Protection Society, gracias a las constantes denuncias que llegaban a Londres y a la misma investigación que llevaron a cabo sus representantes que viajaron hasta el Perú, pudo publicar hasta dos informes sobre los caucheros y la cuestión del Putumayo: *The Peruvian Rubber Crime* (1910), de John H. Harris, y *The Putumayo* (1913), de Justice S. Eady. Estos documentos, conjuntamente con el sensacional informe que en julio de 1912 preparó el cónsul de Gran Bretaña en Pará, Roger Casement, quien anteriormente había denunciado un caso similar en el Congo y no había vacilado en enfrentarse al rey Leopoldo, de Bélgica, prácticamente obligaron a que la Cámara de los Comunes nombrase una comisión especial para investigar acerca de lo que venía ocurriendo en el Putumayo. Al final, si algo quedó claro fue que de 1900 a 1911 esta zona había producido cuatro mil toneladas de caucho pero con el costo de treinta mil vidas.[17]

La misma lectura de *El Deber Pro-Indígena* y otras publicaciones afines muestra también cómo entre los miembros de la Pro-Indígena llegaron a barajarse diversas alternativas frente al problema del indio. Éstas iban desde la idea de Capelo sobre

---

[16] Zulen, Pedro S.: «Las correrías en el Bajo Ucayali», *La Prensa*, Lima, 13 de julio de 1912.

[17] Basadre, Jorge: *Historia de la República del Perú*, 5° Edición, Lima, Ediciones Historia, 1963, Tomo VIII, pág. 3656.

que la cuestión indígena podía solucionarse concediéndole al indio los derechos ciudadanos que no tenía, hasta la propuesta de Zulen de que, para acabar con la opresión que pesaba sobre los indígenas, no existía otro camino que la destrucción del latifundio y la revolución agraria. Así, en *El Deber Pro-Indígena* de setiembre de 1915, Capelo escribió: «La personalidad del indio –dice– casi no existe, el Estado debe considerarlo en la condición de menor y ampararlo eficazmente, hasta restituirlo en sus derechos ciudadanos. Solamente allí está la solución del problema nacional, político y económico del Perú».[18] De otro lado, en *La Autonomía* de noviembre de 1915, Zulen formuló esta propuesta: «Una revolución que cambie radicalmente este estado de cosas –afirma–, tendrá que ser una revolución agraria que logre la subdivisión de las haciendas para que no haya ninguna familia peruana sin su lote de terreno propio, aunque reducido pero indiviso, inembargable y siempre heredado dentro de su seno. Así, no faltará nunca, a nadie de lograr su pan. ¡Destruyamos el Latifundio! ¡He aquí el lema de la futura revolución social peruana!».[19]

Dentro de la gama de alternativas que frente al problema del indio se manejaba entre los miembros de la Pro-Indígena, igualmente se puede mencionar la propuesta de Carlos Gibson, que asociaba la redención social del indio con el desarrollo de la propiedad privada, la industria y el maquinismo: «En vez de despojarlo –sostiene–, comencemos por inculcarle la noción de propiedad, arrebatándoles a los "gamonales" el arbitrio de su suerte a fin de que sea, no un cero, sino unidad en el mercado económico y participe y contribuya a los beneficios materiales de su terruño natal. La industria que, al decir de

---

[18] Capelo, Joaquín: «Espinas y abrojos», *El Deber Pro-Indígena*, Año III, N° 36, Lima, setiembre de 1915.

[19] Zulen, Pedro S.: «Destruyamos el latifundio», *La Autonomía*, N° 19, Lima, 27 de noviembre de 1915.

las ciencia sociales, cura la abulia del carácter y educa y forma los sentimientos, el día en que se desarrolle, abrirá los surcos de un terreno inculto, pero feraz en el que debemos principiar por esparcir la semilla redentora de sistemas pedagógicos congruentes. Las máquinas humanas de potencia muscular aniquilada por la intensidad de un trabajo brutal y de cerebros rutinarios y atrofiados por inanición, adquirirán así vigor físico y moral, transformándose en seres conscientes capaces de comprender y amar a la Patria».[20]

Algo parecido ocurrió alrededor del tema de la educación indígena. Mientras gran parte de los miembros de la Pro-Indígena creía fervorosamente en ella e incluso llegaron a embarcarse en experimentos como el de la «Escuela Gratuita para Indígenas» de Jauja (1910), que fue la primera que en su género se estableció en el Perú; la minoría, en cambio, dudaba sobre el alcance o la proyección de estas «escuelas indígenas». Uno de los máximos exponentes de este último sector fue Capelo, que se resistía a aceptar que los indios, para poder ser educados, tuviesen que asistir a escuelas especiales. En ese sentido, consideraba que plantear que el indio necesitaba una educación *sui géneris*, especial, como si fuese un cretino o un imbécil, equivalía a creer, acaso sin saberlo o quererlo, que la diferencia de razas existía. Al respecto, su idea era que el indio debía ser educado igual que cualquier otro individuo. Además, antes que «escuelas indígenas», lo que el indio necesitaba era su propia liberación, que venía a ser el equivalente de su primera educación. Al menos, eso fue lo que afirmó en su artículo «Educación indígena», que a fines de 1914 fue publicado en *El Deber Pro-Indígena*: «En el Perú –dice– el indio es un paria y nada más. Cuánto se diga en contrario es mentira. Al paria

---

[20] Gibson, Carlos: «El indio en la formación económica nacional», *El Deber Pro-Indígena*, Año I, Nº 9, Lima, junio de 1913.

no se le educa; antes se le liberta, se le vuelve a la condición de hombre. Esa es la primera educación que necesita: el hecho de que se vea amparado de justicia y libertad».[21]

Para que su accionar fuese más efectivo, la Pro-Indígena organizó una red de informantes, corresponsales y delegados que se extendió por casi todo el territorio del Perú. Algunos de los intelectuales de provincias que rápidamente se adhirieron a la asociación fueron Francisco Mostajo, Modesto Málaga, Jorge Polar, Carlos Gibson, Francisco Chuquihuanca Ayulo, Manuel A. Quiroga, Luis Felipe Aguilar, José Ángel Escalante, José Gabriel Cosio y Luis E. Valcárcel.[22] Así, en 1912, en virtud a la gran resonancia que llegó a tener en el interior del país, la asociación llegó a contar con 65 delegados que cumplían diversas funciones en lugares tan apartados como Abancay, Acomayo, Anta, Achoma, Aplao, Arequipa, Ayacucho, Ayaviri, Caylloma, Calca, Caraz, Castrovirreyna, Cerro de Pasco, Concepción, Cotahuasi, Cusco, Chiclayo, Chumbivilcas, Chuquibamba, Huancrachuco, Huancayo, Huancapi, Huánuco, Huaraz, Ica, Jauja, Lampa, La Unión, Llata, Mollendo, Muqui, Muquiyauyo, Ollantaytambo, Oyllón, Panao, Paruro, Piura, Pomata, Sandia, La Convención, Santa Rosa, Sicuani, Tarma, Urubamba, Yanacoa y Yungay.

Un buen testimonio sobre el importante rol que en la experiencia de la Pro-Indígena llegaron a desempeñar los delegados de provincias puede encontrarse en el artículo «Revolucionarios, sí, revolucionarios», que Zulen publicó en *El Deber Pro-Indígena* a los pocos días que retornó de la gira que a comienzos de 1915 había hecho por el sur del Perú: «Ellos —dice— laboran en silencio el Perú del futuro; ellos, que combaten gallarda-

---

[21] Capelo, Joaquín: «Educación indígena», *El Deber Pro-Indígena*, Año II, Nº 27, Lima, diciembre de 1914.

[22] Kapsoli, Wilfredo: *El pensamiento de la Asociación Pro-Indígena*, págs. 10-11.

mente contra las tiranías locales, contra las inicuas expoliaciones, contra los crímenes más inauditos que impiden que el Perú sea lo que debería ser, un pueblo respetado por la realidad de sus instituciones democráticas. Allí he estado, entre otros, con Francisco Mostajo, maestro espiritual de generaciones; con Francisco Chuquihuanca Ayulo, heredero de la tradición y del alma de una raza; con Luis Felipe Aguilar, intrépido soldado del regionalismo; con Modesto Málaga, denodado y templado como siempre. He gozado en compañía de estos valerosos. Valerosos, he dicho, porque hay que comprender que en los lugares donde las garantías se violan a diario, la acción defensora es más escabrosa, hasta el punto de ser a veces verdaderamente heroica y por lo tanto más meritoria todavía. Adalides del pensamiento libre, batalladores del ideal; con la tenacidad, el desinterés y la abnegación que requieren las grandes campañas redentoras, desconocen las cobardías y los egoísmos. Todos ellos están unidos por un santo objetivo: hacer nacionalidad y patria, aunque tal labor les atraiga sobre sí la exasperación de los explotadores y la indiferencia de los menguados».[23]

El gran impacto que la prédica de la Pro-Indígena tuvo en el interior del Perú también llegó a reflejarse en la orientación abiertamente antigamonal que asumieron algunos diarios de provincias. Así, por ejemplo, *El Pueblo*, de Arequipa, en su editorial del 20 de enero de 1914, denunció cómo el gamonalismo aparecía como el principal responsable de la tremenda desgracia que sufrían los indígenas y de la tiranía que imperaba en los departamentos del interior. Más adelante, basándose en estas consideraciones fundamentales, *El Pueblo* arribó a una conclusión que muy bien la hubiese podido suscribir Zulen, Mayer, Capelo u otro representante de la Pro-Indígena: «El

---

[23] Zulen, Pedro S.: «Revolucionarios, sí, revolucionarios», *El Deber Pro-Indígena*, Año III, N° 30, Lima, marzo de 1915.

gamonalismo es, pues –se lee allí–, un parásito que vive del fisco y del gobierno; matar el gamonalismo es necesidad de vida para la República, pero esto no será posible mientras los gamonales se hallen en el seno del Congreso».[24]

Simultáneamente, gracias a sus sistemáticas campañas de denuncias contra el gamonalismo, la Cerro de Pasco Mining Company o los caucheros del Putumayo, la Pro-Indígena llegó a conquistar las simpatías de los primeros núcleos del emergente anarcosindicalismo peruano. Esta situación se evidenció con bastante claridad después de la matanza en el valle del Chicama –ocurrida en abril de 1912–, que causó una verdadera conmoción entre los anarquistas. A raíz de este trágico suceso, M. Herminio Cisneros, un joven ancashino que por ese entonces vivía en la ciudad de Trujillo, se volvió anarquista y, además, se ofreció como voluntario de la Pro-Indígena para recoger testimonios entre los sobrevivientes de la masacre.[25] Más tarde, Cisneros retornó a Pallasca, en el departamento de Ancash, y le escribió a Capelo solicitándole autorización para establecer allí una delegación de la Pro-Indígena. En la misiva le informó también sobre una colaboración económica que había enviado a través del obrero Manuel Caracciolo Lévano, que residía en Lima y era una de las figuras centrales del anarcosindicalismo peruano.[26] Al cumplirse un año de la masacre de Chicama, Eulogio Otazú, Secretario de la Federación Obrera Regional del Perú, que era animada por los anarquistas, le envió una carta a Zulen pidiéndole que fuese el

---

[24] «El gamonalismo», *El Pueblo*, Arequipa, 20 de enero de 1914.

[25] Leibner, Gerardo: «*La Protesta* y la andinización del anarquismo en el Perú, 1912-1915», *Estudios Interdisciplinarios de América Latina y El Caribe*, Vol. 5, N° 1, Tel Aviv, enero-junio de1994, pág. 92.

[26] Cisneros, Herminio H.: «Carta a Joaquín Capelo, Pallasca, 19 de octubre de 1912», reproducida en Kapsoli, Wilfredo: *Ayllus del Sol. Anarquismo y utopía andina*, Lima, Editorial Tarea, 1984, págs. 270-271.

expositor central de una conferencia pública en homenaje a los braceros caídos en ese trágico suceso.[27]

En octubre de 1913, luego que el Senado del Perú rechazó los tres proyectos de ley a favor de los indígenas que Capelo había presentado en 1910 y éste se convenció que la Constitución y las leyes de la república no tomaban en cuenta a la mayoría de la población del país, *La Protesta*, la publicación con la que el anarcosindicalismo se asentó definitivamente en el Perú, reprodujo los pasajes más importantes de uno de los documentos más radicales de la Pro-Indígena. Se trata de «La causa proindígena en el Senado del Perú. Manifiesto de la Asociación Pro-Indígena», donde, después de explicar lo que había sucedido en el Congreso de la República, los dirigentes de la asociación finalizaban con este aviso o denuncia fundamental: «La Asociación Pro-Indígena cumple, pues, el deber de avisar a los braceros del Perú, y en particular a los indígenas, que la causa de su liberación y derechos de ciudadanía continúa hoy, como en la época de la dominación española; y que el amparo de la Constitución y leyes de la república acuerda a todos los habitantes del país, no los comprende a ellos absolutamente...».[28] Con este manifiesto, la Pro-Indígena no sólo se dirigió por primera vez a los indígenas como sujetos, sino además los llamó a que tomasen su destino en sus propias manos. Desde este punto de vista, este documento puede leerse –conforme lo ha hecho Gerardo Leibner– como un discurso justificativo de una futura acción insurreccional.[29]

---

[27] Otazú, Eulogio: «Carta a Pedro S. Zulen, Lima, 12 de abril de 1913», reproducida en Kapsoli, Wilfredo: *El pensamiento de la Asociación Pro-Indígena*, pág. 14.

[28] «La causa pro-indígena ante el Senado del Perú. Manifiesto de la Asociación Pro-Indígena», *La Protesta*, N° 26, Lima, octubre de 1913.

[29] Leibner, Gerardo: «Pensamiento radical peruano: González Prada, Zulen, Mariátegui», *Estudios Interdisciplinarios de América Latina y El Caribe*, Vol. 8, N° 1, pág. 119.

Aparte de atraer a un sector de intelectuales y artistas de Lima y provincias y contar con las simpatías y el apoyo del anarcosindicalismo peruano, la prédica de Zulen, Mayer y Capelo llegó a impactar entre los propios indios y campesinos. Uno de ellos fue Juan Hipólito Pévez, que, con el tiempo, se convirtió en uno de los principales dirigentes del Comité Central Pro-Derecho Indígena Tahuantinsuyo y en uno de los organizadores de la Federación Campesina del Valle de Ica. De esta forma, en una entrevista que le hicieron en 1983, Pévez recordó vívidamente la gran impresión que durante su juventud le suscitó la lectura de los artículos de Capelo que aparecían en el diario *El Comercio*, de Ica: «Yo –dice– tuve la oportunidad de leer algunos de los artículos de él cuando estudiaba en Ica, allá por 1908 a 1909. Unos discursos que, de verdad, me conmovían. Hablaba de la defensa del indio con una pasión que yo tenía el deseo de conocerlo, aprender de él y ayudarle en su empeño de hacer cambiar la suerte de la raza».[30]

Más tarde, en su libro *Memorias de un viejo luchador campesino* (1983), en la parte donde evocaba sus primeras inquietudes sociales, Pévez volvió a referirse al influjo de la prédica indigenista de Capelo: «En esa época –recuerda– me interesó la lectura de revistas y periódicos. Comencé a conocer a personas que estaban muy dedicadas al estudio de los pueblos de nuestra patria y del extranjero. Fue así que vi un artículo transcrito en el periódico *El Comercio* de Ica, que dirigía Róger Luján Ripoli. Se refería a la defensa de los indígenas que hacía un señor, por supuesto desconocido para nosotros, en Ica, que se llamaba Joaquín Capelo. Ese nombre lo conservé en la memoria como si fuera una persona amiga por muchos años. El que se quejaba ante el Gobierno de nuestra patria de

---

[30] Pévez, Juan Hipólito: «Entrevista» [Lima, febrero de 1983], en Kapsoli, Wilfredo: *Ayllus del Sol. Anarquismo y utopía andina*, págs. 202-203.

los crímenes que estaban cometiendo en los pueblos indígenas del departamento de Puno, masacrando y asesinando a sus pobladores por supuestos delitos cometidos, sólo por el hecho de que eran cholos, serranos, gente que consideraban inferior al que tiene dinero o al que era blanco. Este sentimiento de repudio por tales abusos me llegaban al corazón y me hacían pensar, ¡quién sería ese hombre que decía tales cosas...!».[31]

Otro de los dirigentes campesinos que acusó el impacto de la prédica de la Pro-Indígena fue Ezequiel Urviola, que insurgió como una de las figuras fundamentales de la Pro-Derecho Indígena Tahuantinsuyo y, por la forma tan noble y abnegada en que se consagró a la lucha contra el gamonalismo, fue considerado por José Carlos Mariátegui como el prototipo de «el indio revolucionario, el indio socialista».[32] Así, en marzo de 1914, Urviola tomó contacto con Manuel A. Quiroga, delegado de la Pro-Indígena de Puno, y le envió una carta con dos ejemplares de la copia de un memorial que los indígenas de Asillo y otras parcialidades aledañas habían elevado al Subprefecto del departamento con la finalidad de protestar contra los asesinatos y atropellos cometidos por el gamonal Carlos A. Sarmiento. En la misiva Urviola le pedía a Quiroga que hiciese llegar a Lima una de las copias del memorial para que el Comité Central de la Pro-Indígena también pudiese lanzar su voz de protesta.[33]

---

[31] Pévez, Juan H.: *Memorias de un viejo luchador campesino* [Editado por Teresa Oré, Nelly Plaza, René Antezana y Jaime Luna], Lima, Illa-Editorial Tarea, 1983, pág. 79.

[32] Mariátegui, José Carlos: «Prólogo» a *Tempestad en los Andes* [1927], de Luis E. Valcárcel, en *La polémica del indigenismo*, Lima, Mosca Azul Editores, 1976, pág. 174.

[33] Urviola, Ezequiel: «Carta a Manuel A. Quiroga, Azángaro, 28 de marzo de 1914», reproducida en Kapsoli, Wilfredo: *Ayllus del Sol. Anarquismo y utopía andina.*, págs. 145-146.

Obviamente, Pévez y Urviola no fueron los únicos indios o campesinos que se mostraron receptivos ante las campañas de la Pro-Indígena. Seguramente hubieron otros más, cuyos nombres, por lo poco que se ha escrito sobre esta parte de la historia del Perú, todavía no se conocen: fueron esos dirigentes indígenas o mensajeros (como se les llamaba en ese entonces) que se relacionaron con la Pro-Indígena y acudieron hasta Lima para entregar al Presidente de la República los memoriales de sus comunidades y parcialidades.[34] Así, se puede mencionar el caso de Avelino Sumi, de la comunidad de Samán, de Puno, que en 1913 viajó a la capital para denunciar los graves abusos que los gamonales y las autoridades cometían contra su parcialidad. Otro tanto se puede decir de los indígenas mensajeros de los distritos de San José y San Antón, también de Puno, que en 1914 se trasladaron hasta Lima para poder entregar un memorial al Presidente del Perú.

Refiriéndose a la estrecha relación que llegó a desarrollarse entre la Pro-Indígena y los emisarios o mensajeros indígenas que viajaban hasta Lima, Mayer escribió: «Cada vez más animados por el auxilio que recibían en Lima por los personeros de la Asociación Pro-Indígena –dice–, los emisarios indios venían a la capital, y se familiarizaron con el manejo de sus gestiones. Quien no ha estado en la labor pro-indígena no puede darse cuenta de la enorme transformación operada en los mensajeros

---

[34] El fenómeno de los mensajeros, en realidad, fue previo a la formación de la Pro-Indígena y se remonta, por lo menos, hasta 1901, cuando los indígenas de las comunidades de la provincia de Chucuito, Puno, –cansados de soportar los atropellos de las autoridades del distrito de Santa Rosa, que, entre otras cosas, querían obligarlos a trabajar gratuitamente en la construcción de la nueva capital distrital– decidieron enviar una delegación a la capital para que presentara un memorial ante el Presidente de la República. Sobre este punto, ver Rénique, José Luis: *La batalla por Puno. Conflicto agrario y nación en los Andes peruanos 1866-1995*, Lima, IEP/ Cepes/ Sur, 2004, págs. 46-47.

de los departamentos desde el primer día, en que llegaban sin saber una palabra de español, hasta hoy, en que disponen de voceros no necesitados de intérpretes y empapados en observaciones del medio limeño con el cual están en contacto».[35]

Muchas de las nobles y valientes campañas de la Pro-Indígena llegaron a tener gran resonancia en el exterior, en especial las que se orientaron contra la utilización del sistema de enganche y los desmanes de la Cerro de Pasco Mining Company en los asientos metalíferos y carboníferos del centro del Perú. Así, por ejemplo, el sociólogo norteamericano Edward Alsworth Ross, de la Universidad de Wisconsin, hizo mención de ellas en *South of Panama* (1915), un libro que se inspiró en el viaje que a la sazón realizó por gran parte de Sud-América, incluyendo el Perú, que visitó a mediados de 1913: «Repetidamente –escribe allí– estuve seguro que las leyes del Perú no obligaban al deudor a trabajar por su deuda, pero, citando las palabras de un diplomático extranjero, "Lima no tiene autoridad fuera de las ciudades". El peonaje es fijado por la costumbre, la víctima no conoce sus derechos legales y, además, el gobernador o subprefecto, que está en buenas relaciones con el capitalista o el "enganchador", amenaza con el encarcelamiento si la deuda no es cancelada. El director de la Cerro de Pasco Company reporta una pérdida de 12,500 soles al año por adelantos de los contratos de enganche y se lamenta de la creciente dificultad para inducir al "enganchado" a "cumplir con lo firmado" ya que la Asociación Pro-Indígena, una sociedad que se ha establecido en Lima para velar por los derechos de los indios, le ha dicho que no está obligado a trabajar por su deuda. Uno se pregunta por qué la compañía no quiere buscar mano de obra con un ofrecimiento de salario al contado como

---

[35] Mayer, Dora: «Lo que ha significado la Pro-Indígena», *Amauta*, Año I, Nº 1, pág. 20.

hacemos en casa. El director replica que el jornal al contado atrae indios para el trabajo de superficie pero que solamente el "enganche" logra proveer una buena cantidad de trabajadores subterráneos. La Asociación Pro-Indígena estigmatiza el enganche como un mecanismo para evadir el pago de un salario justo que compense al indio por la dura labor y la destrucción de su salud en las minas. Sin embargo, los operadores insisten que al indio le falta iniciativa y que la no oferta de salarios al contado podía suministrar mano de obra desde lejos».[36]

Otro de los intelectuales extranjeros que se interesaron en las campañas de la Pro-Indígena fue Alcides Arguedas, el autor de *Pueblo enfermo* (1909), *Raza de bronce* (1919) y otras obras de corte indianista. Al respecto, en un artículo que publicó a comienzos de 1925, Víctor Modesto Villavicencio se refirió a la gran admiración que Arguedas siempre sintió por la Pro-Indígena y, de manera particular, por Zulen. Además, a modo de ilustración, Villavicencio citó el párrafo de una carta que el historiador y escritor boliviano le escribió al peruano: «Yo de usted sé –le dice Arguedas a Zulen– que ha puesto una gran parte de sus energías y sólido talento para ayudar a la emancipación de nuestros hermanos los indios; y esto lo hace muy simpático a mis ojos».[37]

---

[36] Ross, Edward Alsworth: *South of Panama*, New York, The Century Company, 1915, págs. 154-157. Luego de su visita al Perú, Ross se mantuvo en contacto con los dirigentes de la Pro-Indígena, en especial con Zulen, a quien, por ejemplo, le escribió una carta para felicitarlo por su artículo «El Perú en su primera centuria», que apareció en *La Prensa*, de Nueva York, el 28 de julio de 1921. Al respecto, ver Zulen, Esther: «Noticia biográfica y bibliográfica de Pedro S. Zulen», *Boletín Bibliográfico de la Universidad Nacional Mayor de San Marcos*, Volumen II, N° 1, Lima, marzo de 1925, pág. 13

[37] Villavicencio, Víctor Modesto: «El valor intelectual de Zulen», *Boletín Bibliográfico de la Universidad Nacional Mayor de San Marcos*, Volumen II, N° 1, Lima, marzo de 1925, págs. 7-8.

A lo anterior hay que agregar, también, la cálida acogida que el prestigioso e influyente *Times*, de Londres, en su edición del 30 de mayo de 1911, brindó a un artículo sobre la Pro-Indígena que el propio Zulen, seguramente con la ayuda de Mayer, escribió en inglés. Otro tanto se puede decir de las relaciones que el colectivo de la Pro-Indígena entabló tanto con asociaciones similares de Río de Janeiro, Filadelfia, Londres, Ginebra y Melbourne, como con la Unión Pan Americana de Washington.

Frente a las denuncias de la Pro-Indígena, los representantes del *establishment* peruano de la década de 1910 se defendieron apelando a un racismo furibundo y provocador que no dejaba de soñar con la conquista del Perú por yanquis, ingleses o alemanes –a los que consideraba como «razas fuertes» o «superiores»– ni vacilaba en celebrar el exterminio de indios en los Estados Unidos de Norteamérica. Así, para tratar de demostrar el supuesto sinsentido de las campañas indigenistas de Mayer, Zulen o Capelo, estos sectores agitaron el viejo argumento colonial-oligárquico de que el indio era un enfermo incurable al que ya nadie ni nada podía salvar. De ahí que todavía en 1912, al momento de fustigar a la Pro-Indígena, una publicación aparentemente tan seria y equilibrada como la *La Ilustración Peruana* postulase indirectamente, en lo que sería una «solución» del problema del indio a lo yanqui, el exterminio de quechuas y aymaras: «El indio de hoy fanatizado, vicioso, sin aspiraciones de reconstitución de su raza, desadaptado en la vida civilizada, humilde por el instinto de su inercia, sojuzgado por su avasallamiento está en la condición de un enfermo de dolencia incurable [...] No es a los indígenas a quienes hay que proteger, sino a los dirigentes a quienes hay que educar en los principios de respeto a los hombres, cualesquiera que sea su condición. Y eso, francamente, creemos que no lo aprenderemos nunca. Quizá [...] cuando este pobre Perú sea conquistado por razas fuertes, yanquis, ingleses o alemanes, que tengan principios más rígidos de moral. Sólo que para entonces ya no habrá Pro-Indígena. Ni raza india».[38]

En otras oportunidades, pasando del dicho al hecho, los representantes del gamonalismo llegaron a agredir físicamente a los dirigentes de la Pro-Indígena. Uno de estos incidentes ocurrió el 15 de mayo de 1915, cuando Chuquihuanca Ayulo, en su condición de Presidente de la Pro-Indígena de Puno, acudió al despacho de la subprefectura de Lampa para defender a unos campesinos que litigaban por el derecho a la propiedad de unas tierras y, de un momento a otro, fue atacado a traición por el doctor Facundo Gil, representante legal de los hacendados lampeños. En esa ocasión, Chuquihuanca Ayulo recibió un profundo corte en el labio superior izquierdo. Varios días después, comentando lo que esta agresión significaba dentro del contexto general del fortalecimiento del poder del gamonalismo, Zulen escribió lo siguiente en *La Crónica*, de Lima: «Este hecho –dice– es un síntoma de las proporciones con que se viene presentando la desgracia de una raza que tiene en Francisco Chuquihuanca Ayulo un representativo de su tradición, de su historia y de su espíritu. Y es irrisorio que mientras aquí damos curso a palanganadas sociológicas y hacemos institutos de reclamos; mientras proclamamos que ningún país ha hecho más que el nuestro en el sentido del progreso y que a no ser por la guerra europea seguiríamos viviendo en la plena prosperidad en que se dice hemos vivido; haya una cuestión latente, un asunto palpitante que a nadie importe, seguramente porque su teatro está en el departamento limítrofe con Bolivia, es decir lejos de las luchas candentes de la política que es lo único interesante en nuestro país; la grave, la intensa cuestión indígena. Puno es, en efecto, uno de los departamentos donde los explotadores están

---

[38] *La Ilustración Peruana*, Lima, 24 de enero de 1912, citado en Scheben, Helmut: «Indigenismo y modernismo», *Revista de Crítica Literaria Latinoamericana*, Año V, Nº 10, pág. 127.

mejor establecidos y se conservan en la más segura impunidad. Un comisario íntegro como el Dr. Alejandro Maguiña, comprobó en 1902, a raíz de insistentes quejas de los indígenas de la provincia de Chucuito que eran ciertas las acusaciones, pero ni el gobierno de entonces, ni los posteriores, hicieron nada para mejorar en algo tal situación, y el mal se ha ido acentuando, hasta el extremo de ser hoy enteramente desesperante. Francisco Chuquihuanca Ayulo, apóstol de su raza, que la ama y se desvive por ella, está herido. ¿Qué sentimientos experimentará el indio que tiene en él al protector y defensor paternal? Opresión y desgracia ¿de qué sereis precursores...?».[39]

Se estima que la Pro-Indígena apareció como el primer intento de partido nacional y popular en el Perú. Se trata de una conclusión un poco exagerada, pues si a algo llegó a asemejarse esta asociación fue, en realidad, a un gran frente único que tuvo como bandera de lucha la redención social del indio. Fue en torno a esta gran meta común que lograron confluir –para no hablar sino de las distintas orientaciones filosóficas y doctrinarias de sus principales dirigentes– el revolucionarismo agrarista, anticentralista y socializante de Zulen, el humanismo de Mayer y el reformismo demoliberal de Capelo. De este modo, más que algo ideológicamente cohesionado –que es la figura a la que a veces remite el concepto de partido político–, la Pro-Indígena fue el fruto de la unidad de la diversidad de un grupo de intelectuales peruanos de diferentes generaciones que supieron marchar al encuentro del mundo campesino y pudieron organizar la indignación moral contra el gamonalismo.[40]

---

[39] *La Crónica*, Lima, 31 de mayo de 1915, citado en Ramos Zambrano, Augusto: *Rumi Maqui. Movimientos campesinos de Azángaro (Puno)*, Puno, Centro de Publicaciones IIDSA-UNA, 1985, págs. 78-79.

[40] Flores Galindo, Alberto: *Buscando un inca: Identidad y utopía en los Andes*, Lima, Instituto de Apoyo Agrario, 1987, pág. 266.

2. El colectivo de la Pro-Indígena

En su libro *Zulen y yo: testimonio de nuestro desposorio ofrecido a la humanidad* (1925), Dora Mayer llegó a asociar el nacimiento de la Pro-Indígena con las tertulias de intelectuales que para discutir el problema indígena organizó el Círculo Universitario de la Universidad Nacional Mayor de San Marcos en abril de 1909. Entre los asistentes a dichas reuniones que se llevaban a cabo en un local que estaba ubicado en la calle del Fano, en el centro de la ciudad de Lima, Mayer mencionó a Óscar Miró Quesada, presidente del Círculo Universitario, Pedro S. Zulen, Víctor Andrés Belaúnde, los hermanos Alayza y Paz Soldán, José de la Riva-Agüero, Pedro Dulanto y otros.[41]

A partir de este hecho histórico real, Belaúnde trató de presentar a la Pro-Indígena como una obra exclusiva de la generación novecentista. Así, en uno de sus trabajos más celebrados, *La realidad nacional* (1929-1931), Belaúnde sostuvo que esta asociación fue fundada por el grupo universitario novecentista. La afirmación figura entre las pocas líneas que le dedicó a Zulen, a quien, debido a su «labor oscura de defender a nuestros indios con un celo verdaderamente apostólico», no pudo dejar de reconocer como «el valeroso portaestandarte del in-

---

[41] Mayer, Dora: *Zulen y yo: testimonio de nuestro desposorio ofrecido a la humanidad*, Lima, Imprenta Garcilaso, 1925, pág. 19.

digenismo por muchos años».[42] Varios lustros después, en su libro de memorias *Trayectoria y destino* (1967), Belaúnde ya no mencionará a Zulen pero seguirá insistiendo en que la Pro-Indígena fue creada por la Generación del Novecientos: «Formamos la Asociación Pro-Indígena –dice esta vez– llevando a la presidencia al doctor Joaquín Capelo, el más prestigioso e influyente tribuno de nuestro Parlamento y a la Secretaría a la señorita Dora Mayer, que consagró su vida, su inteligencia y su actividad constante a esta obra».[43]

Cuando apareció la Pro-Indígena, lo cierto fue que sólo algunos de los integrantes de la Generación del Novecientos secundaron de manera decidida los esfuerzos de Zulen, Mayer y Capelo. Uno de ellos fue José de la Riva-Agüero (1885-1944), que en 1910 escribió cartas a varios de sus amigos que vivían en el interior del país para pedirles que trabajasen activamente a favor de la formación de los comités provinciales de la asociación que acababa de crearse en Lima. Entre los destinatarios de estas misivas figuraban José Gabriel Cosio, que era director de la revista *La Sierra* y uno de los más conspicuos representantes de la llamada «Escuela Cusqueña», y Ricardo Rivadeneyra, un joven intelectual que radicaba en el departamento de La Libertad. Así, en una de sus cartas, Riva-Agüero le solicitó lo siguiente a Rivadeneyra: «Procure usted –le dice– formar en Trujillo, con sus compañeros y amigos, atmósfera favorable a la formación de un comité correspondiente a la Asociación Pro-Indígena de Lima, que se está organizando y de la cual soy miembro. Los fines de ella, de los que supongo enterado a usted por los periódicos, son de tan evidente utilidad y trascendencia, que no necesitan encarecerse. Se sintetizan en

---

[42] Belaúnde, Víctor Andrés: *La realidad nacional* [1929-1931], *Obras Completas*, Lima, Imprenta Lumen, 1987, Tomo III, pág. 127.

[43] Belaúnde, Víctor Andrés: *Trayectoria y destino. Memorias*, Lima, Ediciones de Ediventas, 1967, Tomo II, págs. 488-489.

el estudio del problema indígena y la propaganda contra las injusticias de que son víctimas los indios».[44]

Más adelante, entre 1911 y 1912, Riva-Agüero integró el Comité Directivo y apoyó a la Pro-Indígena con importantes sumas de dinero.[45] Sin embargo, estos lazos se diluyeron cuando el autor de *Carácter de la literatura del Perú independiente* (1905) y *La Historia en el Perú* (1910), al regreso del viaje que en 1913 hizo a Europa, se embarcó en un proyecto como el de la fundación del Partido Nacional Democrático, que no tenía mucho que ver con la Pro-Indígena o la redención social del indio y priorizaba, antes que nada, la organización de las mesocracias ilustradas y la adopción de ciertas reformas liberales.

Otro de los novecentistas que inicialmente acudió al llamado de Zulen, Mayer y Capelo fue Víctor Andrés Belaúnde (1883-1966), que figuró como uno de los expositores de la mesa redonda sobre «La educación del indio» que la Pro-Indígena organizó en julio de 1909. En esa oportunidad, de acuerdo al texto de su intervención que al poco tiempo fue publicado en *El Indio*, Belaúnde formuló el siguiente planteamiento: «Si queréis resolver el problema de la educación del indio –dice–, estudiad las modalidades de su vida y os convecéréis de que, ya que el Perú forma como dos naciones dentro de un solo territorio, es necesario crear una legislación aparte, tutelar de la clase indígena».[46] Por esa misma época, cumpliendo con un

---

[44] Riva-Agüero, José de la: *Epistolario* (Edición de César Gutiérrez Muñoz y Juan Carlos Estenssoro Fuchs), Lima, PUCP, 1990, pág. 25.

[45] Gonzales, Osmar: *Sanchos fracasados. Los arielistas y el pensamiento político peruano*, Lima, Ediciones PREAL, 1996, pág. 163.

[46] *El Indio*, N° 11, Lima, 28 de julio de 1909, citado en Pacheco Vélez, César: «Nota introductoria a las Obras Completas de Víctor Andrés Belaúnde», en Belaúnde, Víctor Andrés: *Obras Completas*, Lima, Imprenta Lumen, 1987, Tomo I, pág. XXX.

pedido de los dirigentes de la Pro-Indígena, Belaúnde trabajó activamente en la elaboración de un amplio cuestionario para estudiar científicamente las comunidades indígenas y, en general, la vida del hombre andino.[47] En esta labor, Belaúnde fue secundado por Pedro Irigoyen Diez Canseco, quien por ese entonces, para obtener el bachillerato de Letras en la Universidad Nacional Mayor de San Marcos, presentó la tesis *Inducciones acerca de la civilización incaica* (1909). Más tarde, al igual que Riva-Agüero, Belaúnde se alejó de las actividades de la Pro-Indígena.

Al lado de Riva-Agüero y Belaúnde se puede mencionar también a Óscar Miró Quesada (1884-1981), quien intervino personalmente en las gestiones que permitieron que la Pro-Indígena pudiese acceder a una sección informativa en *El Comercio*, el diario de la familia Miró Quesada, donde de vez en cuando se insertaban las quejas que los indígenas enviaban a Lima o uno que otro documento redactado por Zulen, Mayer o Capelo. Además, gracias posiblemente a la intermediación de este joven novecentista, *El Comercio*, que era un diario conservador en materias sociales, acabó sumándose a la campaña contra el sistema del enganche que por ese entonces impulsaba la Pro-Indígena.

Sin embargo, los otros integrantes de la Generación del Novecientos, como los hermanos Alayza y Paz Soldán o Dulanto, sólo llegaron a participar en lo que sería la prehistoria de la Pro-Indígena —la época en que el Centro Universitario de San Marcos discutía los problemas indígenas—, pero se mantuvieron prácticamente al margen cuando Zulen, Mayer y Capelo fueron más allá de los linderos de la discusión universitaria, constituyeron la asociación y emprendieron la tarea de organizar la indignación moral contra el gamonalismo.

---

[47] *Ibíd.*, pág. XXX.

En realidad, fueron otros los intelectuales que se aproximaron a la Pro-Indígena y le dieron vida. Esta situación se llegó a reflejar claramente en la misma composición del Comité Central de la asociación, donde, al lado de novecentistas como Riva-Agüero o de intelectuales como Zulen –que sólo en términos cronológicos se le puede vincular a la Generación del Novecientos–, figuraban personajes como Capelo, Rómulo Cúneo Vidal, Abelardo Gamarra y, en cierta forma, Mayer –un poco menor que los anteriores–, que pertenecían a la generación de los nacidos entre 1852 y 1866. A estos nombres se pueden sumar los de Daniel Alomía Robles, José María Valle Riestra y Abraham Valdelomar, que también colaboraron con la Pro-Indígena de Lima. No hay que olvidar tampoco a los intelectuales y profesionales provincianos que posibilitaron la existencia de la asociación en el interior del Perú y le confirieron una dinámica que hasta ahora no ha sido dedidamente valorada. Muchos de ellos, como Francisco Mostajo, Modesto Málaga y Francisco Chuquihuanca Ayulo, o Luis E. Valcárcel y Manuel A. Quiroga, provenían de la experiencia del radicalismo o formaron parte de lo que más tarde se llegará a conocer como la Generación de la Reforma Universitaria, en forma respectiva. De este modo, más que como una obra exclusiva de la Generación del Novecientos, la Pro-Indígena insurgió como el esfuerzo de un grupo de intelectuales de Lima y provincias que provenían de diversas generaciones.

Aunque fue contemporáneo de novecentistas como Belaúnde o Riva-Agüero, Pedro S. Zulen (1889-1925) representó un típico caso de heterodoxia dentro de la Generación del Novecientos, cuyos integrantes provenían de familias más o menos acomodadas y con cierta influencia económica y social. Hijo de un comerciante chino al por menor y de una mestiza peruana, Zulen vivió en la zona de Cinco Esquinas, en el popular distrito limeño de Barrios Altos, y estudió en el Colegio de Lima. A diferencia de otros coetáneos suyos que se sentían más cerca de José Enrique Rodó que de Manuel González Prada, Zulen experimentó la atracción de la prédica del autor de *Páginas libres* (1894) y *Horas de lucha* (1908) y se interesó en el drama del indio peruano. Por eso, en 1909, poco después de que ingresó a la Universidad Nacional Mayor de San Marcos, impulsó la constitución de la Pro-Indígena y, desde ese momento, como Secretario General de la nueva asociación, desplegó un trabajo realmente admirable, que, en cierta forma, llegó a exceder el límite que su precaria salud le imponía: preparaba comunicados y circulares de la Pro-Indígena, escribía una serie de artículos de denuncia contra el gamonalismo, sostenía una nutrida correspondencia con los delegados de provincias, enviaba cartas y artículos al exterior, frecuentaba las redacciones de los principales diarios y revistas de Lima, entablaba contacto con las publicaciones del interior, atendía a los mensajeros indígenas que llegaban a la capital y hasta hizo una gira por el sur del Perú. Además, llegó a proyectar un libro que recopilase sus encendidos artículos de denuncia contra la feudalidad supérstite e incluso pensó en el título que éste podía llevar: *Gamonalismo y centralismo.*[48]

Por esa época, Zulen también se familiarizó con los libros de los libertarios de la época de la posguerra europea y empezó a soñar con el federalismo en el Perú.[49] Además, comenzó a visitar con más frecuencia a González Prada, quien sentía un gran aprecio por él.[50] Más tarde, en el transcurso mismo de la campaña indigenista, Zulen terminó de radicalizarse y asumió un ideario que el historiador Jorge Basadre, que estuvo muy cerca

---

[48] Flores Galindo, Alberto: *Buscando un inca: Identidad y utopía en los Andes*, Lima, Instituto de Apoyo Agrario, 1987, pág. 228.

[49] Mayer, Dora: *Op. cit.*, pág. 10.

[50] Villavicencio, V. Modesto: «El valor intelectual de Zulen», *Boletín Bibliográfico de la Universidad Nacional Mayor de San Marcos*, Volumen II, Nº 1, Lima, marzo de 1925, pág. 7.

de él y fue uno de sus mejores discípulos, ha caracterizado como «una mezcla curiosa de crítica al centralismo, a Lima, al capital y al gamonalismo y de fe en un socialismo evolucionista en el mundo a la vez que en la revolución social agraria en el Perú».[51] Fue justo en esta etapa de su vida que, desde las páginas de *La Autonomía*, un efímero pero importante semanario que él mismo fundó y dirigió entre julio y diciembre de 1915, llegó a abogar por una revolución que restituyese las propiedades de los indígenas, acabase con el centralismo e hiciese efectiva la democracia: «Un movimiento que partiera de las provincias –escribe Zulen–, llámese mejor revolución, fuera de toda conexión con los partidos políticos existentes, que persiguiera como objetivo inmediato, por un lado, garantías y restitución de sus propiedades a los indígenas y, por el otro lado, la autonomía local y la creación y fomento del espíritu municipal, únicos medios de combatir el centralismo y hacer efectiva la democracia; un movimiento de esta naturaleza podría determinar un cambio en la faz del país».[52] En *La Autonomía*, Zulen también alcanzó a publicar otros trabajos sumamente importantes como «Por la nacionalidad», «Sobre el regionalismo» y «¡Destruyamos el latifundio!», donde discutió en forma inteligente y original los asuntos de la identidad nacional y las tareas de la revolución social en el Perú.

Pese a su existencia tan efímera, *La Autonomía* logró atraer las simpatías de un importante sector de los intelectuales del interior del Perú, sobre todo los del sur andino, que eran los más sensibles ante las críticas contra el centralismo y la prédica a favor del regionalismo y/o el federalismo. Esta fue una de

---

[51] Basadre, Jorge: «La herencia de Zulen», *Boletín Bibliográfico de la Universidad Nacional Mayor de San Marcos*, Volumen II, N° 1, Lima, marzo de 1925, pág. 5.

[52] Citado en Basadre, Jorge: *La vida y la historia. Ensayos sobre personas, lugares y problemas*, Lima, Banco Industrial del Perú, 1975, pág. 245.

las razones del porqué estos hombres se identificaron rápidamente con el semanario que Zulen había empezado a publicar y hasta llegaron a considerarlo como «el vocero interesado de las regiones». Al menos, esos fueron los términos tan elogiosos que empleó Luis Felipe Aguilar, uno de los delegados de provincias de la Pro-Indígena, cuando, desde el diario *El Sol*, del Cusco, saludó con verdadero júbilo la aparición de *La Autonomía*.[53] Además, gracias al concurso generoso de hombres como Aguilar, que no sólo preparaban artículos u otro tipo de colaboraciones, sino también se comprometieron decididamente en las tareas de la venta y distribución, el semanario fundado por Zulen pudo circular hasta en los rincones más apartados del país, como, por ejemplo, la provincia de Huamachuco, en el departamento de La Libertad, donde uno de sus principales lectores era José Eliseo Alegría Lynch, el administrador de la hacienda Marcabel Grande.

Más de veinticinco años después, cuando empezó a pergeñar *El mundo es ancho y ajeno* (1941), la novela que terminó de lanzarlo a la fama, Ciro Alegría recordará emocionado cómo su padre, José Eliseo Alegría Lynch, allá en la segunda mitad del año 1915, en un lugar tan alejado, como era la hacienda Marcabel Grande, solía leer *La Autonomía* y, para dar cuenta del tipo de mentalidad indigenista que por ese entonces ya se venía gestando en el Perú, utilizará una colección de esta publicación: «Mi padre —cuenta el propio novelista—, que siempre se preocupaba de estos asuntos, recibía este pequeño periódico en la hacienda donde vivíamos. Más tarde yo me acordaba de *La Autonomía* cuando estaba escribiendo *El mundo es ancho y ajeno* y se lo mandé a pedir a doña Dora Mayer

---

[53] Aguilar, Luis Felipe: «Carta a Pedro S. Zulen, Cusco, 8 de agosto de 1915»», reproducida en Kapsoli, Wilfredo: *Ayllus del Sol. Anarquismo y utopía andina*, Lima, Editorial Tarea, 1984, págs. 273-274.

(Zulen ya había muerto) y me mandó una colección de la que he extractado algunas partes y las pusé allí, en el libro, como un testimonio de lo que venía ocurriendo dentro del proceso del desarrollo de la mentalidad indigenista».[54]

Aparte de animar la Pro-Indígena, luchar contra el gamonalismo, fundar *La Autonomía* y abogar por la revolución, Zulen también se dio tiempo para contribuir activamente a la renovación del ambiente cultural peruano y, conjuntamente con Alfredo Muñoz y Enrique Bustamante y Ballivián, fue uno de los primeros que supo elogiar el genio poético de José María Eguren, que por esos años era desdeñado por los críticos más representativos de la Generación del Novecientos. Así, pese a que no era un literato profesional, sino un cultor de estudios filosóficos y un convencido propagandista de la redención social del indio, Zulen pudo apreciar que *Simbólicas* (1911), el primer libro de Eguren, iniciaba no sólo una nueva tendencia en la poesía peruana, sino acaso un nuevo concepto del simbolismo en la poética y las letras en general: «*Simbólicas* —escribe— se llama ese libro, en que la musa de José María Eguren vaga allí entre cielos de fantasía, vapores misteriosos y sueños de desconocida abstracción. Para algunos será oscuro, incomprensible. No faltará quien vea un simbolismo forjado con neuropatías, o quien diga que Eguren no es un poeta. La originalidad fue siempre objeto en todas partes de estos ataques. Entre nosotros no sólo hay esos egoísmos; estamos acostumbrados a la cadencia majestuosa de Chocano, a la inmaculada pulidez marmórea de González Prada, a la grandiosa factura clásica de Luis Fernán Cisneros, a la habitual sonrisa de Yerovi, a los cantos de juventud y de dolencia de Gálvez, a la palidez recóndita

---

[54] Alegría, Ciro: «Evaluación del proceso de la novela peruana» [Intervención oral], en *Primer encuentro de narradores peruanos. Arequipa, 1965*, Lima, Casa de la Cultura del Perú, 1969, pág. 251.

de Ureta. Jamás hemos venido a escuchar un género como el de *Simbólicas*, que viene a iniciar una tendencia nueva en la poesía nacional, y acaso un nuevo concepto del simbolismo en la poética».[55]

Por ese tiempo, Zulen también leyó a autores como Edgard Allan Poe y Mauricio Maertenlinck, cuyas obras fundamentales solía intercambiar y discutir con el poeta José María Eguren.[56] Además, Zulen redactó ensayos de divulgación científica sobre diversos asuntos filosóficos de actualidad, como «Filosofía del error», «La crisis filosófica contemporánea», «Squillace y la sociología comtiana», «William James» o «La vida según Herbert Spencer», que aparecieron en algunas de las publicaciones más importantes de Lima; e incluso, como si todo lo anterior fuese poco, escribió poesía. Algunos de sus primeros poemas, como «Vahido», «En el vallezuelo», «El carácter y la moralidad», «Obsesiones» y «Soliloquio», fueron publicados en *Balnearios*, la modesta pero importante revista que animaba el cenáculo de amigos barranquinos de Eguren.

Dora Mayer (1868-1959) fue una de las figuras de la Generación de 1867/ 1881 que desempeñó un rol protagónico en el funcionamiento del Comité Central de la Pro-Indígena. Nacida en uno de los suburbios de Hamburgo, Alemania, Mayer vino al Perú a la edad de cinco años y, conjuntamente con su familia, se instaló en el puerto de El Callao, frente al mar, en un viejo caserón que estaba ubicado en la calle Loreto. Su formación se sustentó en la tradición austera de la moral luterana

---

[55] Zulen, Pedro S.: «Un neo-simbolismo poético. Apuntaciones sobre José María Eguren y sus poesías», *Ilustración Peruana*, Nº 112, Lima, 22 de noviembre de 1911, en Silva-Santiesteban, Ricardo (ed.): *José María Eguren. Aproximaciones y perspectivas*, Lima, Universidad del Pacífico, 1977, págs. 54-55.

[56] Ver Kapsoli, Wilfredo: «José María Eguren y Pedro S. Zulen», en *Literatura e Historia del Perú*, Lima, Editorial Lumen, 1986, págs. 17-27.

que sus padres y su tía le enseñaron desde niña. Así, aunque nunca llegó a pisar el local de una escuela, Mayer recibió en su hogar una educación verdaderamente envidiable, donde el aprendizaje de las primeras letras, las matemáticas y otras materias básicas se combinaba con el estudio de la música, la pintura y los idiomas alemán, inglés, francés y español. Con el tiempo, se inclinó por la actividad intelectual y pasó muchas horas escuchando la música de Juan Sebastián Bach, Wolfang Amadeo Mozart, Franz Schubert, Cristóbal Willibald Gluck y Federico Chopin; y, sobre todo, leyendo los libros que se encontraban en la biblioteca de su padre, especialmente los de Charles Dickens, que tanto llegaron a fascinarle por su alegato social contra los abusos y las injusticias de la Inglaterra de la época victoriana.[57]

La primera obra que Mayer confeccionó fue la novela *A life contrast* (1895), escrita en inglés y publicada en Hamburgo. Apareció firmada con el seudónimo de «Aroda Reym», que fue la forma anagramática de su nombre y apellido.[58] En 1900, incursionó en el periodismo y empezó a colaborar en *El Comercio*, de Lima. Más tarde, publicó otros dos libros, *Estudios sociológicos* (1907) y *El objeto de la legislación* (1908), y participó como delegada del Perú en el Primer Congreso Femenino Internacional que en 1910 se llevó a cabo en la ciudad de Buenos Aires, Argentina. Tanto en sus libros como en sus artículos periodísticos, Mayer manifestó una gran preocupación por el problema de la mujer y, sobre todo, por la cuestión de la redención social del indio. Así, en 1907, desde una publicación

---

[57] Ver Cárdenas Timoteo, Clara Matilde: «Dora Mayer de Zulen: Apuntes para un estudio de su vida y obra», *Perú Indígena*, Nº 27, Lima, 1988. Para una recreación novelada de la biografía de Dora Mayer, se puede leer Adolph, José B.: *Dora*, Lima, Peisa, 1989.

[58] Mariátegui, Javier: «Una locura de amor: El "caso" de Dora Mayer de Zulen», *Anuario Mariateguiano*, Volumen V, Nº 5, Lima, 1993, pág. 19.

como *El Indio*, proclamó que no buscaba «la redención de los oprimidos en general», sino «la redención de los hijos del inca».[59] Fue precisamente este espíritu humanista y filantrópico el que la llevó, primero, a lanzar la idea de la creación de una sociedad destinada a defender los derechos de los indígenas y, después, cuando la asociación se constituyó, a consagrarse en cuerpo y alma a la cruzada indigenista. Al final, su nombre acabó asociándose particularmente a *El Deber Pro-Indígena*, el órgano oficial de la Pro-Indígena, que no sólo dirigió, sino también –tal como Jorge Basadre siempre sospechó– sostuvo con su propio peculio.[60]

Entre los miembros de la Generación de 1852/ 1866 que integraron el Comité Central de la Pro-Indígena, Joaquín Capelo (1852-1928) representó un caso un poco excepcional sobre todo por su capacidad de ir más allá de los marcos que a veces imponen las identidades políticas. Natural de Lima, Capelo hizo sus estudios en la Escuela de Ingenieros y se recibió de ingeniero civil en 1876. Más tarde, trabajó como catedrático en la Universidad de San Marcos, ocupó diversos cargos públicos y colaboró con *El Ateneo de Lima*. Entre 1895 y 1902, publicó los cuatro volúmenes de un libro que, con el correr de los años, se volvió un clásico en su género: *Sociología de Lima*.[61] Por esa época, terminó también el trabajo *El problema de la educación pública* (1902), donde abogó por una educación industrial que divulgase la capacidad para la producción a través de una en-

---

[59] Citado en Rénique, José Luis: *La batalla por Puno. Conflicto agrario y nación en los Andes peruanos 1866-1995*, Lima, IEP/ Cepes/ Sur, 2004, pág. 66.

[60] Basadre, Jorge: *La vida y la historia. Ensayos sobre personas, lugares y problemas*, pág. 244.

[61] Ver Morse, Richard M.: «La Lima de Joaquín Capelo: Un arquetipo latinoamericano», en Morse, Richard M. (Editor): *Lima en 1900*, Lima, IEP, 1973.

señanza elemental accesible a todos los habitantes del país sin distinción alguna. En 1909, aunque militaba en las filas del viejo Partido Demócrata fundado por Nicolás de Piérola, no vaciló en sumarse decididamente a la iniciativa de la Pro-Indígena. Fue a través de esta experiencia vital que pudo apreciar las ideas y los móviles de Zulen.[62] Además, como senador por el departamento de Junín –cargo que desempeñó entre 1901 y 1912–, Capelo llegó a participar activamente en la defensa de los obreros de la zona minera.

La preocupación de Capelo por los problemas sociales se reflejó igualmente en su novela *Los menguados* (1912), publicada en Madrid, España, con el seudónimo de «Ma. Th. Ph.», donde denunció los abusos y las corruptelas en la vida política y social del Perú.[63] La trama de esta obra narrativa o, mejor, de este panfleto político-social, giraba alrededor del caso de un abogado que, a punta de mañas, intrigas y todo tipo de canalladas, logró hacerse de la diputación de su provincia y, desde allí, con la ayuda del subprefecto, el juez y el jefe de los gendarmes que él mismo había nombrado, empezó a apoderarse de las tierras de los indios. También alcanzó a redactar otras obras de especulación científica como el folleto titulado *La despoblación del Perú* (1912), donde sostuvo que el aumento de la masa de la riqueza social era incompatible con la subsistencia de la servidumbre o la esclavitud.

Otro de los miembros del Comité Central de la Pro-Indígena fue Abelardo Gamarra (1852-1924), que pertenecía a la Generación de 1852/1866, provenía de la experiencia del radicalismo y era conocido con el apelativo de «El Tunante». Nacido en el departamento de La Libertad, Gamarra hizo sus

---

[62] Mariátegui, José Carlos: «D. Joaquín Capelo», *Amauta*, N° 19, Lima, noviembre-diciembre de 1928, págs. 100-101.

[63] Castro Arenas, Mario: *La novela peruana y la evolución social*, Lima, Ediciones Cultura y Libertad, 1965, págs. 119-120.

primeros estudios en el Colegio de Huamachuco y después, conjuntamente con su familia, se trasladó a Lima. Estudió Letras y Jurisprudencia en la Universidad Nacional Mayor de San Marcos, pero abandonó la carrera en 1871 para poder dedicarse en cuerpo y alma a lo que fue la pasión de toda su vida: el periodismo. Posteriormente, tras la ocupación de Lima por las tropas chilenas, se sumó a la resistencia que encabezaba el general Andrés Avelino Cáceres y combatió en la campaña de la Breña (1882-1883). Más adelante, en el período de la posguerra y la reconstrucción nacional, se plegó al movimiento radical que animaba González Prada y ocupó el cargo de presidente de la Unión Nacional en 1903.[64]

Además, y acaso por encima de todo, Gamarra fue un escritor que, siguiendo el ejemplo del pintor Pancho Fierro, se dedicó a explotar la veta de lo popular.[65] Así, entre la variada producción de Gamarra, figuran obras de teatro como *Una cosa es con vihuela y otra cosa es con guitarra* (1879), *Ña Codeo* (1887), *El yaraví* (1891) o *Cosas del tiempo* (1892). También escribió una serie de artículos de costumbres que después recopiló en libros como *En camisa de once varas* (1877), *Novenario del Tunante* (1885), *Costumbres del interior* (1888), *Algo del Perú y mucho de Pelagatos* (1905) o *Lima. Unos cuantos barrios y unos cuantos tipos* (1907). Una de sus obras hasta ahora no ubicadas es *La Carma*, una pieza teatral a favor de los indígenas.[66]

En 1911, dos años después de la constitución de la Pro-Indígena, Gamarra no sólo se limitó a ejercer el cargo de Vocal en el Comité Central de esta asociación, sino también puso a

---

[64] Ver Galarreta, Julio: *El Perú de Abelardo Gamarra*, Lima, Ediciones Trilce, 1951.

[65] Mariátegui, José Carlos: *7 Ensayos de interpretación de la realidad peruana* [1928], 50º Edición, Lima, Biblioteca Amauta, 1988, pág. 269.

[66] Varillas Montenegro, Alberto: *La literatura peruana del siglo XIX. Periodización y caracterización*, Lima, PUCP, 1992, pág. 286.

disposición de la causa indigenista *La Integridad*, el periódico que dirigía desde 1883. Valcárcel, que en la década de 1910 colaboró estrechamente con Gamarra, recordará después cómo en *La Integridad* se daban a conocer los abusos y exacciones cometidos por los gamonales y se publicaban denuncias sobre casos de toda la República, inclusive los de las comarcas más recónditas.[67]

Dentro de los intelectuales que conformaban el Comité Central de la Pro-Indígena, no se puede dejar de mencionar a Daniel Alomía Robles (1871-1942), que era menor que Capelo o Gamarra y, al igual que Mayer, pertenecía a la generación de los nacidos entre 1867 y 1881. Cuando cumplió los trece años de edad, Robles, que era oriundo del departamento de Huánuco, se tuvo que trasladar a Lima para poder estudiar en el Colegio Nacional Nuestra Señora de Guadalupe. En 1887, cuando ya era un adolescente, conoció al maestro Manuel de la Cruz Panizo, compositor de música religiosa en varias iglesias y monasterios de la capital, quien lo instruyó en el solfeo y en el canto coral. Por ese mismo tiempo, Robles se relacionó con Claudio Rebagliati, compositor italiano radicado en el Perú, y empezó a estudiar piano, armonía y composición. Después que terminó la secundaria, Robles se matriculó en la Facultad de Medicina de la Universidad Nacional Mayor de San Marcos, pero, al poco tiempo, abandonó sus estudios universitarios y se dirigió a la selva, donde se hizo amigo del sacerdote español Gabriel Sala, del Monasterio de los Padres Descalzos de San Luis de Shuaro, quien lo inició en el arte de la recopilación folklórica y, además, le entregó algunos temas musicales de los campas. Varios años más tarde, con la finalidad de recoger temas populares, Robles viajó por gran parte de los territorios del Perú, Bolivia y Ecuador.

---

[67] Valcárcel, Luis E.: *Memorias,* Lima, IEP, 1981, pág. 149.

El dos de enero de 1912, por la época en que se vinculó a la Pro-Indígena, Robles presentó un «concierto incaico» en el Teatro Municipal, de Lima, que incluía el muy celebrado *Himno al Sol* y otros fragmentos de su ópera *Illa Cori* (o *La Conquista de Quito por Huayna Cápac*), que nunca se llegó a representar completamente y de la que sólo se ha conservado una versión para piano, voces y coros.[68] A mediados de 1913, cuando ya empezaba a ser reconocido como el compositor de música incaica más importante del Perú, fue comisionado por Guillermo Billinghurst, que acababa de asumir la Presidencia de la República, para que realice un viaje por los departamentos del sur del Perú y pueda así completar su colección de música autóctona.[69] Varios meses después, en diciembre de 1913, Robles, en calidad de responsable musical, compartió con Julio Baudouin la gloria de *El cóndor pasa*, un boceto dramático en un acto y dos cuadros que en un lustro llegó a alcanzar las tres mil funciones. Por ese entonces, debido a que su fama ya había comenzado a traspasar las fronteras del Perú, Robles recibió una invitación del gobierno de los Estados Unidos de Norteamérica para que su ópera *Illa Cori* fuese estrenada durante las grandes ceremonias que se venían preparando con motivo de la apertura del Canal de Panamá. Sin embargo, el estallido de la Primera Guerra Mundial frustró el proyecto. De esta manera, Robles apareció como el primer compositor peruano y, tal vez, latinoamericano, que basó su trabajo de constructor musical en la investigación y estudio constante de los materiales sonoros

---

[68] Sobre la obra musical de Robles se puede consultar Holzmann, Rodolfo: «Catálogo de las obras de Daniel Alomía Robles», *Boletín Bibliográfico*, Vol. 13, N° 1-2, Lima, julio de 1943, págs. 25-78.

[69] Varallanos, José: *El cóndor pasa. Vida y obra de Daniel Alomía Robles*, Lima, P. L. Villanueva, 1988, págs. 20-21.

nativos, específicamente andinos, que son los que definen al verdadero Perú.[70]

Además, Robles fue el que persuadió a otros músicos y escritores que vivían en Lima para que se vinculasen a la Pro-Indígena y apoyasen las campañas que impulsaban Zulen, Mayer y Capelo. Uno de ellos fue José María Valle Riestra (1858-1925), que pertenecía a la Generación de 1852/ 1866. Siendo todavía un niño, Valle Riestra viajó con sus padres hasta Londres, Inglaterra, e inició allí sus estudios musicales. De regreso al Perú, los prosiguió con Benjamín Castañeda. Más tarde, durante los aciagos días de la ocupación de Lima por las tropas chilenas (1881-1883), Valle Riestra procuró buscar en la música un lenitivo y comenzó a pergeñar lo que sería su ópera *Ollanta*. En 1893, volvió a Europa y se instaló en París, Francia, donde llegó a asistir a los cursos que dictaba André Gedalge, el maestro de Mauricio Ravel. Posteriormente, Valle Riestra retornó al Perú y terminó de componer su ópera *Ollanta*. Para tal efecto, se relacionó con Federico Blume Corbacho, quien escribió el libreto de esta obra musical inspirándose, más que nada, en la traducción al español que en 1876 Constantino Carrasco había hecho del antiguo drama en verso quechua *Ollantay*. El estreno de *Ollanta* se realizó en Lima el 26 de diciembre de 1900. Sin embargo, debido a la poca acogida que tuvo, sólo se realizaron cuatro representaciones.

Con el tiempo, el mismo Valle Riestra descubrió que en la primera versión de *Ollanta* había excesivas reminiscencias de *Aida*, la conocida ópera de Giuseppe Verdi, que se reflejaban en coros, entradas triunfales, marchas y motivos melódicos demasiado italianos, y decidió modificar radicalmente los dos primeros actos. En esta ocasión, contó con el apoyo de Luis

---

[70] Ver Valcárcel, Edgar: «Daniel Alomía Robles», *Conservatorio. Revista Musical Peruana*, Nº 3, Lima, 1991- 1992, págs. 21-23.

Fernán Cisneros, que se encargó de completar la parte literaria. De esta manera, después de una serie de peripecias y dificultades, *Ollanta* volvió a ser presentada al público el 22 de septiembre de 1920 en el Teatro Forero. Esta vez, a diferencia de lo que había ocurrido en 1900, *Ollanta* provocó un entusiasmo intenso y Valle Riestra, ya en el ocaso de su vida, fue objeto de múltiples ovaciones.[71] Entre las obras que Valle Riestra dejó inconclusas, figura la ópera *Atahualpa*, algunos de cuyos fragmentos fueron presentados en 1906.

El otro creador al que Robles logró persuadir para que se aproximase a la experiencia de la Pro-Indígena fue Abraham Valdelomar (1888-1919), quien es considerado como uno de los fundadores del cuento peruano.[72] Valdelomar nació en la ciudad de Ica, pero en 1892, al igual que toda su familia, tuvo que irse a vivir en una humilde casita que estaba ubicada en la caleta de San Andrés de los Pescadores, en el puerto de Pisco. Fue en esta grata, apacible y arcádica aldea de la costa peruana donde Valdelomar pasó los más hermosos y placenteros años de su niñez y experimentó una serie de emociones, sentimientos y experiencias que más tarde evocaría, con fruición y ternura, en cuentos como «El Caballero Carmelo», «El vuelo de los cóndores» o «Los ojos de Judas» y en poemas como «Tristitia», «El hermano ausente en la cena de Pascua» o «La casa familiar». En 1900, tras terminar su tercer y último año

---

[71] Basadre, Jorge: *Historia de la República del Perú*, 5° Edición, Lima, Ediciones Historia, 1964, Tomo X, págs. 4609-4610.

[72] Al respecto, ver Xammar, Luis Fabio: *Valdelomar: Signo* [1940], 2° Edición, Lima, INC, 1990; Angeles Caballero, César A.: *Valdelomar: Vida y obra*, Lima, P. L. Villanueva, 1964; Zubizarreta, Armando: *Perfil y entraña de «El Caballero Carmelo». (El arte del cuento criollo)*, Lima, Editorial Universo, 1968; Sánchez, Luis Alberto: *Valdelomar o La Belle Époque*, México, FCE, 1969; y Miguel de Priego, Manuel: *El Conde plebeyo. Biografía de Abraham Valdelomar*, Lima, Fondo Editorial del Congreso del Perú, 2000.

de instrucción primaria, Valdelomar viajó a Lima para poder seguir estudios secundarios en el Colegio Nacional Nuestra Señora de Guadalupe. En 1905, luego de haber culminado sus estudios secundarios, se matriculó en la Universidad Nacional Mayor de San Marcos, pero al poco tiempo, ganado por su pasión por el dibujo y la creación literaria, interrumpió sus estudios y no pudo aprobar gran parte de los cursos correspondientes al primer año de la Facultad de Letras. Algo similar ocurrió con los estudios que entre 1906 y 1909 intentó seguir en la sección preparatoria de la Escuela de Ingenieros (actual Universidad Nacional de Ingeniería).

Entre 1906 y 1909, Valdelomar se hizo conocido por las caricaturas, dibujos e ilustraciones que preparaba para las principales revistas ilustradas de Lima, como *Aplausos y Silbidos*, *Siluetas*, *Monos y Monadas*, *Fray K. Bezón*, *Actualidades*, *Cinema*, *Gil Blas* y *El Fígaro*. Sin embargo, a fines de 1909, Valdelomar dejó abruptamente la caricatura y la ilustración para poder dedicarse, de lleno, al mundo de las letras, en las cuales tanto éxito habría de conquistar, y empezó a publicar poemas y cuentos de corte modernista en *Contemporáneos*, *Ilustración Peruana* y *Variedades*. Un poco más tarde, en 1910, luego del estallido del conflicto fronterizo con el Ecuador, Valdelomar se alistó como soldado de reserva y redactó una serie de crónicas que, bajo el epígrafe general de «Con la argelina al viento», aparecieron en *El Diario*. A raíz de estas crónicas, fue premiado con una medalla de oro por la Municipalidad de Lima, que a la sazón era presidida por Guillermo Billinghurst. Al año siguiente, Valdelomar publicó dos trabajos literarios que lo afirmaron en su opción definitiva –la creación literaria– y, simultáneamente, le confirieron esa fama de escritor modernista y decadentista que nunca habría de abandonarlo: *La ciudad muerta* y *La ciudad de los tísicos*, que vieron la luz, bajo la modalidad de «novelas por entregas», en *Ilustración Peruana* y *Variedades*, en forma respectiva.

Por esos años, no obstante su decadentismo o esteticismo a ultranza, Valdelomar también se mostró poroso ante la prédica de la Pro-Indígena y la causa de la redención social del indio. Esta situación se reflejó de manera bastante nítida en un artículo que el tres de diciembre de 1911 publicó en *La Opinión Nacional*, donde manifestó su completa identificación con las denuncias contra el gamonalismo que Francisco Mostajo, delegado de la Pro-Indígena de Arequipa, había formulado en una carta enviada a los principales diarios y revistas del Perú: «El centenario de la independencia nacional –escribe Valdelomar– va a realizarse. Pronto veremos aquí, en la capital, desfiles fastuosos, bailes principescos, discursos admirables de vaciedad y de farsa, banderas y música, esplendidez y derroche, y sin embargo a lo lejos, como una sombra acusadora y colosal, se elevará tras de las montañas, en las sierras, en las punas dolorosas y frías, junto a las nubes solemnes y tristes, la eterna figura doliente del indio, del dueño verdadero y único de este país; la figura del desdichado que verá, con una inconsciente tristeza, cómo los hombres se divierten en sus antiguos dominios, cómo un viejo imperio que desapareció, se ha convertido en una cueva de lobos que lo consumen y lo acosan».[73]

Al mismo tiempo, Valdelomar fue prácticamente seducido por los temas incaicos que Valle Riestra y Robles cultivaban, se hizo muy amigo del segundo de ellos, llegó a participar como conferencista en el famoso «concierto incaico» que éste presentó en el Teatro Municipal de Lima el dos de enero de 1912 y se interesó en la lectura de obras como las *Azucenas Quechuas* (1905), de Adolfo Vienrich. Así, bajo el encanto de

---

[73] Valdelomar, Abraham: «Un documento interesante», *La Opinión Nacional*, Lima, 3 de diciembre de 1911, en *Obras Completas* [Edición, prólogo, cronología, iconografía y notas de Ricardo Silva-Santisteban], Lima, Ediciones Copé, 2001, Tomo I, pág. 143.

las «óperas incaicas», Valdelomar empezó a hablar de que había empezado a escribir una «novela incaica» casi por la misma época en que estaba pergeñando «El Caballero Carmelo» (1913), el cuento donde logró revivir, para siempre, los momentos más felices de su infancia en la caleta de San Andrés de los Pescadores. Más adelante, durante el último período de su vida, celebró entusiastamente los éxitos de la Compañía Dramática Incaica Cusco, que dirigían Luis Ochoa y Leandro Alviña, y hasta llegó a dictar una importante conferencia sobre el drama en verso quechua *Ollantay*. Sin embargo, por circunstancias que no están debidamente esclarecidas, no se sabe realmente si Valdelomar pudo terminar de escribir su «novela incaica» de la que siempre hablaba. En cambio, sí se conoce que alcanzó a confeccionar varios «cuentos incaicos», como «Chaymanta Huayñuy», «El camino hacia el Sol», «Los ojos de los reyes», «El alma de la quena» y «El alfarero», que entre 1915 y 1919 publicó en algunas de las publicaciones donde trabajaba o colaboraba. En 1921, a los dos años de su muerte, estas piezas narrativas, más otras que había dejado inéditas –«Los hermanos Ayar», «El pastor y el rebaño de nieve» y «El cantor errante»–, fueron reunidas y publicadas por Manuel R. Beltroy en el libro *Los hijos del Sol*.[74]

Desde este punto de vista, Mayer no se equivocó cuando, en una parte de su balance sobre lo que había significado la experiencia de la Pro-Indígena, sostuvo que fueron Robles, Valle

---

[74] Ver Arroyo Reyes, Carlos: «Luces y sombras del incaísmo modernista peruano. El caso de los cuentos incaicos de Abraham Valdelomar», *Cuadernos Hispanoamericanos*, Nº 539-540, Madrid, mayo-junio de 1995; Silva-Santisteban, Ricardo: «Historia y problemas textuales de *Los hijos del Sol* de Abraham Valdelomar (Con una propuesta para su ordenamiento», *Boletín de la Academia Peruana de la Lengua*, Nº 28, Lima, 1996; y Velázquez Castro, Marcel: «Modernidad, memoria e imaginación en *Los hijos del Sol*», *Ajos & Zafiros*, Nº 1, Lima, octubre de 1998.

Riestra y Valdelomar los que se encargaron de perpetuar en el terreno de la música, el teatro y la narrativa el eco de las campañas que Zulen, Capelo y ella impulsaron en la década de 1910: «La literatura pro-indígena –dice– recibió poderosos acicates de la agitación del tema que provino de la Asociación. Zulen hizo escuela en Jauja. Y anteriormente, en Lima, influyó sin duda en una popularidad de las materias indígenas, a la cual rindió tributos, entre los primeros, Valdelomar. Alomía Robles y Valle Riestra, los heraldos de la música incaica, se aproximaron a la Asociación; conferencistas y escritores diversos perpetuaron un eco de la Pro-Indígena de ámbito en ámbito del país».[75]

Un capítulo fundamental en la historia de la Pro-Indígena fue, sin duda alguna, el que escribieron los delegados de las provincias del interior del Perú. Por lo general, éstos eran intelectuales y profesionales que se identificaban abiertamente con la causa de la redención social del indio y se habían graduado con tesis universitarias donde abordaban diversos temas relacionados con la cuestión indígena. Uno de ellos fue Francisco Mostajo (1874-1953), que provenía de la experiencia del radicalismo y fue uno de los grandes seguidores de González Prada en el sur del Perú. Natural de Arequipa, Mostajo estudió Letras, Ciencias Naturales y Jurisprudencia en la Universidad San Agustín. En 1896, para optar el grado de Bachiller en Letras, presentó la tesis *El modernismo y el americanismo*, donde discutió la cuestión de hasta qué punto y de qué modo podía el modernismo servir al empeño de constituir una verdadera literatura latinoamericana.[76] Por ese mismo año, Mostajo ter-

---

[75] Mayer, Dora: «Lo que ha significado la Pro-Indígena», *Amauta*, Año I, Nº 1, Lima, setiembre de 1926, pág. 22.

[76] Ver Cornejo Polar, Jorge: «Al rescate de Francisco Mostajo», *Identidades* [Suplemento Cultural de *El Peruano*], Nº 29, Lima, 20 de enero de 2003.

minó también de confeccionar *Precursoras* (1896), un libro de poesías amorosas y patrióticas, donde, a tono con las inquietudes juveniles de su época, se declaró modernista, aunque, en realidad, todavía no había logrado superar los límites del estilo romántico; y, además, se dio tiempo para empezar a colaborar con la revista *La Neblina*, de Lima, que era animada por el grupo de escritores y artistas que se agrupaba alrededor de la figura del poeta José Santos Chocano. En esta importante publicación, Mostajo llegó a colaborar con una serie de artículos sobre los modernistas peruanos.[77] Un año después, en 1897, Mostajo encabezó la experiencia de la Liga de Librepensadores de Arequipa y se abocó, entre otras cosas, a la crítica de los métodos religiosos y oscurantistas que todavía predominaban en los estudios filosóficos e impedían cualquier tipo de renovación intelectual.

Posteriormente, entre 1900 y 1901, Mostajo figuró como uno de los fundadores del Partido Liberal de Arequipa, que fue una agrupación política que en un inicio asumió la defensa de la causa obrera, lideró las luchas sindicales y hasta habló de socialismo, revolución social e igualdad.[78] Desde ese entonces, Mostajo empezó a desarrollar una especie de periodismo de combate en una serie de publicaciones que muchas veces él mismo fundaba y dirigía: *El Zurriago, El Ariete, El Carnavalón, La Metralleta, El Volante, La Bandera Roja*. Además, en consonancia con sus ideas radicales, difundió en hojas volantes los artículos de índole anarquista que González Prada, bajo el seudónimo de «Luis Miguel», publicó en *Los Parias*, de Lima, entre 1904 y 1909, y que, por sus conceptos abiertamente subversivos, no encontraron cabida en los diarios y revistas

---

[77] Mostajo, Francisco: «Los modernistas peruanos», *La Neblina*, N° 12, 14 y 14, Lima, 16 de septiembre, 1° de octubre y 16 de octubre de 1896.

[78] Villena, Francisco: «La sociedad arequipeña y el Partido Liberal, 1885-1920», *Análisis*, N° 8-9, Lima, mayo-diciembre de 1979, págs. 98-99.

de Arequipa.[79] Simultáneamente, Mostajo asumió la labor de promotor cultural y organizó diversas veladas literario-musicales para los trabajadores, como la memorable Fiesta del Trabajo de 1906, en que por primera vez se festejó el 1º de Mayo en Arequipa.[80] En otra de estas veladas –la del 1º de mayo de 1907–pronunció un discurso en el que elogió el socialismo y la bandera roja.[81] Por todas estas razones, Mostajo siempre estuvo en la mira de los sectores más clericales y conservadores de la sociedad arequipeña y fue víctima de una serie de ataques, que iban desde las famosas «actas de expulsión» hasta los frecuentes apedramientos de su domicilio.

Más tarde, Mostajo se plegó a la iniciativa de la Pro-Indígena, asumió el cargo de delegado por Arequipa y redactó diversos artículos e informes para *El Deber Pro-Indígena* y otros diarios y revistas de Lima. En 1911, después de haber renunciado al Partido Liberal, Mostajo empezó a publicar el semanario *El Volcán*, desde donde difundió la idea del regionalismo como elemento prioritario y de base en la lucha por el descentralismo. Además, en *El Volcán*, Mostajo publicó una serie de materiales en torno al problema indígena y las actividades de la Pro-Indígena, incluyendo las cartas que por ese entonces Zulen solía enviarle. En 1913, para obtener el grado de Doctor en Jurisprudencia, Mostajo preparó la tesis *Algunas ideas sobre la cuestión obrera. El contrato de enganche*, donde, entre otras importantes cuestiones, planteó que en el Perú, por

---

[79] Sivirichi, Atilio: «Diez horas con Francisco Mostajo. III: Paralelos entre González Prada, Urquieta y Palma», *La Sierra*, Nº 7, Lima, julio de 1927, pág. 32.

[80] Carpio, Juan G.: «Francisco Mostajo: Historia de un caudillo», *Umbral*, Nº 14, Arequipa, 2002.

[81] Basadre, Jorge: *Introducción a las bases documentales para la Historia de la República del Perú con algunas reflexiones*, Lima, Ediciones P. L. Villanueva, 1971, Tomo II, pág. 666.

el hecho mismo que las tres cuartas partes de los braceros eran indios, la «cuestión obrera» se complicaba con el «problema de la raza indígena». En un comentario sobre esta singular y valiosa tesis, que fue publicado en *El Deber Pro-Indígena*, Mayer escribió: «Es esta –dice– una de las raras veces en que se trata el problema obrero en relación, no con el jornalero de las ciudades, sino con el trabajador de los campos, que más abundante razón tiene, por su número y sus agravios, de plantear la cuestión reforma. La tesis contempla, con criterio jurídico fundamental, los errores y las horrendas iniquidades de la legislación respecto a la contratación del trabajo y con criterio sociológico certero los efectos lamentables del sistema del enganche en el habitante aborigen, desde Cerro de Pasco hasta la frontera de Bolivia y desde Chicama hasta Loreto».[82]

Otro de los destacados delegados de provincias de la Pro-Indígena fue Modesto Málaga, que también provenía de la experiencia del liberalismo arequipeño y, al igual que Mostajo, había participado en las diversas luchas que a favor de la libertad de consciencia se gestaron desde *El Zurriago*.[83] Con el tiempo, Málaga llegó a ser delegado de la Pro-Indígena de Caylloma y desplegó una activa labor en favor de la supresión de los servicios gratuitos y obligatorios que pesaban sobre los indios. A raíz de esta noble y valiente campaña, Zulen le envió una carta de felicitación que apareció en *El Volcán*, de Arequipa, el 24 de junio de 1911. Por ese entonces, Málaga escribió también varios artículos de corte indigenista, como «Tiranía de las costumbres» o «La educación indígena», que fueron publicados en *El Deber Pro-Indígena*, de Lima, y en *El Ariete*, de Arequipa. En 1914, bajo el influjo de la prédica indigenista de Zulen, Mayer

---

[82] Mayer, Dora: «Un tributo a la causa», *El Deber Pro-Indígena*, Año I, Nº 9, Lima, junio de 1913.

[83] Sivirichi, Atilio: «Diez horas con Francisco Mostajo. II: La historia radical de Arequipa», *La Sierra*, Nº 6, Lima, junio de 1927, pág. 20.

y Capelo, Málaga redactó la tesis *El problema de la raza indíge-na*, que le permitió reclamar su título académico en la Facultad de Jurisprudencia de la Universidad San Agustín. Una de sus conclusiones fundamentales fue que, después de tanta opresión y explotación, al indio lo único que le quedaba era el sistema comunal del ayllu, que era una forma de organización que estaba tenazmente arraigada en sus hábitos y costumbres. De allí que, al momento de enfrentarse a todos los que lo oprimían y explotaban (los gamonales, las autoridades, los leguleyos, los curas, los inspectores de instrucción, los ejecutores del servicio militar obligatorio, los jefes de cuartel, etcétera), los indígenas se aferrasen a su organización comunal.[84]

Más tarde, en 1915, Málaga fundó *La Federación*, un semanario independiente que apareció como el órgano periodístico de la furibunda campaña anticentralista que el pueblo de Arequipa libró contra la dictadura del coronel Oscar R. Benavides.[85] Desde esta publicación, Málaga se dedicó también a bregar por el pronto despertar del obrero y a difundir las quejas y denuncias de los indígenas del sur del Perú, incluyendo, naturalmente, a los de Puno, que era uno de los departamentos más convulsionados. Por eso, en agosto de 1915, Carlos Chirinos Pacheco, apoderado legal de Bernardino Arias Echenique, el más ambiciosos y feroz de los gamonales puneños, llegó a responsabilizar a Málaga por el estado de agitación que por ese entonces existía en las comunidades indígenas de José y San Antón.[86]

---

[84] S/a.: «La tesis doctoral de Modesto Málaga», *El Deber Pro-Indígena*, Año III, N° 31, Lima, abril de 1915.

[85] Villena, Francisco: «La sociedad arequipeña y el Partido Liberal, 1885-1920», *Análisis*, N° 8-9, págs. 103-104.

[86] Ramos Zambrano, Augusto: *Rumi Maqui. Movimientos campesinos de Azángaro (Puno)*, Puno, Centro de Publicaciones IIDSA-UNA, 1985, págs. 41-42.

Al lado de Mostajo y Málaga no se puede dejar de mencionar a Francisco Chuquihuanca Ayulo (1877-1957), quien se destacó como uno de los más consecuentes luchadores a favor de la causa de la redención social del indio peruano. Chuquihuanca Ayulo nació en el histórico y legendario pueblo de Pucará, en el departamento de Puno, y estudió en el Colegio Nacional San Carlos. En 1899, con el objetivo de seguir la carrera de Jurisprudencia, Chuquihuanca Ayulo se trasladó a la ciudad de Arequipa y se matriculó en la Universidad San Agustín, donde conoció a Mostajo, que sería uno de sus mejores amigos. Tres años después, conjuntamente con Mariano Lino Urquieta, Mostajo, Málaga y otros distinguidos miembros de su generación, Chuquihuanca Ayulo integró la junta directiva del Partido Liberal de Arequipa. Más tarde, en 1907, en su condición de presidente de la Asamblea Universitaria, Chuquihuanca Ayulo se puso al frente de los estudiantes de la Universidad San Agustín y encabezó lo que Mostajo ha calificado como «la primera huelga liberal americana».[87] Ese mismo año, Chuquihuanca Ayulo apareció como uno de los editores de la revista *La Tea*, de Arequipa, desde donde planteó la necesidad de una reforma que modernizace en forma radical y completa la universidad.[88] Por esa época, fundó también la revista *Wajcha Kuyac*, desde donde inició una pujante campaña a favor del indio. Gracias al impacto que suscitó, esta iniciativa llegó a ser apoyada por González Prada, Riva Agüero y una serie de intelectuales y estudiantes de provincias, entre los que figuraban Mostajo, Málaga y Quiroga.

A fines de 1908, Chuquihuanca Ayulo optó el grado de Doctor en Jurisprudencia con la tesis *La propiedad indígena*, donde planteó la urgente necesidad de impedir que el gamo-

---

[87] Sivirichi, Atilio: «Diez horas con Francisco Mostajo. III: Paralelos entre González Prada, Urquieta y Palma», *La Sierra*, N° 7, pág. 34.

[88] *La Tea*, Arequipa, 14 de septiembre de 1907.

nalismo continuase expandiéndose a costa de las tierras de las comunidades indígenas. Se cuenta que, en esa ocasión, en un gesto no muy disimulado de racismo, uno de los miembros del jurado llegó a preguntarle si él, tal como afirmaba con tanta convicción, creía realmente que el indio podía «civilizarse». Ante lo que, sin alterarse en lo más mínimo, Chuquihuanca Ayulo respondió que sí, que eso era muy fácil y que el mismo jurado era una prueba fehaciente de ello ya que, si se miraba con cierto detenimiento las señas y características físicas de sus integrantes, se podía descubrir que en él figuraban personas, como los doctores Carlos Polar y Juan Osorio, que, no obstante sus pronunciados rasgos indígenas, habían podido alcanzar posiciones bastante altas en la Universidad San Agustín.[89] También existe la versión que, en esa oportunidad, el cuerpo docente de la universidad trató de vengarse de Chuquihuanca Ayulo y, en represalia por su rechazo a la fórmula del juramento –que, en sí, entrañaba un ataque a la libertad de credo–, se negó a otorgarle el grado académico.[90]

Después que obtuvo su título de abogado, Chuquihuanca Ayulo se trasladó a la ciudad de Lampa, en Puno, y prácticamente se consagró a la defensa legal de los indios, los oprimidos y los marginados en general. Desde allí, apenas se enteró que en Lima acababa de constituirse la Pro-Indígena, se puso en contacto con Zulen y le expresó su firme voluntad de sumarse a esta noble iniciativa indigenista. Por su parte, en una carta del 10 de abril de 1910, Zulen le respondió que el Comité Central de la Pro-Indígena había «acordado su nombramiento como delegado residente en Puno».[91] Desde ese momento, las actividades y responsabilidades de Chuquihuanca Ayulo se in-

---

[89] Ramos Zambrano, Augusto: *Rumi Maqui. Movimientos campesinos de Azángaro (Puno)*, pág. 74.

[90] Sivirichi, Atilio: *Op. cit.*, pág. 34.

[91] Kapsoli, Wilfredo: *El pensamiento de la Asociación Pro-Indígena*, pág. 9.

crementaron en forma vertiginosa: no sólo se dedicó a brindar asistencia legal a los indios y supo denunciar a los gamonales, sino también organizó comités de la Pro-Indígena en varias provincias de Puno y escribió artículos e informes para *El Deber Pro-Indígena*. Por ese entonces, Chuquihuanca Ayulo –que, además del español, conocía y aún dominaba el francés y el alemán– se dedicó también a los estudios filológicos del quechua y del aymara y pugnó por estructurar un alfabeto científico para dichas lenguas vernáculas a base de un sistema de grafías novedosas.

En enero de 1912, aprovechando un incidente un tanto baladí que ocurrió en la Catedral de Lampa, el Obispo de Puno, Valentín Ampuero, excomulgó a Chuquihuanca Ayulo y le indilgó el calificativo de «vitando» en represalia, más que nada, por su conocido anticlericalismo y su labor como delegado de la Pro-Indígena. Pero, lejos de intimidarse ante esta medida que parecía remontarse a los tiempos de las persecuciones, las hogueras y las velas verdes de la Santa Inquisición, Chuquihuanca Ayulo continuó en la lucha como si nada hubiese pasado y, además, expresó públicamente que era descendiente de Cristóbal Vaco Túpac Amaru, hijo de Manco Cápac, hermano y heredero de Huáscar, a quien el Emperador Carlos V otorgó título de nobleza.[92] Así, al poco tiempo de su excomulgación, Chuquihuanca Ayulo no vaciló en asumir la defensa legal de Manuel Zúñiga Camacho, Albino Allen, Ferdinand Anthony Sthal y otros pastores de la misión de la Iglesia Adventista del Séptimo Día que a mediados 1913 fueron agredidos por una turba de fanáticos que había sido azuzada por los curas de Acora y Chucuito. Varios meses después, en su calidad de dirigente de la Pro-Indígena de Puno, Chuquihuanca Ayulo

---

[92] Basadre, Jorge: *Introducción a las bases documentales para la Historia de la República del Perú con algunas reflexiones*, Tomo II, pág. 774.

se unió voluntariamente a la comisión especial que presidía Teodomiro Gutiérrez Cuevas y contribuyó activamente en la investigación de lo ocurrido durante los llamados sucesos de Samán. Se cree que, dado su ferviente antigamonalismo, Chuquihuanca Ayulo llegó a actuar como la «eminencia gris» de varias rebeliones de indígenas que estallaron por esos años y que estuvo en relación con Rumi Maqui Ccori Zoncco y la sublevación del dos de diciembre de 1915.[93]

Más joven que Mostajo, Málaga y Chuquihuanca Ayulo, Luis E. Valcárcel (1891-1987) era uno de los delegados de provincias de la Pro-Indígena que pertenecía a la misma generación de José Carlos Mariátegui y Víctor Raúl Haya de la Torre, esto es, a la Generación de la Reforma Universitaria. Aunque nació en Moquegua, Valcárcel vivió en la ciudad del Cusco desde que tuvo un año de edad. Gracias a que su familia se dedicaba al comercio en forma exitosa, tuvo una infancia cómoda y protegida, que transcurrió en una antigua casona que alguna vez había pertenecido al Marqués de Valleumbroso. Allí pasó muchas horas jugando con los hijos de los sirvientes de su familia y, gracias a ello, pudo aprender el quechua y conocer algo de las costumbres indígenas. Más tarde, en 1908, Valcárcel ingresó a la Universidad San Antonio Abad y, al poco tiempo, fue elegido secretario de la Asociación Universitaria que proclamó la primera huelga universitaria de importancia en el país y, simultáneamente, exigió la Reforma Universitaria. En 1909, se vinculó a la Pro-Indígena, que acababa de fundarse en Lima, y figuró como delegado del Cusco. Por esa época, además de escribir informes y notas para *El Deber Pro-Indígena*, colaboró con *La Integridad*, de Gamarra, que también era miembro de la Pro-Indígena, y publicó allí cuatro o cinco

---

[93] Tamayo Herrera, José: *Historia social e indigenismo en el Altiplano*, Lima, Ediciones Treintaitrés, 1982, pág. 307.

artículos referidos a la vida indígena.[94] También fue uno de los principales animadores de *La Sierra*, la revista que desde 1910 editó la Asociación Universitaria del Cusco. Posteriormente, en 1914, para obtener el grado de Bachiller en Ciencias Políticas y Administrativas, presentó la tesis *La cuestión agraria en el Cusco*, donde buscó discutir el problema indígena desde una perspectiva de análisis que privilegiaba la situación agraria regional y sus posibilidades de modernización.[95]

Otro de los delegados de provincias de la Pro-Indígena que formaba parte de la Generación de la Reforma Universitaria fue Manuel A. Quiroga (1888-1970). Nacido en Pomata, Puno, Quiroga estudió en el Colegio Nacional San Carlos. Varios años más tarde, después de terminar la secundaria, viajó a Arequipa para poder seguir la carrera de Derecho en la Universidad San Agustín. Desde un primer momento, respondiendo al llamado de Zulen, Mayer y Capelo, se unió a la Pro-Indígena y figuró como delegado de Puno. En 1915, para obtener el grado de Doctor en Jurisprudencia, Quiroga presentó la tesis titulada *La evolución jurídica de la propiedad rural en Puno*, donde introdujo la estadística de haciendas y, basándose en estos datos, demostró que la brutal expansión de la propiedad terrateniente que había ocurrido entre 1876 y 1915 se había producido a expensas de la propiedad comunal. Además, en su muy bien documentada tesis, abundó en una serie de reflexiones sobre la presencia y la dimensión del gamonalismo, que era un fenómeno capital dentro del ordenamiento político y social del Perú de la década de 1910: «El gamonalismo que domina no sólo en Puno, sino en todo el país —dice—, no es sino, según Ingenieros, la superestructura política natural de un régimen

---

[94] Valcárcel, Luis E.: *Memorias,* pág. 167.

[95] Deustua, José/ Rénique, José Luis: *Intelectuales, indigenismo y descentralismo en el Perú, 1897-1931*, Cusco, Centro Bartolomé de Las Casas, 1984, pág. 70.

económico feudal. Por eso en este período no existen verdaderos partidos políticos, sino influencias personales fundadas en la riqueza o en la audiencia de los gamonales».[96] Al final, tras analizar la acelerada expansión de la propiedad terrateniente y reflexionar sobre la nefasta influencia del gamonalismo, Quiroga concluyó con esta especie de premonición: «Los hechos –advierte– se avecinan cual si formaran un torrente que amenaza romper los diques que obstaculizan su paso, así el fenómeno del brusco encuentro entre la corriente que lleva la fuerza impulsora de la feudalización de las tierras, y la otra que suma las energías de la democratización, el recio apego a la primitiva organización agraria y la "instintiva conservación parcelaria" ha tenido ya lugar en Azángaro [...] Van acumulándose las fuerzas que quizás no tardarán mucho en dar lugar a una explosión subversiva en el elemento aborigen».[97]

De esta manera, gracias al desinteresado, activo y valiente concurso de hombres como Mostajo, Málaga y Chuquihuanca Ayulo, o Valcárcel y Quiroga, la Pro-Indígena pudo superar su origen capitalino, logró echar raíces en el interior del Perú y terminó asumiendo un carácter verdaderamente nacional. Más tarde, refiriéndose al importante rol que los delegados de provincias llegaron a jugar dentro de la experiencia de la Pro-Indígena, Mayer escribió: «Aunque la Asociación Pro-Indígena no tuvo evidentemente en Lima más vida que la que le dábamos Zulen y yo –dice–, ella había echado raíces mayores en provincias. Allá perduraron en vida autónoma algunas de las delegaciones, oyéndose hablar en los sitios más inesperados de una "Pro-Indígena", cuando la Institución Madre ya no existía...».[98]

---

[96] Quiroga, Manuel A.: *La evolución jurídica de la propiedad rural en Puno*, Arequipa, Tipografía Quiroz, 1915, pág. 114.

[97] *Ibíd.*, págs. 113-114.

[98] Mayer, Dora: «Lo que ha significado la Pro-Indígena», *Amauta*, Año I, N° 1, pág. 22.

3. Los nuevos tiempos

Con los años, muchos de los intelectuales que participaban en las primeras actividades de la Pro-Indígena, como José de la Riva-Agüero o Víctor Andrés Belaúnde, empezaron a alejarse. Además, algunos de los integrantes del Comité Central resultaron absorbidos por sus propias actividades profesionales o sus compromisos políticos y comenzaron a ejercer sus cargos de manera un tanto formal. El mismo Joaquín Capelo, que era el presidente de la asociación, no supo cómo superar esta dificultad cuando se desempeñó como Ministro de Fomento en el gabinete que se formó el 15 de mayo de 1914 ni cuando fue nombrado director del Cuerpo de Ingenieros de Caminos a inicios de 1916. Otro tanto se puede decir de Abelardo Gamarra, Vocal del Comité Central, que en 1913 se incorporó a la Cámara de Diputados como representante por Huamachuco. Así, a raíz de estos hechos, la Pro-Indígena de Lima acabó reduciéndose a la acción noble, generosa y abnegada de Pedro S. Zulen y Dora Mayer.

Adicionalmente, la labor indigenista que Zulen y Mayer continuaron desarrollando se vio seriamente afectada, sobre todo a partir de 1915, por un espinoso asunto que pertenece al rubro de los amores contrariados. Resulta que en septiembre de 1911 Mayer tomó consciencia de que se encontraba profundamente enamorada de Zulen, que era veintidós años menor que ella, y le declaró su amor. Pero Zulen, que justo por ese tiempo acababa de sufrir una grave pleuresía –que apareció como el anuncio evidente de la tuberculosis que lo llevaría a la tumba–, no la correspondió. Aunque conversaron muchas veces sobre este difícil tema y Zulen trató de disuadirla, Mayer no se dio por vencida y, creyendo que sus negativas no eran muy sinceras, llegó prácticamente a acosarlo. De allí que, en julio de 1915, Zulen le mandase decir a Mayer –por intermedio de Miguelina Acosta Cárdenas, una joven y entusiasta estudiante de Derecho, posiblemente vinculada al anarcosindicalismo, que varios años después presidiría la sección femenina del Comité Pro-Abaratamiento de las Subsistencias– que no pensaba volver a verla. Felizmente, este incidente fue superado a través de un cambio de cartas inverosímil, donde Zulen ofreció volver a ser el amigo de antes únicamente si Mayer no continuaba insistiendo en sus exigencias de amor y si se limitaba a ser la compañera de trabajo de la Pro-Indígena que tanto estimaba.[99]

Al final, debido a este cúmulo de factores y a las mismas desavenencias que surgieron entre sus dirigentes, el Comité Central de la Pro-Indígena se disolvió en marzo de 1916. Sin embargo, como suma de esfuerzos locales, la asociación continuó existiendo por un tiempo más. Esto se debió sobre todo a la férrea voluntad de lucha de algunos de los delegados de provincias que siguieron actuando a nombre de la Pro-Indígena por lo menos hasta que apareció el Comité Central Pro-Derecho Indígena Tahuantinsuyo, que fue una de las primeras organizaciones de origen campesino.[100] Refiriéndose a la forma

---

[99] Basadre, Jorge: *La vida y la historia. Ensayos sobre personas, lugares y problemas*, Lima, Banco Industrial del Perú, 1975, pág. 244.

[100] Al respecto, ver Kapsoli, Wilfredo: «El movimiento "Tahuantinsuyo"», en Kapsoli, Wilfredo: *Ayllus del Sol. Anarquismo y utopía andina*, Lima, Editorial Tarea, 1984, págs. 197-244; Arroyo Reyes, Carlos: «La experiencia del Comité Central Pro-Derecho Indígena Tahuantinsuyo», *Estudios Interdisciplinarios de América Latina y El Caribe*, Vol. 15, Nº 1,

tan singular en cómo las últimas páginas de la historia de la Pro-Indígena terminaron confundiéndose con las de la fundación de la Pro-Derecho Indígena Tahuantinsuyo, Juan Hipólito Pévez ha contado lo siguiente en una entrevista que en 1983 le hizo el historiador Wilfredo Kapsoli: «En 1916 la Asociación se había deshecho por desacuerdos entre sus dirigentes. Al quedar abandonada la institución quedaron los delegados provinciales. Ellos estaban empeñados en no abandonar la lucha. Con ese objetivo acordaron reunirse, ya con un nuevo nombre, aunque con los mismos elementos que habían actuado en la Pro-Indígena. De este modo a fines de 1919 se formó el Comité Central Pro-Derecho Indígena Tahuantinsuyo, precisamente cuando yo estaba en Lima averiguando por una Central».[101] Uno de esos empeñosos, obstinados y consecuentes ex-delegados de provincias de la Pro-Indígena sobre los que Pévez siempre habló con mucha admiración fue, por cierto, Francisco Chuquihuanca Ayulo, que colaboró activamente en la organización del subcomité de Puno de la Pro-Derecho Indígena Tahuantinsuyo y, además, empezó a editar la revista *Pututo*, que apareció como el órgano de expresión local de dicha institución.

A mediados de 1916, poco después que dejó de funcionar el Comité Central de la Pro-Indígena, Zulen viajó a Estados Unidos para seguir estudios de Sicología y Filosofía en la Universidad de Harvard. Pero, al poco tiempo, sufrió los estragos de la tuberculosis que lo afectaba desde 1911 y se vio obligado a regresar apresuradamente a Lima. Posteriormente, a

---

Tel Aviv, enero-junio de 2004, págs. 185-208; y Cadena, Marisol de la: «Indigenistas liberales frente al Comité Tahuantinsuyo: La construcción del indio», en Cadena, Marisol de la: *Indígenas y mestizos. Raza y cultura en el Cusco*, Lima, IEP, 2004, págs. 105-151.

[101] Pévez, Juan Hipólito: «Entrevista» [Lima, febrero de 1983], en Kapsoli, Wilfredo: *Ayllus del Sol. Anarquismo y utopía andina*, pág. 203.

mediados de 1917, con el fin de mejorar su salud pulmonar, se trasladó a la ciudad de Jauja, en el departamento de Junín. Durante el período que vivió en Jauja, que por ese entonces era considerada como la «Suiza» del Perú, Zulen trató de aprender quechua, visitó el campo con frecuencia e hizo diversas anotaciones sobre los ritos y costumbres de los indígenas de la zona. Además, Zulen se hizo muy amigo de Víctor Modesto Villavicencio, un estudiante sanmarquino de ideas socialistas, natural de Jauja, al parecer, que más tarde publicaría el libro *Nikolai Lenin* (1922).

Por ese tiempo, Zulen se vinculó también a las organizaciones de los artesanos y los obreros de Jauja e incluso llegó a participar en diversos actos públicos. Así, el 1º de mayo de 1918, con el auspicio de la Asociación Obrera, pronunció un discurso en Jauja que a los pocos días fue publicado en *La Evolución*, de Huancayo, con el título de «Socialismo y problema social peruano».[102] Meses después, durante las fiestas patrias de julio de 1918, Zulen pronunció otro discurso en la comunidad de Marco, que concluyó con un verdadero llamado a la rebeldía: «Siempre —dice— las mismas vejaciones. Parias hoy como ayer. ¿Hasta cuándo? ¿Seréis parias también mañana? No, no es posible. La justicia tendrá que hacerse. Tanto crimen tendrá que terminar. Tanta infamia recibirá su castigo. Cuando las autoridades y el gobierno no quieran poner coto y sanción a los abusos, despertarán vuestras conciencias adormecidas, y tendréis que haceros justicia por vuestras propias manos. El indio que va al ejército debe saber que no sólo aprende a manejar el fusil para defender la patria, sino también para defender sus derechos cuando algún malvado quiere atentar contra ellos. Hay que ser rebelde, hay que ser

---

[102] Zulen, Pedro S.: «Socialismo y problema social peruano», *La Evolución*, Huancayo, 7 de mayo de 1918.

altivo, hay que ser valiente y tener la energía de rechazar al que venga a herirnos. Los que abusan siguen y seguirán abusando porque no hay una mano fuerte que los detenga. El día que un pueblo cansado de sufrir tanto atropello, se levante como un solo hombre y haga un escarmiento, ya nadie se atreverá a cometer los mismos abusos».[103]

Un poco más tarde, a raíz de la convocatoria a las elecciones generales para 1919, Zulen lanzó su candidatura a la diputación suplente por la provincia de Jauja. Lejos de buscar inmiscuirse en la lucha entre los grandes partidos nacionales, le entusiasmaba la idea de ser un verdadero representante del pueblo. Sin embargo, no pudo materializar sus planes porque el 1° de mayo de 1919 fue detenido en Jauja. Aunque se le acusaba de dirigir ocultamente en el centro del país un movimiento socialista orientado a tomar forma armada, el móvil real de su detención tuvo que ver con la serie de medidas policíacas que el gobierno civilista de José Pardo y Barreda tomó para evitar que los artesanos y los obreros de las provincias del interior se plegasen al paro general y las otras medidas de lucha que impulsaba el Comité Pro-Abaratamiento de las Subsistencias de Lima. Esto explica por qué, no obstante la gravedad de las acusaciones que pesaban en contra suya, Zulen fue liberado a los pocos días de que había sido trasladado a la capital.

Después que fue puesto en libertad, Zulen volvió a Jauja y, a través de los diarios, se enteró de la formación del Partido Socialista Peruano, que el grupo de Luis Ulloa –yendo en contra de la voluntad de José Carlos Mariátegui, César Falcón y los otros animadores del Comité de Propaganda y Organización Socialistas– había fundado en Lima el primero de mayo de 1919. Aunque se declaraba socialista, Zulen se mostró reticen-

---

[103] Zulen, Pedro S.: «Discurso a los indígenas de Marco» [Marco, 28 de julio de 1918], *Claridad*, Año II, N° 6, Lima, setiembre de 1924, pág. 15.

te ante la iniciativa de Ulloa no sólo por razones de índole moral, sino sobre todo por consideraciones políticas e ideológicas. Esta situación se aprecia de manera bastante nítida en el texto «Socialistas de nuevo cuño», que por esa época escribió en Jauja y, por razones que todavía se desconocen, no llegó a publicar. Así, partiendo del criterio que la política nunca se puede desligar de la ética ni de la moral, Zulen cuestionó el hecho que entre los miembros del flamante Partido Socialista figurasen personas como Carlos E. Valverde, que desde hacía años era conocido, entre los operarios indígenas, como uno de los más implacables tiranos de la Cerro de Pasco Mining Company.[104] Pero lo más importante de todo fue la forma en cómo, a partir del nuevo referente que en ese momento de la historia de la humanidad representaba el bolchevismo de Vladimir I. Lenin y León Trotski, Zulen se preguntó si ya había pasado o no la hora de constituir partidos socialistas: «En Lima –dice– se reúne un grupo de arribistas, redacta un programa de apariencia antiburguesa y se constituye con el nombre de Partido Socialista. Y esto, en los momentos en que ya se ha perdido en todas partes la confianza en todos los partidos socialistas habidos y por haber, cuando el llamado socialismo de Estado o socialismo parlamentario está en bancarrota y cuando en la Rusia de Bakunin, de Gorki, de Kropotkin y Tolstoy parece asomarse el nuevo sol de justicia y libertad, representado por el maximalismo o bolchevismo de Lenin y Trotski».[105]

A fines de 1919, Zulen se graduó de Bachiller en Letras con la tesis *La filosofía de lo inexpresable. Bosquejo de una interpretación y una crítica de la filosofía de Bergson*, que fue una crítica audaz a la filosofía de Henri Bergson, entonces indiscu-

---

[104] Zulen, Pedro S.: «Socialistas de nuevo cuño», Jauja, 1919, reproducido en Kapsoli, Wilfredo: *El pensamiento de la Asociación Pro-Indígena*, Cusco, Centro Las Casas, 1980, pág. 15.

[105] *Ibíd.*, pág. 15.

tida en el ambiente universitario de Lima. Lo interesante del caso fue que, en su tesis, Zulen no sólo se limitó a presentar una apreciación de conjunto de las doctrinas de Bergson, sino también llegó a establecer que existía una clara distinción entre «el Bergson intuitivo» y «el Bergson lógico»: «Nosotros –dice– sostenemos que al lado del Bergson intuicionista, del Bergson del *élan vital*, de la continuidad indivisa y en perpetua creación de la consciencia, del tiempo que no se mide, de la libertad que no es libertad moral ni libre albedrío, del cambio que no presupone cosas que cambian, del movimiento que no implica móvil, de la explicación sugestiva de las paradojas de Zenón, hay el Bergson lógico, el Bergson de los planos de consciencia, de las dos memorias, de la diferencia radical de naturaleza entre la percepción y el recuerdo, y que afirma por mero raciocinio la existencia de Dios y la inmortalidad del alma; que debe separarse un Bergson de otro, a fin de que al juzgarle no se incurra en el absurdo de querer apreciar al intuitivo del mismo modo que al racional».[106] Gracias a su original y polémica tesis sobre Bergson, Zulen empezó a hacerse conocido en el extranjero y recibió los elogios de un crítico tan exigente como Max Nordeau.[107]

Varios meses después, con el fin de reanudar sus estudios de Filosofía en la Universidad de Harvard, Zulen se embarcó para Nueva York. En esta oportunidad tomó también algunos cursos sobre técnicas bibliotecarias; escribió una serie de poemas en inglés, algunos de los cuales fueron publicados en la famosa revista literaria *Poetry*; y se interesó por el desarrollo

---

[106] Zulen, Pedro S.: *La filosofía de lo inexpresable. Bosquejo de una interpretación y una crítica de la filosofía de Bergson*, Lima, Talleres Tipográficos Sanmartí y Cía, 1920, págs. 9-10.

[107] Villavicencio, V. Modesto: «El valor intelectual de Zulen», *Boletín Bibliográfico de la Universidad Nacional Mayor de San Marcos*, Volumen II, N° 1, Lima, marzo de 1925, pág. 8.

de la literatura estadounidense contemporánea, especialmente por la obra de poetas como Masters, Sandburg, Lindsay, Lowell, Fletcher, Robinson y Frost.[108] Además, contribuyó activamente a la difusión de José María Eguren en los Estados Unidos y, por encargo del mismo poeta, realizó algunas gestiones ante la famosa casa Brentanos para ver en qué condiciones le podían editar su poemario *Sombra*.[109] Al mismo tiempo, Zulen se hizo amigo del escritor cubano Jorge Mañach, que se encontraba exiliado en Estados Unidos por sus actividades políticas contra la dictadura de Gerardo Machado, y frecuentó al crítico norteamericano Isaac Goldberg, que acababa de publicar el libro *Studies in Spanish-American Literature* (1920), donde, entre otras cosas, sostuvo que Eguren era uno de los grandes poetas hispanoamericanos.[110]

Mientras tanto, Mayer hizo lo imposible para prolongar la vida de la Pro-Indígena y logró así que *El Deber Pro-Indígena* continuase apareciendo hasta diciembre de 1917. Más tarde, al igual que Chuquihuanca Ayulo y otros ex-delegados de provincias de la Pro-Indígena, apoyó decididamente a la Pro-Derecho Indígena Tahuantisuyo, a la que vio como una especie de fruto de la obra que Zulen, Capelo y ella iniciaron en 1909. En 1921, con motivo de la conmemoración del centenario de

---

[108] Zulen, Pedro S.: «La literatura contemporánea en los Estados Unidos», *Variedades*, Lima, 23 de diciembre de 1922 y 6 de enero de 1923.

[109] Ver Kapsoli, Wilfredo: «José María Eguren y Pedro S. Zulen», en *Literatura e Historia del Perú*, Lima, Editorial Lumen, 1986, págs. 17-27.

[110] Goldberg posiblemente llegó a interesarse por la obra de Eguren a través de la lectura del ensayo «Un neo-simbolismo poético. Apuntaciones sobre José María Eguren y sus poesías», que Zulen había publicado en la revista *Ilustración Peruana*, de Lima, en 1911. Por eso, no es fortuito que, en su libro, Goldberg cite extensamente este ensayo de Zulen ni que se refiera a él como el «perspicaz crítico peruano». Ver Goldberg, Isaac: *La literatura hispano-americana. Estudios críticos*, Madrid, Editorial América, 1922, págs. 335-336.

la proclamación de la Independencia del Perú, Mayer publicó el libro *El indígena peruano a los cien años de la república libre e independiente*, donde hizo una sinopsis sobre la condición del indio durante el régimen republicano y presentó una primera aproximación a la experiencia de la Pro-Indígena. Además, la obra incluyó una lista de los artículos sobre el indígena peruano publicados por la autora entre 1903 y 1920, citas de Zulen, ecos y monografías de los departamentos de la república y, finalmente, varias fotografías. Por ese entonces, Mayer participó también en los Congresos Indígenas que a partir de 1921 organizó la Pro-Derecho Indígena Tahuantinsuyo. En el segundo de ellos llegó incluso a ser propuesta para ocupar un cargo en la Junta Directiva pero no aceptó la invitación porque, tal como declaró en la edición de *El Tiempo* correspondiente al 12 de noviembre de 1922, consideraba que «los indígenas deben llegar pronto al grado de desenvolvimiento moral suficiente para bastarse por sí solos».[111]

Simultáneamente, haciendo gala de esa gran fuerza de voluntad que nunca la abandonó, Mayer siguió aferrada a la idea de conquistar a cómo dé lugar el amor de Zulen. Por eso, después que él viajó a Estados Unidos por primera vez, ella envió a los diarios de Lima numerosas cartas con el fin de mostrar al público cuáles eran sus sentimientos más íntimos. Capelo, que por ese entonces estaba a punto de embarcarse para Europa, desaprobó el gesto de Mayer y trató de persuadirla diciéndole, entre otras cosas, que era un «crimen» perseguir a un hombre que la rechazaba. Sin embargo, Mayer no le hizo caso y viajó hasta Nueva York únicamente para poder ver a Zulen. Allí se encontraron sólo una vez y él la colmó de injurias. Las mismas entrevistas grotescas, negativas y estériles continuaron

---

[111] *El Tiempo*, Lima, 12 de noviembre de 1922, citado en Kapsoli, Wilfredo: *Ayllus del Sol. Anarquismo y utopía andina*, pág. 235.

repitiéndose cuando Zulen retornó a Lima y se fue a vivir a Jauja. Así, a raíz de estos incidentes tan desagradables, se vio frustrado el noviazgo que en esa ciudad él sostenía con una señorita apellidada Céspedes.[112]

Pero, a pesar de todos estos incidentes, Zulen nunca dejó de apreciar la infatigable labor indigenista de Mayer. Por eso, durante la época de su segunda estadía en Nueva York, Zulen no vaciló en enviarle a Capelo, que se encontraba viviendo en Berlín, una carta con un ejemplar de *El indígena peruano a los cien años de la república libre e independiente*, que Mayer acababa de publicar en Lima. Al cabo de unos cuantos días, el dos de setiembre de 1921, Capelo le escribió a Zulen para manifestarle que estaba completamente de acuerdo con su opinión de que este libro era «una nota patriótica digna del Centenario». Además, en otra parte de su carta, en un párrafo donde el reproche se confundía con el elogio, Capelo se refirió también a la gran firmeza con que Mayer luchaba por todo lo que creía y quería: «Es el caso más raro –le dice a Zulen–, el de esta señorita; su inteligencia brilla lo mismo siempre y defiende el tema que se ha impuesto como objetivo de su vida con una fe y una lucidez digna de la noble causa que sostiene; y asimismo su voluntad la lleva del otro lado hacia usted con una firmeza también invariable e imperturbable».[113]

En octubre de 1922, debido a una serie de problemas económicos y familiares, Zulen se vio obligado a dejar los Estados Unidos y regresar apresuradamente al Perú. Al poco tiempo, Manuel Vicente Villarán, que acababa de ser nombrado rector de la Universidad Nacional Mayor de San Marcos, se reunió

---

[112] Basadre, Jorge: *La vida y la historia. Ensayos sobre personas, lugares y problemas*, págs. 244-245

[113] Capelo, Joaquín: «Carta a Pedro S. Zulen, Berlín, 2 de setiembre de 1921», reproducida en Kapsoli, Wilfredo: *Ayllus del Sol. Anarquismo y utopía andina*, págs. 276-277.

con él y, tomando en cuenta sus estudios sobre técnicas bibliotecarias, le ofreció la dirección de la Biblioteca de esta casa de estudios. Pero, ni bien se conoció la propuesta, algunos de los miembros del Consejo Universitario se opusieron tajantemente al nombramiento de Zulen alegando, entre otras cosas, que se trataba de un «chino». Sin embargo, al final, terminó imponiéndose la buena iniciativa de Villarán.[114] Así, gracias a la gran labor que Zulen desarrolló al frente de la Biblioteca de la Universidad Nacional Mayor de San Marcos, los jóvenes estudiantes sanmarquinos pudieron leer a Oswald Spengler y su *Decadencia de Occidente*, la primera traducción del *Estudio de la historia* de Arnold Toynbee, a Sigmund Freud y las obras más representativas del «behaviorismo» norteamericano.[115]

Posteriormente, en julio de 1923, Zulen empezó a editar el *Boletín Bibliográfico de la Universidad Nacional Mayor de San Marcos*, donde publicó trabajos sobre Federico Villareal, Sebastián Lorente y otros autores y, simultáneamente, dio a conocer el diario inédito de Pedro Manuel Rodríguez sobre la campaña de la Breña, un manuscrito de Mateo Paz Soldán y otros importantes hallazgos bibliográficos. Uno de los números más buscados de este boletín fue el de diciembre de 1924, donde Zulen, desafiando el tradicionalismo universitario, rindió homenaje a José María Eguren e incluyó una antología de los poemas de *Simbólicas*, *La canción de las figuras* y *Sombra*, verdaderamente imposibles de conseguir por ese tiempo.

En septiembre de 1924, para poder obtener el grado de Doctor en Filosofía, Zulen presentó el trabajo *Del neohegelianismo al neorealismo. Estudio de las corrientes filosóficas en Inglaterra y los Estados Unidos desde la introducción de Hegel hasta*

---

[114] Basadre, Jorge: *La vida y la historia. Ensayos sobre personas, lugares y problemas*, pág. 246.

[115] Pinto, Ismael: «Pedro Zulen, de San Marcos», *Expreso*, Lima, 30 de enero de 1987.

la actual reacción neorealista, que fue una investigación sobre las diversas posiciones filosóficas que se sucedían y contraponían en el mundo del idealismo anglosajón contemporáneo: el neohegelianismo, el pragmatismo, el instrumentalismo y el neorealismo. A raíz de esta tesis, Bertrand Russell, uno de los principales representantes del neorealismo inglés, le escribió una hermosa carta a Zulen –que éste, desgraciadamente, no alcanzó a leer–, donde le decía que se había quedado asombrado ante lo vasto y lo nuevo de su saber.[116] Por esa misma época, en el que viene a ser el último semestre de su vida, Zulen se hizo cargo de la cátedra de Sicología y de Lógica, desde donde dio a conocer los trabajos de Boole, Peirce, Schroeder, Peano, Russell y Whitehead, antes ignorados en los círculos académicos peruanos.[117] Tal fue el entusiasmo con que Zulen emprendió la labor docente que hasta llegó a pergeñar unas notas que, a manera de homenaje póstumo, sus familiares publicaron en 1925 con el título de Programas de Sicología y de Lógica. Según el curso dictado en el 2º semestre de 1924.

Pese a la buena posición que había llegado a conquistar dentro de la Universidad Nacional Mayor de San Marcos, Zulen se mantuvo fiel a la causa de la redención social del indio y buscó vincularse a las nuevas fuerzas sociales que emergían en el Perú de la década de 1920. Así, apenas volvió de Estados Unidos, se relacionó con la Pro-Derecho Indígena Tahuantinsuyo y asistió a las sesiones del Tercer Congreso Indígena, que se desarrollaron entre los últimos días de agosto y los primeros de setiembre de 1923. Allí fue donde se encontró con José Carlos Mariátegui, que era cinco años menor que él,

---

[116] Basadre, Jorge: «La herencia de Zulen», *Boletín Bibliográfico de la Universidad Nacional Mayor de San Marcos*, Volumen II, Nº 1, Lima, marzo de 1925, pág. 4.

[117] Salazar Bondy, Augusto: *Historia de las ideas en el Perú contemporáneo*, Lima, Francisco Moncloa Editores, 1965, pág. 279.

había pasado también una temporada en el extranjero y en ese momento trabajaba infatigablemente por la creación del socialismo peruano. Más tarde, evocando este acontecimiento, el autor de los *7 Ensayos de interpretación de la realidad peruana* (1928) escribió: «Recuerdo –dice– nuestro encuentro en el Tercer Congreso Indígena, hace un año. El estrado y las primeras bancas de la sala de la Federación de Estudiantes estaban ocupadas por una policroma multitud indígena. En las bancas de atrás, nos sentábamos los dos únicos espectadores de la Asamblea. Estos dos únicos espectadores éramos Zulen y yo. A nadie más había atraído este debate. Nuestro diálogo de esa noche aproximó definitivamente nuestros espíritus».[118]

Después del Tercer Congreso Indígena, Zulen comenzó a frecuentar a Mariátegui y se hizo amigo de él. Por su parte, Mariátegui llegó a sentir una gran admiración por Zulen y lo recibió en su casa en el jirón Washington cuando éste era una presencia temida por la tuberculosis que su rostro y su cuerpo enjuto ya no podían disimular.[119] La simpatía que estos dos grandes hombres se profesaron tuvo que ver tanto con algunas señas de identidad más o menos comúnes como con ciertas coincidencias filosóficas y políticas. Resulta que ambos provenían de familias urbanas de origen humilde o popular y eran intelectuales que, gracias a sus propias cualidades y a su mismo espíritu de lucha, se habían hecho de un espacio en un ordenamiento cultural donde la ampliación de las capas medias y del consumo intelectual convivía con las actitudes conservadoras y racistas de la élite dominante. Además, los dos pasaron por Bergson como por una importante estación y

---

[118] Mariátegui, José Carlos: «Vidas paralelas: E. D. Morel-Pedro S. Zulen», *Mundial*, Lima, 6 de febrero de 1925, en *Peruanicemos al Perú,* 10º Edición, Lima, Biblioteca Amauta, 1986, pág. 52.

[119] Mariátegui, Javier: «Una locura de amor: El "caso" de Dora Mayer de Zulen», *Anuario Mariateguiano*, Volumen V, Nº 5, Lima, 1993, pág. 21.

fuente de inspiración antipositivista y compartieron el interés por la cuestión indígena, que fue precisamente lo que los llevó a encontrarse en las sesiones del Tercer Congreso Indígena. Por último, tal como dice Gerardo Leibner, no se debe descartar la posibilidad de una transmisión de experiencias entre Zulen moribundo y Mariátegui recién llegado de Europa con intenciones de crear un movimiento marxista peruano.[120]

En octubre de 1924, en una de sus visitas a la casa de Mariátegui, Zulen pudo conocer personalmente a Ezequiel Urviola, que fue una de las figuras más representativas de la Pro-Derecho Indígena Tahuantinsuyo. Desde antes, Urviola había tratado de entablar comunicación epistolar con Zulen pero el intento no llegó a prosperar debido a que éste viajó a Estados Unidos.[121] Aunque se desconocen los detalles de lo que Zulen, Urviola y Mariátegui conversaron en esa histórica noche de octubre de 1924, no hay que ser muy zahorí para suponer que el tema central de la plática fue la redención social del indio. Al menos, eso fue lo que pervivió entre los meandros de la memoria de Mariátegui: «Y recuerdo –dice– otro encuentro más emocionado todavía: el encuentro de Pedro S. Zulen y de Ezequiel Urviola, organizador y delegado de las federaciones indígenas del Cusco, en mi casa, hace tres meses. Zulen y Urviola se complacieron recíprocamente de conocerse. "El problema indígena –dijo Zulen– es el único problema del Perú"».[122]

---

[120] Leibner, Gerardo: «Pensamiento radical peruano: González Prada, Zulen, Mariátegui», *Estudios Interdisciplinarios de América Latina y El Caribe*, Vol. 8, Nº 1, Tel Aviv, enero-junio de 1997, págs. 124-125.

[121] Urviola, Ezequiel: «Carta a Pedro S. Zulen, Juli, 28 de febrero de 1920», reproducida en Kapsoli, Wilfredo: *Ayllus del Sol. Anarquismo y utopía andina*, págs. 142-143.

[122] Mariátegui, José Carlos: «Vidas paralelas: E. D. Morel-Pedro S. Zulen», en *Peruanicemos al Perú*, págs. 52-53. El dato que Mariátegui da sobre la delegatura de Urviola no es exacto ya que éste, en realidad, era natural de Puno. Además, Urviola tampoco fue un indio, sino un

Además de vincularse a la Pro-Derecho Indígena Tahuan-tinsuyo, Zulen también cooperó con *Claridad*, que por ese entonces circulaba como el órgano de la Federación Obrera Local de Lima y de la Juventud Libre del Perú. El que lo invitó a sumarse a este noble esfuerzo renovador fue seguramente Mariátegui, que, después de la detención y posterior deportación de Víctor Raúl Haya de la Torre, uno de los principales inspiradores de las Universidades Populares «González Prada», asumió la dirección de esta importante publicación. Así, muy entusiasmado con la idea de participar en la experiencia de esta revista, Zulen le envió a Mariátegui el texto de una peroración que había pronunciado en 1919. Se trata de su famoso «Discurso a los indígenas de Marco», que, luego de haber permanecido inédito durante varios años, vio por primera vez la luz en el número de *Claridad* que salió en setiembre de 1924. En esa oportunidad, el discurso de Zulen fue acompañado con la siguiente nota aclaratoria: «Este discurso —escribe acaso el propio Mariátegui— fue uno de los documentos que fundó la prueba en contra del autor, para justificar su prisión en la cárcel de Jauja, ordenada por el gobierno. Zulen fue acusado de dirigir ocultamente un movimiento socialista en el Centro, el cual debería haber tomado la forma armada al mismo tiempo que el verificado en la capital durante la semana trágica de mayo de 1919».[123]

Poco después, en la edición de *Claridad* correspondiente a noviembre de 1924, Zulen publicó uno de los últimos trabajos

---

indigenista que se había integrado en forma radical al mundo andino. Sobre Urviola, se puede consultar Rengifo, Antonio: «Esbozo biográfico de Ezequiel Urviola Rivero», en Kapsoli, Wilfredo: *Los movimientos campesinos en el Perú, 1879-1965*, Lima, Delva Editores, 1977, págs. 179-209; y Ramos Zambrano, Augusto: *Ezequiel Urviola. Apóstol del indigenismo puneño*, Puno, 1994.

[123] Ver *Claridad*, Año II, N° 6, Lima, setiembre de 1924, pág. 15.

que alcanzó a escribir: «La personalidad de Bertrand Russell». Aunque el punto de partida de su nueva colaboración era la figura del gran matemático y filósofo inglés, Zulen terminó confeccionando un texto que tenía ciertas connotaciones autobiográficas, particularmente en las partes que se refieren al compromiso social del intelectual contemporáneo y a la dimensión libertaria del pensamiento crítico. Así, sin dejar de referirse a las obras fundamentales de Russell –*Los principios de la Matemática, Ensayos Filosóficos, Los problemas de la Filosofía* o *El ABC de los átomos*–, Zulen procedió a resaltar las diversas formas de compromiso social que éste había asumido para poder estar «a la vanguardia de los espíritus que sienten ya el anuncio de una humanidad más justa y más libre».[124] En este sentido, Zulen recordó cómo, en un primer momento, este gran intelectual inglés se opuso a la Primera Guerra Mundial, participó activamente en la experiencia del pacifismo británico y quiso que la resistencia individual impidiese que las naciones formasen ejércitos; como más tarde, en 1920, buscando siempre rutas para salvaguardar el bienestar humano, dirigió sus pasos hasta la Rusia de Lenin y Trotski y escribió sus impresiones en el libro *Teoría y práctica del bolchevismo*, donde, aunque justificaba la revolución, condenaba su organización, sus procedimientos y su misma ideología; como, un año después, visitó China, enseñó Filosofía en la Universidad de Pekín y pergeñó el libro *El problema de la China*, donde afirmaba que este pueblo «de una cultura antiquísima, errónea e ignorantemente juzgada, y de una raza de inagotables energías físicas y morales, [que] acaso inaugure en un futuro próximo la era socialista en el mundo»; y, finalmente, como en abril de 1924, a raíz del veto que las autoridades de la Univer-

---

[124] Zulen, Pedro S.: «La personalidad de Bertrand Russell», *Claridad*, Año II, Nº 7, Lima, noviembre de 1924, pág. 18.

sidad de Harvard impusieron a Eugenio Debs, Scott Nearing y William Z. Foster, afirmó categóricamente que los Estados Unidos no eran dirigidos por el gobierno de Washington, sino por el petróleo y los Morgan.

Más adelante, basándose en estos episodios fundamentales de la biografía de Russell, Zulen arribó a la conclusión que éste, a contrapelo de lo que pensaba o creía mucha gente, no era un místico o un sentimental sino un gran libertario: «Se creería –dice– que Russell es un místico o un sentimental. No es ni lo uno ni lo otro. Es un gran libertario que habla sin temor a poder humano alguno, en nombre de la verdad, la libertad y la justicia, que no son para él irrealizables sueños, bellas utopías, sino cosas meramente detenidas por los monopolios y sistemas de explotación y predominio de grupos en que ha sido aprisionada la sociedad».[125] En estas líneas sobre el sesgo libertario de Russell, ¿acaso Zulen no estaba hablando también de él mismo, que, al igual que el gran pensador inglés, era un filósofo que había asumido diversas formas de compromiso social y, a pesar que se había radicalizado y se había vuelto socialista, había sabido conservar su aura de intelectual idealista, independiente y, valga la redundancia, libertario?

La segunda y última colaboración que Zulen publicó en *Claridad* también fue acompañada con una breve nota. Pero esta vez, a diferencia de lo que había ocurrido cuando apareció el «Discurso a los indígenas de Marco», la nota no se refería al texto en sí sino al autor. Además, por la forma en que estaba redactada, antes que una presentación propiamente dicha, fue un homenaje emocionado, justo y sincero al intelectual que, no obstante la posición dirigente que ocupaba en la Universidad Nacional Mayor de San Marcos, supo mantenerse fiel a sus ideales indigenistas, pudo confundirse entre los obreros

---

[125] *Ibíd.,* pág. 21.

y los estudiantes de vanguardia y no tuvo ningún reparo al momento de colaborar con una publicación como *Claridad*: «Físicamente débil –escribe posiblemente otra vez el mismo Mariátegui–, Pedro S. Zulen ha consagrado sin embargo su vida al trabajo intelectual. Porque le faltó espíritu de sumisión, no fue en San Marcos un gran estudiante, pero su cultura, forjada por el esfuerzo propio y que por el hecho de orientarse predominantemente en un sentido filosófico no tiene el pecado de desdeñar las otras disciplinas sino que abarca la historia como las ciencias y como la literatura, da gloria a la intelectualidad peruana de hoy. Pero el comentador de libros de Bergson, el bibliógrafo nacionalista, el estudiante fervoroso de Harvard sabe prescindir de la erudicción y vivir auténticamente su juventud compartiendo el dolor de los pobres y sus campañas indigenistas, poco apreciadas en Lima por la falta de efectivo interés por la sierra, son un ejemplo. Y aunque hoy ocupa, sin compadrerías, posición dirigente en la Universidad, como reorganizador de la Biblioteca cuyos salones ha hecho que resulten estrechos para la avidez intelectual de esta generación tachada de perezosa, y como catedrático de Filosofía cuya enseñanza ha enriquecido con las más últimas corrientes europeas, viene a colaborar en *Claridad*: sin la cobardía de los discretos, heterodoxo de nuestro universitarismo».[126]

A fines de 1924, cuando la tuberculosis que lo acechaba desde hace años llegó al punto del no retorno, Zulen decidió trasladarse a Chosica. Pero, como la enfermedad ya estaba muy avanzada, no quisieron ni siquiera recibirlo en la casa que, con la debida antelación, él mismo había alquilado. Así, completamente exhausto, con los pulmones casi destrozados, tuvo que volver a su hogar en la calle Ilave, en la zona de Cinco Esquinas, en Barrios Altos. Apenas se enteró de la enfermedad

---

[126] Ver *Claridad*, Año II, N° 7, Lima, noviembre de 1924, pág. 18.

final de Zulen, Mayer trató de acompañarlo, prácticamente clamó por estar a su lado en el instante supremo, pero la familia de él, que estaba al tanto de todos los incidentes que ella había provocado, se lo impidió. Mayer recién pudo ver a Zulen el 27 de enero de 1925, cuando éste ya había muerto. Jorge Basadre, que se encontraba entre los testigos de este cuadro terrible, que parecía arrancado de una antigua tragedia griega, escribió: «Presencié –dice– la escena. El dolor de esta mujer de cincuenta y dos años, con todas las apariencias de ser mucho más vieja y, además, muy fea y muy mal vestida, eran tan inconmensurable que lo aparentemente grotesco a través de largos años parecía sublime. Yo había tenido poca o ninguna simpatía por ella ya que, según mi parecer, había puesto en ridículo e inferido enorme daño a mi maestro y amigo. En esa oportunidad olvidé todos mis reparos».[127]

Al sepelio de Zulen asistieron sus familiares, algunos amigos cercanos, uno que otro funcionario gubernamental y un buen número de catedráticos y alumnos de la Universidad Nacional Mayor de San Marcos. En cambio, no participó ningún indio u obrero, como seguramente a él le hubiese gustado mucho. Resulta que las delegaciones de la Pro-Derecho Indígena Tahuantinsuyo, las Universidades Populares «González Prada» y los sindicatos obreros se habían dado cita en otro punto de Lima, en el local de la Federación de Choferes, que estaba ubicado en las inmediaciones del Parque Universitario, para poder rendir homenaje póstumo a Urviola, que dejó de existir ese mismo 27 de enero de 1925, víctima, al igual que Zulen, de la tuberculosis. Poco después, refiriéndose a esta coincidencia trágica y extraña, Mayer escribió lo siguiente: «Y al sepelio de ese Dr. Zulen, catedrático de la Universidad Mayor de San

---

[127] Basadre, Jorge: *La vida y la historia. Ensayos sobre personas, lugares y problemas*, pág. 248.

Marcos –dice–, asistió lo más graneado del mundo catedrático limeño, el Rector del Claustro, el Decano de la Facultad de Letras, luego el Ministro de Instrucción, el Decano del Ilustre Colegio de Abogados, y multitud de admiradores del extinto. Pero ningún indio de poncho, ninguno de esos humildes ciudadanos o meramente peruanos autóctonos que carecen de verdadera ciudadanía, a causa de continuar analfabetos, por quienes Zulen dio las primeras energías de su juventud y quizá los alientos más grandes de su corazón, ninguno de los típicos representantes de la raza indígena estuvo, prestando un hombro para cargar su ataúd. ¡Qué extraño! No habría creído que el entierro de Zulen pudiera haberse hecho sin que un grupo de comuneros todavía irredentos, pero llamados siquiera por la voz de la Asociación Pro-Indígena a la batalla por sus derechos humanos, siguiera el cortejo, con faz doliente y sin embargo esperanzada. Sólo uno de la magna causa de la Pro-Indígena se prestó a rendir homenaje de solidaridad a Zulen. Pero, ese único doliente no concurrió al sepelio, porque había tomado otro camino. Era Ezequiel Urviola, el pobre puneño, casi jorobado, paladín de la redención social, con alma de maestro rural y calor de apóstol. Urviola fue, en nombre de todos los indios, al entierro de Zulen y fue hasta al cielo».[128]

Posteriormente, al poco tiempo del fallecimiento de Zulen, Mayer adoptó su apellido y, sin haberse casado con él, lo llamó «esposo espiritual», en lo que viene a ser la expresión de un típico cuadro de lo que Javier Mariátegui llama «psicosis pasional» o síndrome de Clérambault.[129] Frente a la burla y el sarcasmo que su actitud suscitó en algunos cenáculos limeños, tan dados a la comidilla, la cosa menuda y la crítica fácil, Ma-

---

[128] Mayer, Dora: *Zulen y yo: testimonio de nuestro desposorio ofrecido a la humanidad*, Lima, Imprenta Garcilaso, 1925, págs. 12-13.

[129] Mariátegui, Javier: «Una locura de amor: El "caso" de Dora Mayer de Zulen», *Anuario Mariateguiano*, Volumen V, Nº 5, pág. 20.

yer escribió el libro *Zulen y yo: testimonio de nuestro desposorio ofrecido a la humanidad* (1925), donde sostuvo que, no obstante lo ocurrido a través de tantos años, llegó a tener relaciones sexuales con Zulen el 25 de junio de 1920 en lo que calificó como un «matrimonio privado ante Dios».[130] Mayer se dedicó también a editar la obra de Zulen, pero, lamentablemente, olvidó sus numerosos artículos de la época de la Pro-Indígena que en algún momento él mismo quiso reunir en el libro *Gamonalismo y centralismo*. En cambio, el material que Mayer llegó a publicar en *La poesía de Zulen. In Memoriam* (1927) o en *El olmo incierto de la nevada* (1930) no siempre se puede considerar entre los escritos que deben perennizar a Zulen, en especial las poesías de las que en sus últimos años él le habló con gran desdén a Jorge Basadre.[131]

---

[130] Mayer, Dora: *Zulen y yo: testimonio de nuestro desposorio ofrecido a la humanidad*, págs. 18 y 23.

[131] Basadre, Jorge: *La vida y la historia. Ensayos sobre personas, lugares y problemas*, pág. 248.

4. Balance y definición

El 6 de febrero de 1925, a los pocos días del sensible fallecimiento de Pedro S. Zulen, José Carlos Mariátegui publicó en
Mundial, una de las revistas donde habitualmente colaboraba, el artículo «Vidas paralelas: E. D. Morel-Pedro S. Zulen»,
donde, apelando al recurso de las comparaciones biográficas,
presentó una primera evaluación sobre la personalidad de este
gran hombre y, al mismo tiempo, se refirió a un tema que en
este caso resultaba ineludible: la experiencia de la Asociación
Pro-Indígena. De esta forma, para tratar de asociar a Zulen
con el gran pacifista inglés Edmund Dene Morel (1873-1924),
que también dejó de existir por esos días, Mariátegui recurrió
al concepto de vidas paralelas del viejo historiador griego Plutarco y afirmó que, bajo los matices externos de ambas vidas,
tan lejanas en el espacio, se podía descubrir la trama de una
afinidad espiritual y de parentesco ideológico que las aproxi-
maba en el tiempo y en la historia: «Ambas vidas –dice– tienen
de común, en primer lugar, su profundo idealismo. Las mueve
una fe obstinada en la fuerza creadora del ideal y del espíritu.
Las posee el sentimiento de su predestinación para su aposto-
lado humanitario y altruísta. Aproxima e identifica, además,
a Zulen y Morel una honrada y proba filiación democrática.
El pensamiento de Morel y de Zulen aparece análogamente
nutrido de la ideología de la democracia pura».[132]

En realidad, si se quiere encontrar las coincidencias que exis-
tieron entre Zulen y Morel, hay que referirse sobre todo al

hecho que ambos animaron asociaciones humanitarias y filantrópicas y se consagraron a la defensa de aquellos sectores sociales que eran segregados y sometidos a una explotación brutal. En ese sentido, la labor que Zulen cumplió al frente de la Pro-Indígena fue muy parecida a la que Morel desarrolló cuando fundó la Congo Reform Association y se sumó a la campaña que desde 1897 el reverendo John H. Harris y la Anti-Slavery Internacional impulsaban contra el tráfico de esclavos en el África, los atropellos de las empresas europeas y la tiranía del rey Leopoldo, de Bélgica. Pero se diferenció de la que varios lustros después, durante la Primera Guerra Mundial, Morel cumplió en la Union of Democratic Control, que, por su misma naturaleza de organización pacifista, contaba con un programa más amplio y luchaba por la paz, el desarme, el derecho a la autodeterminación por plebiscito en todos los territorios en disputa y el control democrático de la política exterior de Inglaterra.[133] Desde este punto de vista, la campaña de la Pro-Indígena contra la utilización del sistema de enganche en el Perú fue muy similar a la cruzada de la Congo Reform Association contra el uso del trabajo esclavo en el África. La misma semejanza se descubre cuando se compara las críticas de la Pro-Indígena contra los desmanes de la Cerro de Pasco Mining Company en los asientos metalíferos y carboníferos del centro del Perú con las denuncias de la Congo Reform Association sobre los abusos de los comerciantes europeos de caucho en el Congo. Otro tanto se puede decir de la forma en cómo Zulen se indentificó con los indios del

---

[132] Mariátegui, José Carlos: «Vidas paralelas: E. D. Morel-Pedro S. Zulen», *Mundial*, Lima, 6 de febrero de 1925, en *Peruanicemos al Perú*, 10º Edición, Lima, Biblioteca Amauta, 1986, pág. 48.

[133] Ver Cline, Catherine: *E. D. Morel 1873-1924. The Strategies of Protest*, Belfast, Blackstaff Press, 1980.

Perú y de la gran simpatía que Morel sentía por el hombre y la cultura africana.[134]

En cambio, la analogía deja de funcionar cuando se pasa al terreno de las afinidades espirituales y los parentescos ideológicos entre Zulen y Morel, que fue justamente lo que Mariátegui buscó relievar con su alusión al concepto de vidas paralelas de Plutarco. Proveniente de la experiencia del liberalismo burgués británico, Morel fue un intelectual que rompió con el Partido Liberal y se enroló en las filas del Partido Laborista Independiente, supo denunciar los desmanes y crímenes del capitalismo europeo y hasta llegó a comprender que no tenía mucho sentido desconocer al nuevo gobierno de Vladimir I. Lenin y León Trotski, pero, definitivamente, nunca llegó a asumir posiciones netamente revolucionarias. Así, en 1912, Morel se convirtió en miembro activo del Partido Liberal y figuró como candidato parlamentario por Birkenhead. Dos años después, debido a su firme oposición a la Primera Guerra Mundial y al papel que había desempeñado en la Union of Democratic Control, fue removido de su cargo parlamentario y, prácticamente, fue expulsado del Partido Liberal. Al poco tiempo, empezó a colaborar en *The Labour Leader*, el órgano central del Partido Laborista Independiente. Más tarde, en 1922, se unió al Partido Laborista Independiente y apareció como candidato por el distrito electoral de Dundee. En esa ocasión, realizó una vigorosa campaña electoral y logró derrotar a Winston Churchill, candidato del Partido Liberal. Por ese entonces, corrió el rumor que Morel iba a ser nombrado Secretario de Asuntos Extranjeros en el nuevo gobierno que

---

[134] Ver Hochschild, Adam: *King Leopold's Ghost. A story of greed, terror and heroism in the Colonial Africa*, Londres, Macmillan, 2000. (Existe también una edición en español: *El fantasma del rey Leopoldo. Una historia de codicia, terror y heroísmo en el África colonial*, Barcelona, Península, 2002).

presidía Ramsay MacDonald, su antiguo colega de la Union of Democratic Control. Al final, el nombramiento no se produjo porque MacDonald, acaso con la intención nada santa de sacarse de en medio a Morel, tomó la inusual decisión de asumir los cargos de Secretario de Asuntos Extranjeros y Primer Ministro. No obstante, se cree que Morel fue el que persuadió a MacDonald para que Inglaterra reconociese al nuevo gobierno que los bolcheviques habían instaurado en Rusia.

En este aspecto, se puede decir que la biografía política de Morel reflejó dramáticamente la grave crisis de consciencia que sacudió a los espíritus más puros y honestos del liberalismo burgués cuando el capitalismo dejó atrás la fase de la libre concurrencia e ingresó a la época de los monopolios, la rapiña colonial y la guerra por un nuevo reparto del mundo. Por eso, resulta muy elocuente que un hombre como Lenin, dado tan poco a los elogios fáciles, en un artículo que escribió al poco tiempo que Morel rompió con el Partido Liberal, llegase a reconocer que era bastante sincera la simpatía que éste sentía por la democracia liberal y hasta hablase de su coraje burgués, aunque simultáneamente, apelando a su credo maximalista, observase que la prédica a favor de la paz y el desarme de la Union of Democratic Control resultaba inconsistente porque no tomaba en cuenta la acción revolucionaria de la clase obrera.[135] Por su parte, Mariátegui se refirió también a las mismas cualidades éticas y espirituales de Morel que Lenin había aludido –la sinceridad, la honestidad, el coraje– cuando lo calificó como uno de los últimos grandes idealistas del liberalismo burgués: «Ha sido Morel –dice– uno de los últimos grandes idealistas de la democracia. Pertenece a la categoría de los hombres que, heroicamente, han hecho el proceso del ca-

---

[135] Ver Lenin, Vladimir I.: «British pacifism and the British dislike of theory» [junio de 1915], en *Collected Works* 4º English Edition, London, 1964, Vol. 21, págs. 260-265.

pitalismo europeo y de sus crímenes; pero que no han podido ni han sabido ejecutar su condena».[136]

A diferencia de Morel, Zulen difícilmente puede ser calificado como «uno de los últimos grandes idealistas de la democracia». Ocurre que, en un inicio, al igual que Morel, Zulen se nutrió de esa «ideología de la democracia pura» de que hablaba Mariátegui refiriéndose seguramente al liberalismo burgués. Pero, en el fragor mismo de las campañas de la Pro-Indígena, Zulen se radicalizó y terminó sosteniendo que, para poder acabar con la opresión que pesaba sobre los indígenas, no existía otro camino que la destrucción del latifundio y la revolución agraria. Además, visitó con frecuencia a Manuel González Prada y participó en diversas actividades que eran organizadas por los núcleos del anarcosindicalismo peruano. Desde este punto de vista, no sólo se limitó a hacer el proceso del gamonalismo y de sus crímenes, sino también supo otear la condena. Más tarde, después de la disolución de la Pro-Indígena, Zulen se orientó resueltamente hacia el socialismo y hasta se identificó con la Revolución de Octubre. Así, frente al Partido Socialista que Luis Ulloa constituyó el primero de mayo de 1919, adoptó una posición que incluso era más radical que la de Mariátegui y los integrantes del ala izquierda del Comité de Propaganda y Organización Socialistas: mientras éstos, para oponerse a la iniciativa de Ulloa y su grupo, apelaban al argumento del «arraigo en las masas»;[137] Zulen, por el contrario, a partir del nuevo referente que en ese momento histórico representaba el maximalismo de Lenin y Trotski, reflexionaba acerca de si ya había pasado o no la hora de constituir parti-

---

[136] Mariátegui, José Carlos: «Vidas paralelas: E. D. Morel-Pedro S. Zulen», en *Peruanicemos al Perú,* págs. 50-51.

[137] Mariátegui, José Carlos: «Antecedentes y desarrollo de la acción clasista» [1929], en *Ideología y Política,* 18º Edición, Lima, Biblioteca Amauta, 1987, págs. 98-99.

dos socialistas. Posteriormente, durante la primera mitad de la década de 1920, Zulen se vinculó a la Pro-Derecho Indígena Tahuantinsuyo y las Universidades Populares «González Prada» y se hizo amigo de Mariátegui, que acababa de volver de Europa y trabajaba activamente a favor de la construcción del socialismo peruano.

Por la misma amistad que desde la segunda mitad de 1923 cultivó con Zulen, Mariátegui llegó a conocer una serie de detalles, hechos y circunstancias sobre la evolución espiritual e ideológica del ex Secretario General de la Pro-Indígena. De allí que, en «Vidas paralelas: E. D. Morel-Pedro S. Zulen», Mariátegui no pudiese dejar de referirse al hecho real e inobjetable que, durante los últimos años de su vida, Zulen llegó a asumir una posición netamente socialista: «Perece la Asociación Pro-Indígena –dice–; pero la causa del indio tiene siempre en Zulen su principal propugnador. En Jauja, a donde lo lleva su enfermedad, Zulen estudia al indio y aprende su lengua. Madura en Zulen, lentamente, la fe en el socialismo. Y se dirige una vez a los indios en términos que alarman y molestan la cuadrada estupidez de los caciques y funcionarios provincianos. Zulen es arrestado. Su posición frente al problema indígena se precisa y se define más cada día. Ni la filosofía ni la Universidad lo desvían, más tarde, de la fuerte pasión de su alma».[138]

Por todas estas razones, resulta extraño que Mariátegui pretendiese asociar a Zulen con Morel o afirmase que entre ambos existía cierto parentesco ideológico, cuando él mismo reconocía que el primero era un intelectual indigenista que, en su proceso de radicalización, había terminado posesionado por «la fe en el socialismo», mientras que el segundo era «uno de

---

[138] Mariátegui, José Carlos: «Vidas paralelas: E. D. Morel-Pedro S. Zulen», en *Peruanicemos al Perú,* pág. 52.

los últimos grandes idealistas de la democracia». Una posible explicación sobre esta analogía poco feliz es quizás la proximidad de las fechas de las muertes de Morel y Zulen, que debe haber gravitado mucho cuando Mariátegui escribió su artículo «Vidas paralelas: E. D. Morel-Pedro S. Zulen». Tampoco se puede descartar que este paralelo un tanto forzado tuviese algo que ver con el deseo de autoafirmación de Mariátegui, que tenía que ver, más que con su persona propiamente dicha, con la opción del «verdadero moderno marxismo» que él representaba o quería representar.[139] Esta situación se manifestó, por ejemplo, cuando Mariátegui, estableciendo una especie de tabla o escala de grados ideológicos, dijo que Zulen estaba más cerca de Morel que él: «¿Quién, entre nosotros —pregunta Mariátegui al comienzo de su artículo—, debería haber escrito el elogio del gran profesor de idealismo E. D. Morel? Todos los que conozcan los rasgos esenciales del espíritu de E. D. Morel responderán, sin duda, que Pedro S. Zulen. Cuando, hace algunos días, encontré en la prensa europea la noticia de la muerte de Morel, pensé que "esta figura de la vida mundial" pertenecía, sobre todo, a Zulen. Y encargué a Jorge Basadre de comunicar a Zulen que E. D. Morel había muerto. Zulen estaba mucho mucho más cerca de Morel que yo. Nadie podía escribir sobre Morel con más adhesión a su personalidad ni con más emoción de su obra».[140]

Pero, en «Vidas paralelas: E. D. Morel-Pedro S. Zulen», Mariátegui no sólo se limitó a discutir el asunto de las supuestas afinidades espirituales e ideológicas de Zulen con Morel, sino también procedió a valorar el papel que el primero de ellos desempeñó en el Comité Central de la Pro-Indígena y

---

[139] Mariátegui, José Carlos: «Del autor» [1929], en *Ideología y política*, pág. 16.

[140] Mariátegui, José Carlos: «Vidas paralelas: E. D. Morel-Pedro S. Zulen», en *Peruanicemos al Perú,* pág. 47.

el mismo rol que cumplió esta asociación: «La juventud de Zulen –dice– nos ofrece su primera analogía concreta con E. D. Morel. Zulen dirige la mirada al drama de la raza peruana. Y, con una abnegación nobilísima, se consagra a la defensa del indígena. La secretaría de la Asociación Pro-Indígena absorbe, consume sus energías. La reivindicación del indio es su ideal. A las redacciones de los diarios llegan todos los días las denuncias de la Asociación. Pero, menos afortunado que Morel en Gran Bretaña, Zulen no consigue la adhesión de muchos espíritus libres a su obra. Casi solo la continúa, sin embargo, con el mismo fervor, en medio de la indiferencia de un ambiente gélido. La Asociación Pro-Indígena nos sirve para constatar la imposibilidad de resolver el problema del indio mediante patronatos o ligas filantrópicas. Y para medir el grado de insensibilidad moral de la conciencia criolla».[141]

Así, por resaltar la abnegación con que el Secretario General de la Pro-Indígena se consagró a la causa de la defensa del indio peruano, Mariátegui acabó construyendo la imagen de un Zulen clamando solo en el desierto, persistente, terco y sacrificado hasta más no poder, pero, desgraciadamente, menos afortunado que Morel en Inglaterra, por lo menos en cuestión de adeptos y seguidores. Aunque en términos literarios esa imagen resultaba muy bella e impactante, definitivamente no correspondía a la realidad, pues desconocía una serie de hechos fundamentales, como que el Comité Central de la Pro-Indígena también fue animado por figuras de la talla de Dora Mayer y Joaquín Capelo o que la prédica de la asociación llegó a tener gran resonancia en el interior del Perú, donde se le plegaron intelectuales como Francisco Mostajo, Modesto Málaga, Francisco Chuquihuanca Ayulo, Luis E. Valcárcel o Manuel A. Quiroga. Además, partiendo del principio justo

---

[141] *Ibíd.*, págs. 51-52.

y correcto de que el problema del indio no podía resolverse mediante la creación de ligas filantrópicas, Mariátegui arribó a una conclusión errónea cuando prácticamente dedujo que la Pro-Indígena, por su misma naturaleza de organización humanitaria, estaba condenada de antemano a fracasar.

En sentido estricto, esta valoración un tanto unilateral sobre la experiencia de la Pro-Indígena que Mariátegui hizo en «Vidas paralelas: E. D. Morel-Pedro S. Zulen» no era sino una profundización de las ideas que ya había desarrollado en otro artículo suyo, «El problema primario del Perú», que apareció en la edición de la revista *Mundial* correspondiente al 9 de diciembre de 1924. Allí, entre otras importantes cuestiones, Mariátegui había afirmado que esta asociación no había pasado de ser un experimento negativo en la medida que sólo había servido para probar la insensibilidad moral de una generación y de una época: «El problema del indio, que es el problema del Perú –dice–, no puede encontrar su solución en una fórmula abstractamente humanitaria. No puede ser la consecuencia de un movimiento filantrópico. Los patronatos de caciques y de rábulas son una befa. Las ligas del tipo de la extinguida Asociación Pro-Indígena son una voz que clama en el desierto. La Asociación Pro-Indígena no llegó siquiera a convertirse en un movimiento. Su acción se redujo, gradualmente, a la acción generosa, abnegada, nobilísima, personal, de Pedro S. Zulen. Como experimento, el de la Asociación Pro-Indígena fue un experimento negativo. Sirvió para contrarrestar, para medir, la insensibilidad moral de una generación y de una época».[142]

De esta manera, acaso por su preocupación de deslindar campos con la forma un tanto inadecuada en cómo las generaciones anteriores habían encarado «el problema primario

---

[142] Mariátegui, José Carlos: «El problema primario del Perú», *Mundial*, Lima, 9 de diciembre de 1924, en *Peruanicemos al Perú*, págs. 44-45.

del Perú», Mariátegui pasó por alto un hecho fundamental: que más que de la solución del problema del indio, que en ese entonces equivalía a plantearse la necesidad de una revolución agraria, Zulen hablaba constantemente de convertir a los indígenas en ciudadanos conscientes de sus derechos. Por eso, como no tomó en cuenta cuál era realmente el objetivo final de la Pro-Indígena, Mariátegui incurrió en una serie de afirmaciones injustas, como que esta asociación sirvió para constatar la imposibilidad de resolver el problema del indio mediante patronatos o ligas filantrópicas, que se redujo a la acción personal de Zulen, que no llegó siquiera a convertirse en un movimiento, que fue un experimento negativo, etcétera, etcétera. Incluso, debido a esta misma confusión de objetivos y niveles, Mariátegui dio a entender que la Pro-Indígena, que había sido una sociedad de carácter privado y no oficial, se asemejaba al Patronato de la Raza Indígena que, con el fin de contrarrestar la influencia del Comité Central Pro-Derecho Indígena Tahuantinsuyo, el gobierno de Augusto B. Leguía creó el 29 de mayo de 1922. Al final, debido a todo este cúmulo de omisiones, confusiones y prejuicios, Mariátegui no pudo ver que la Pro-Indígena contribuyó decisivamente tanto al denominado «despertar indígena» como al desarrollo del movimiento indigenista que eclosionó en el Perú de la década de 1920.

Con el tiempo, tras darse cuenta de su error, Mariátegui modificó su punto de vista sobre la Pro-Indígena, reconoció los efectos positivos de su prédica, se relacionó con los sobrevivientes de esta importante experiencia indigenista e impulsó una iniciativa que, de una u otra forma, llevaba la impronta del movimiento liderado por Zulen: la publicación del *Boletín de defensa indígena*. Así, a mediados de 1926, cuando preparaba la salida de *Amauta*, la mejor revista de doctrina, arte, literatura y polémica que se ha publicado en el Perú, Mariátegui convocó a Dora Mayer y le dijo que, ahora que Zulen ya no existía, sólo ella podía escribir con conocimiento de causa sobre la experiencia de la Pro-Indígena.[143] Como era previsible, Mayer aceptó de buen grado la invitación de Mariátegui e inmediatamente se abocó a preparar el ensayo «Lo que ha significado la Pro-Indígena», que en septiembre de 1926 fue publicado en el primer número de *Amauta*. Para esa ocasión, Mariátegui convocó también a Luis E. Valcárcel, una de las figuras más representativas del indigenismo cusqueño, y le pidió que escribiese un artículo sobre cómo debía abordarse la cuestión indígena en el Perú.

Pero, en el ensayo que escribió para *Amauta*, Mayer no sólo se limitó a hacer el balance que Mariátegui le había solicitado, sino también buscó polemizar con lo que él había sostenido en sus artículos «El problema primario del Perú» y «Vidas paralelas: E. D. Morel-Pedro S. Zulen». Así, para tratar de restarle consistencia a las afirmaciones de Mariátegui, Mayer recurrió al argumento no muy convincente de que éste se encontraba en Europa cuando culminó la experiencia de la Pro-Indígena y llegó la hora de las evaluaciones y los balances: «Mariátegui –dice– pertenece a una época inmediatamente posterior a la vida de la Asociación Pro-Indígena. Cuando la muerte de esta institución hacía surco en la conciencia del Perú, él estaba lejos, en Europa, y ocupado con problemas de sociología mundial. Cuando Mariátegui volvió, se encontró con que la Asociación Pro-Indígena había pasado a la historia, y figuraba como un valor diversamente apreciado por los críticos, pero, en fin, como un valor digno de ser tomado en consideración».[144]

Más adelante, en otro párrafo de su ensayo, Mayer le dio aparentemente la razón a Mariátegui cuando reconoció que la

---

[143] Mayer, Dora: «Lo que ha significado la Pro-Indígena», *Amauta*, Año I, Nº 1, Lima, setiembre de 1926, pág. 20.

[144] *Ibíd.*, pág. 20.

Pro-Indígena efectivamente supuso «un experimento de rescate de la atrasada y esclavizada raza indígena por medio de un cuerpo protector extraño a ella, que gratuitamente y por vías legales ha procurado servirle como abogado en sus reclamos ante los poderes del Estado».[145] Pero, a partir del reconocimiento de este hecho real, pasó a discutir otro punto que Mariátegui, acaso sin quererlo, soslayó cuando afirmó que la Pro-Indígena había representado un experimento negativo: el impacto que entre los propios indígenas tuvo la prédica de la asociación. Resulta que, a diferencia de Mariátegui, Mayer vio que uno de los efectos positivos de la experiencia de la Pro-Indígena era que los indígenas habían comenzando a tomar en sus manos su propia defensa. Esta situación, de acuerdo a su evaluación, representaba un cambio sustancial en el proceso de la lucha por la redención social del indio «porque jamás será salvado el que fuese incapaz de actuar en persona en su salvación».[146] Dentro de este contexto, Mayer encontró que existía cierta solución de continuidad entre la Pro-Indígena, que Zulen, Capelo y ella animaron en la década de 1910, y el Comité Central Pro-Derecho Indígena Tahuantinsuyo y los Congresos Indígenas, que venían siendo impulsados por hombres como Samuel Núñez, Hipólito Salazar, Juan Hipólito Pevez o Ezequiel Urviola: «Lo que era deseable que sucediera –dice–, estaba sucediendo; que los indígenas mismos, saliendo de la tutela de las clases ajenas, concibieran los medios de su reivindicación. A pesar de que la empresa de los Congresos Indígenas no ha mostrado adelanto en los años de 1921 al 1925, puede abrigarse cierta confianza de que la vitalidad del movimiento no se ha extinguido y sólo aguarda la benignidad de un momento propicio para retoñar con brío».[147]

---

[145] *Ibíd.*, pág. 20.
[146] *Ibíd.*, pág. 20.
[147] *Ibíd.*, pág. 23.

En otra parte de su trabajo, como refraseando a Mariátegui, Mayer aceptó también que en Lima la Pro-Indígena, sobre todo durante sus últimos años, efectivamente llegó a reducirse a la vida que Zulen y ella le dieron. Pero, después de referirse a esta circunstancia puntual, Mayer abordó otro asunto que Mariátegui tampoco alcanzó a ver: que en el interior del Perú, debido a que la asociación había logrado echar «raíces mayores en provincias», no ocurrió lo mismo que en la capital.[148] Esta última situación, de acuerdo a su explicación, se reflejó a través de una serie de fenómenos fundamentales, como el afán que los provincianos revelaron para aparecer como representantes de la Pro-Indígena, que fue un buen testimonio del prestigio y la popularidad que la asociación alcanzó fuera de Lima; o el hecho mismo que, después de la disolución del Comité Central, la asociación siguiese existiendo por un tiempo más en varias provincias del interior.[149]

Otro de los puntos que Mayer abordó fue la cuestión de la supuesta semejanza entre el Patronato de la Raza Indígena y la Pro-Indígena. Al respecto, su idea era que el Patronato de la Raza Indígena, que había sido creado por el gobierno de Leguía, era una experiencia completamente diferente a la que Zulen, Capelo y ella animaron en la década de 1910, no sólo porque se trataba de un organismo oficial o gubernamental, sino también porque, dada la misma composición de sus integrantes, donde figuraban algunas de los máximas autoridades de la Iglesia Católica, resultaba extremadamente difícil que pudiesen oponerse realmente al gamonalismo: «Hubo de haberse sentido en Lima un vacío dejado por la Asociación Pro-Indígena –dice–, cuando se pensó, en 1922, en crear un Patronato de la Raza, compuesto por los elementos gober-

---

[148] *Ibíd.*, pág. 22.
[149] *Ibíd.*, págs. 20 y 22-23.

nantes. Ahí, otra vez, toda la vida de la institución está en la cabeza, el meritorio Arzobispo, Monseñor Lisson, sin cuya presencia parece que nada se hace. Con un plan algo calcado sobre el de la Asociación Pro-Indígena, el Patronato difiere de ella en la composición de su personal que se limita a determinados funcionarios elevados, a quienes no obstante toda buena voluntad, les sería difícil tomar un punto de vista en oposición al gamonalismo».[150]

Por su parte, en el trabajo que preparó para el primer número de *Amauta*, Valcárcel abordó un tema que a la sazón lo obsesionaba mucho: el de la nueva consciencia indígena o, para usar sus propias palabras, el del «renacimiento de la raza». Pero, lejos de explicar o precisar cómo se había formado esa nueva consciencia indígena, Valcárcel se limitó únicamente a celebrar su existencia y se refirió a ella como un fenómeno que parecía intuir antes que entender. Por eso, para dar cuenta de algo que acaso no podía explicar, recurrió a un texto que estaba conformado sobre todo por cuadros e imágenes. Era como si hubiese querido pintar, con un lenguaje un poco bíblico y una que otra cita de H. G. Wells y Oswald Spengler, algo que encontraba flotando en el ambiente de la sierra peruana y percibía como el anuncio de «la esperada Apocalipsis, el Día del Yawar-Inti que no tardará en amanecer».[151] Al final, dominado por este tipo de esperanzas y/o temores milenaristas y redentoristas, Valcárcel no sólo vaticinó que «la cultura bajará otra vez de los Andes», sino hasta llegó a preguntarse por los «costos sociales» de esa «tempestad en los Andes» que presentía próxima, ineluctable y, por cierto, terrible: «El vencido –dice– alimenta en silencio su odio secular; calcula fríamente el

---

[150] *Ibíd.*, pág. 23.

[151] Valcárcel, Luis E.: «Tempestad en los Andes», *Amauta*, N° 1, Lima, setiembre de 1926, pág. 3. Este artículo fue, en realidad, un adelanto del libro que con el mismo título Valcárcel publicó en 1927.

interés compuesto de cinco siglos de crueles agravios. ¿Bastará un millón de víctimas blancas?».[152]

Sin embargo, cuando se refirió al surgimiento de la «nueva consciencia indígena» o al «renacimiento de la raza», Valcárcel habló de ella como si fuese un fenómeno que estaba completamente al margen de la historia y la acción concreta de los hombres y sus organizaciones. De allí que no sólo no pudiese ver la forma en cómo la Pro-Indígena había contribuido al llamado «renacimiento indígena», sino incluso hablase de éste sin referirse, absolutamente para nada, al gran levantamiento indígena del sur del Perú (1920-1923) ni a la formación de la Pro-Derecho Indígena Tahuantinsuyo, organización a la que –si nos guiamos por lo que sostuvo en su libro de memorias– siempre juzgó en forma desdeñosa e injusta: «Pocos años después de iniciado el "oncenio"–dice– se fundó en Lima el Comité Pro-Derecho Indígena Tahuantinsuyo. Llegó a tener intervenciones efectivas. Sin embargo, eran falsos indigenistas que solamente buscaban atraerse a los campesinos indios para alinearlos dentro de sus propios postulados. Lo integraban mayormente abogados que tenían experiencia en litigios en los que figuraban las comunidades. Si algunas veces habían actuado en favor de los indígenas, en otras fueron ganados por los gamonales. De manera que su labor no tuvo verdadera representatividad y respondió a intereses subalternos».[153]

Además, en los párrafos que dedicó a las organizaciones indigenistas y su literatura supuestamente lacrimosa, Valcárcel llegó prácticamente a caricaturizar la labor que habían realizado seres como Zulen, Capelo o Mayer y hasta dio por sentado que no existía ninguna diferencia fundamental entre la Pro-Indígena y el Patronato de la Raza Indígena: «Pro-Indígena,

---

[152] *Ibíd.*, pág. 3.
[153] Valcárcel, Luis E.: *Memorias*, Lima, IEP, 1981, págs. 235-236.

Patronato —dice—, siempre el gesto de señor para el esclavo, siempre el aire protector en el semblante de quien dominaba cinco siglos. Nunca el gesto severo de justicia, nunca la palabra viril del hombre honrado, no vibraron jamás los truenos de bíblica indignación. Ni los pocos apóstoles que en tierras del Perú nacieron pronunciaron jamás la santa palabra regeneradora. En femeniles espasmos de compasión y piedad para el pobrecito indio oprimido trascurre la vida, y pasan las generaciones. ¡No hay un alma viril que grite al indio ásperamente el sésamo salvador! Concluya una vez por todas la literatura lacrimosa de los indigenistas». [154] Lo curioso del caso era que el que escribía estas frases tan duras e injustas era no sólo un ex delegado de la Pro-Indígena, sino también un intelectual que, al margen de su fraseo de presbítero, ostentaba las mismas señas de identidad de esos otros indigenistas a los que tanto fustigaba.

El 17 de diciembre de 1926, después de reflexionar detenidamente sobre lo que Mayer y Valcárcel habían sostenido en las colaboraciones que escribieron para el primer número de *Amauta*, Mariátegui publicó el artículo «Aspectos del problema indígena», donde modificó radicalmente su posición en torno a la Pro-Indígena y reconoció la utilidad de este experimento: «Recientemente —dice allí—, Dora Mayer de Zulen, cuya inteligencia y carácter no son aún bastante apreciados y admirados, ha hecho, con la honradez y la mesura que la distinguen, el balance del interesante y meritorio experimento que constituyó la Asociación Pro-Indígena. La utilidad de este experimento resulta plenamente demostrada por quien fue, en mancomunidad y solidaridad habilísimas con el generoso espíritu precursor de Pedro S. Zulen, su heroica y porfiada animadora. La Pro-Indígena sirvió para aportar una serie de

---

[154] Valcárcel, Luis E.: «Tempestad en los Andes», *Amauta*, Nº 1, pág. 4.

fundamentales testimonios al proceso del gamonalismo, determinando y precisando sus tremendas e impunes responsabilidades. Sirvió para promover en el Perú costeño una corriente proindígena, que preludió la actitud de las generaciones posteriores. Y sirvió, sobre todo, para encender una esperanza en la tiniebla andina, agitando la adormecida consciencia indígena».[155]

No obstante, pese a que ahora aceptaba que la Pro-Indígena había jugado un rol fundamental en el proceso del gamonalismo, la agitación de la consciencia de los propios indígenas y la promoción de la corriente proindígena que se impuso en los medios intelectuales del Perú de la década de 1920, Mariátegui no dio su brazo a torcer en lo que respecta a su tesis primigenia que esta asociación representó, en cierta forma, un experimento negativo: «Pero, como la propia Dora Mayer, con su habitual sinceridad, lo reconoce –dice en otra parte de su artículo–, este experimento se cumplió más o menos completamente: dio todos, o casi todos, los frutos que podía dar. Demostró que el problema indígena no puede encontrar su solución en una fórmula abstractamente humanitaria, en un movimiento meramente filantrópico. Desde este punto de vista, como ya una vez he dicho, la Pro-Indígena es, en cierta forma, un experimento negativo, pues tuvo como principal resultado, el de registrar o constatar la insensibilidad moral de las pasadas generaciones».[156]

Simultáneamente, a partir de la conclusión que ya había pasado la hora de reeditar experiencias como la de la Pro-Indígena, Mariátegui planteó la necesidad de ensayar otros métodos donde el problema del indio pudiese ser solucionado por los

---

[155] Mariátegui, José Carlos: «Aspectos del problema indígena», *Mundial*, Lima, 17 de diciembre de 1926, en *Peruanicemos al Perú*, pág. 145.
[156] *Ibíd.*, pág. 146.

propios indios: «La solución del problema del indio –dice– tiene que ser una solución social. Sus realizadores deben ser los propios indios. Este concepto conduce a ver, por ejemplo, en la reunión de los congresos indígenas un hecho histórico. Los congresos indígenas, desvirtuados en los dos últimos años por el burocratismo, no representan todavía un programa; pero sus primeras reuniones señalaron una ruta comunicando a los indios de las diversas regiones. A los indios les falta vinculación nacional. Sus protestas han sido siempre regionales. Esto ha contribuído en gran parte a su abatimiento. Un pueblo de cuatro millones de hombres, conscientes de su número no desespera nunca de su porvenir. Los mismos cuatro millones de hombres mientras no sean sino una masa inorgánica, una muchedumbre dispersa, serán incapaces de decidir un rumbo histórico».[157]

Poco después de la salida del primer número de *Amauta*, Mariátegui distinguió a Mayer y la invitó a que fuese a su casa en el jirón Washington.[158] Por su parte, Mayer empezó a visitar con cierta frecuencia a Mariátegui y, en un primer momento, colaboró activamente con *Amauta*, donde, aparte de «Lo que ha significado la Pro-Indígena», publicó otros trabajos como «La idea del castigo», «La fórmula Kellogg», «Frente al imperialismo yanqui», «América para la humanidad» y «El problema religioso en Hispano América». Lo importante del caso fue que, durante estas conversaciones, Mariátegui y Mayer arribaron al acuerdo de animar un proyecto que evocaba inevitablemente el referente de la Pro-Indígena: era el *Boletín de defensa indígena*, que, con el título de *El proceso del gamonalismo*, se empezó a publicar en *Amauta* a partir de enero

---

[157] *Ibíd.*, págs. 146-147.

[158] Mariátegui, Javier: «Una locura de amor: El "caso" de Dora Mayer de Zulen», *Anuario Mariateguiano*, Volumen V, Nº 5, Lima, 1993, pág. 20.

de 1927. Esta situación se percibió desde el título mismo del boletín, que buscaba establecer una línea de continuidad entre el nuevo proceso del gamonalismo que animaba el grupo de la revista *Amauta* y ese otro proceso del gamonalismo que había impulsado la Pro-Indígena en la década de 1910. Una situación similar se apreció también en el texto que anunciaba la pronta aparición de *El proceso del gamonalismo*, donde, naturalmente, se explicaba cuál era la finalidad del boletín, pero, por encima de todo, se resaltaba la participación de Mayer y los otros sobrevivientes de la Pro-Indígena: «Nuestro objeto —escribe allí seguramente el mismo Mariátegui— es documentar concretamente el proceso contra los gamonales. Para esta labor contamos con el concurso entusiasta de nuestra estimada colaboradora Dora Mayer de Zulen y de los buenos supérstites de la extinta Asociación Pro-Indígena».[159]

Al final, la aparición del primer número de *El proceso del gamonalismo* coincidió con un acontecimiento que Mariátegui vio con mucha expectativa y estimó que era como una especie de espaldarazo a sus propuestas sobre cómo debía encararse la lucha a favor de la emancipación social del indio: la decisión que el 26 de noviembre de 1926 tomaron algunos de los hombres más representativos del indigenismo cusqueño, como Valcárcel, José Uriel García, Luis Felipe Paredes, Luis Felipe Aguilar, Félix Cosio, Casiano Rado y Roberto La Torre, de fundar el Grupo Resurgimiento. Por eso, a los pocos días, Mariátegui dio cuenta de este hecho en un artículo que llevaba el título bastante emblemático de «La nueva cruzada Pro-Indígena», donde, confrontándose otra vez con el referente de la Pro-Indígena, trató de precisar cuáles eran los elementos de ruptura que, con relación a esta asociación, traía el Grupo Resurgimiento y hacían que apareciese como una

---

[159] Ver *Amauta*, Nº 4, Lima, diciembre de 1926, pág. 12.

experiencia completamente novedosa. En ese sentido, la idea de Mariátegui era que este nuevo movimiento venía a confirmar la validez de algunas de las tesis que había sustentado en su artículo «Aspectos del problema indígena», particularmente las que incidían en la caducidad de experiencias como la de la Pro-Indígena y llamaban la atención sobre la necesidad de ensayar otros métodos que tomasen en cuenta que la solución del problema del indio tenía que ser obra de los propios indios: «Hace tres semanas, justamente cuando se constituía este Grupo –dice–, escribía yo en *Mundial* que, terminado y liquidado el experimento de la Asociación Pro-Indígena, cuyo balance ha hecho con tanta lealtad su generosa animadora Dora Mayer de Zulen, las reivindicaciones de la raza habían entrado en una nueva fase y habían adquirido más amplio alcance, de modo que el antiguo método "proindígena", de fondo humanitario y filantrópico no era ya, absolutamente, válido. Conforme a esta convicción, me parece evidente que el Grupo Resurgimiento, que llega a su debido tiempo, inicia una nueva experiencia, propia de la nueva situación histórica. Hasta en el hecho de que la voz reivindicatriz parta esta vez del Cusco creo ver un símbolo. La sede lógica de la Asociación Pro-Indígena era Lima. La sede natural del Grupo Resurgimiento es el Cusco».[160]

Sin embargo, en los Estatutos del Grupo Resurgimiento no figuraba ningún indicio más o menos serio sobre aquello que Mariátegui, guiándose más por sus anhelos y esperanzas que por los hechos reales, había celebrado con tanta fruición: la decisión de superar el método «proindígena» e impulsar una «nueva experiencia» que tomase en cuenta que la solución del

---

[160] Mariátegui, José Carlos: «La nueva cruzada Pro-indígena», *El proceso del gamonalismo. Boletín de defensa indígena*, Nº 1, en *Amauta*, Nº 5, Lima, enero de 1927. También en *Ideología y política*, págs. 167-168.

problema del indio tenía que ser obra de los propios indios.
Por el contrario, el documento fundacional que habían suscrito los indigenistas cusqueños redundaba, más que nada,
en un paternalismo un tanto trasnochado que parecía evocar,
antes que la experiencia noble y generosa de la Pro-Indígena,
la práctica oficialista del Patronato de la Raza Indígena. Así,
por ejemplo, en el primer punto de los Estatutos del Grupo
Resurgimiento, se hablaba de amparar «material y moralmente a los indígenas», a quienes se consideraba, no como sujetos
que eran capaces de liberarse a sí mismos, sino como «hermanos menores en desgracia».[161] Además, los Estatutos del Grupo
Resurgimiento no hacían ninguna alusión al problema de la
tierra y la cuestión agraria y sólo insistían en una serie de fines
y objetivos que iban desde la alfabetización del indígena hasta
la fundación de una Casa del Indio, donde éste pudiese recibir
alojamiento, comida y educación. Era como si los animadores
de esta nueva organización indigenista pensasen en un renacimiento puramente cultural o sólo en una reforma moral, y
soslayaran lo que, a la luz del gran levantamiento indígena del
sur del Perú (1920-1923) y la experiencia de la Pro-Derecho
Indígena Tahuantinsuyo, aparecía como un hecho incontrovertible: la íntima relación que existía entre la cuestión del
indio y el problema de la tenencia de la tierra.

Desde este punto de vista, José Luis Rénique no se equivoca
cuando, en una parte de su libro *Los sueños de la sierra. Cusco
en el siglo XX* (1991), evalúa en estos términos la experiencia
del Grupo Resurgimiento: «Si el debate suscitado algunos años
antes por la rebelión campesina –dice– había definido posiciones sobre el "problema del indio", Resurgimiento significaba
volver a la década anterior. Tenía fines de tipo moralista y hu-

---

[161] Ver «Estatutos del Grupo Resurgimiento», *El proceso del gamonalismo. Boletín de defensa indígena*, N° 1, en *Amauta*, N° 5, Lima, enero de
1927.

manitario. Algunos de sus miembros habían integrado la Junta Departamental del Patronato de la Raza Indígena del que habían quedado desengañados. Sin embargo, Resurgimiento no parecía estar orientado a una actividad fundamentalmente diferente: invitar a representantes de comunidades y peones de hacienda con quejas contra sus patrones, escucharlos y apoyarlos en sus gestiones ante las autoridades; en suma, "amparar material y moralmente a los indígenas a quienes considera hermanos menores en desgracia"».[162]

Pero, aunque no pudo convertirse en el nuevo tipo de organización indigenista que Mariátegui anhelaba con toda la fuerza de su corazón, el Grupo Resurgimiento pasó a la historia como un movimiento proindígena y antigamonal de tipo asociativo, más cultural que político, circunstancial y momentáneo.[163] Resulta que el Grupo Resurgimiento dejó de existir en mayo de 1927 y no alcanzó a tener más que seis meses de vida. Sin embargo, pese a su existencia tan breve y fugaz, este movimiento llegó a impulsar algunas actividades que tuvieron cierta resonancia, como la campaña a favor de los pastores de las tierras altas de Canchis y la reunión con los líderes indígenas de la rebelión de Lauramarca que habían logrado fugarse de su confinamiento en las inhóspitas selvas del valle de Marcapata. Por último, debido a la actitud contestaria que el Grupo Resurgimiento empezó a asumir, Valcárcel, que era uno de sus principales animadores, fue apresado en la ciudad de Arequipa y, a los pocos días, el resto del grupo fue disuelto por las autoridades del Cusco.

Mientras tanto, *El proceso del gamonalismo* continuó saliendo con cierta regularidad hasta marzo de 1927, aunque ale-

---

[162] Rénique, José Luis: *Los sueños de la sierra. Cusco en el siglo XX*, Lima, Cepes, 1991, págs. 110-111.

[163] Tamayo Herrera, José: *Historia del indigenismo cusqueño siglos XVI-XX*, Lima, INC, 1980, pág. 250.

jándose cada vez más de su objetivo inicial de «documentar concretamente el proceso contra los gamonales». Así, si en los dos primeros números del boletín los textos del Grupo Resurgimiento fueron acompañados con cartas y denuncias sobre el caso de Francisco Chuquihuanca Ayulo, que había sido uno de los principales animadores de la Pro-Indígena de Puno, o los atropellos que en el departamento de Apurímac sufrían los delegados de la Pro-Derecho Indígena Tahuantinsuyo; en el tercer número los artículos que Mariátegui escribió a raíz de la llamada polémica del indigenismo ocuparon un lugar central. En esta última edición se incluyó, también, una denuncia sobre las persecusiones y exacciones que sufrían los indígenas de Andahuaylas. Posteriormente, el impulso de *El proceso del gamonalismo* perdió fuerza y éste comenzó a salir en forma esporádica en mayo de 1927, en febrero y en mayo-junio de 1928. Estos tres nuevos números contenían el texto de una carta que desde Buenos Aires, Argentina, Manuel A. Seoane había dirigido al Grupo Resurgimiento, un memorial que Carlos Condorena y otros indígenas detenidos en la cárcel de Puno escribieron acerca de las responsabilidades de la masacre de Huancané, un comentario de Gabriel Collazos sobre el drama *Tuquypajj Munaskan* de Inocencio Mamani, un artículo de Miguelina Acosta Cárdenas en torno a las escuelas rurales ambulantes para la educación de los niños indígenas y una serie de denuncias de las comunidades indígenas de Jauja. Por último, desde octubre de 1928, *El proceso del gamonalismo* dejó de aparecer como un boletín independiente y pasó a formar parte de «Panorama móvil», una nueva sección de la revista *Amauta*.

El gradual decaimiento de *El proceso al gamonalismo* tuvo mucho que ver con el hecho que Mayer no se comprometió con él en la forma que Mariátegui seguramente esperaba y, posiblemente a raíz de algún ofrecimiento que ella misma le hizo, él anunció públicamente en las páginas de *Amauta*. Así, aunque en un inicio se entusiasmó con la idea del boletín de defensa indígena, Mayer, debido posiblemente a que el marxismo de Mariátegui no la convencía demasiado, empezó a mostrarse muy cautelosa y se resistió a participar en la edición de *El proceso al gamonalismo*. Finalmente, cuando estimó que sus diferencias ideológicas con Mariátegui se habían vuelto irreconciliables, Mayer tomó la drástica decisión de alejarse tanto de él como del colectivo de la revista *Amauta*. Al menos, eso fue lo que la propia Mayer le contó a Anna Chiappe de Mariátegui en una carta que le escribió el 17 de abril de 1930, al día siguiente del fallecimiento del fundador del socialismo peruano: «Creo —le dice— que como personalidades el Sr. Mariátegui y yo hemos sabido respetarnos mutuamente, aunque una honda diferencia de ideas nos separaba cada vez más, y a mi sentir, quitaba objeto a la continuación de pláticas entre nosotros. Dos convicciones o propósitos completamente definidos poco pueden ganar de los acercamientos incapaces de influir en su rumbo. Así dejo explicada la ausencia desde hace largo tiempo, de su casa, circunstancia que no obsta que recuerde con agrado la amable acogida que he encontrado siempre en ella... ».[164]

¿Cuál era esa «honda diferencia de ideas» o esos «propósitos completamente definidos» que hicieron que Mayer se alejase de Mariátegui y no se comprometiese activamente en la experiencia de *El proceso del gamonalismo*, que ella, más que ninguna otra persona de su generación, estaba llamada a animar? Es difícil saberlo a ciencia cierta porque, en sus diversos escritos, Mayer no fue muy explícita sobre este punto fundamental. Sin embargo, existen serios indicios que muestran que el problema, como antes se ha dicho, giraba básicamente

---

[164] Mayer, Dora: «Carta a Anna Chiappe de Mariátegui, Callao, 17 de abril de 1930», *Anuario Mariateguiano*, N° 3, Lima, 1993, pág. 16.

en torno al marxismo de Mariátegui, que Mayer primero rechazó en forma tímida y discreta y después, desde la posición cada vez más derechista y anticomunista que asumió en la década de 1930, llegó a atacar abierta y públicamente. Así, en su libro *El oncenio de Leguía* (1932), Mayer criticó a Leguía por su política de empréstitos y la inflación, pero también se dio tiempo para fustigar a Mariátegui «por estar sembrando el comunismo en las factorías y aldeas».[165] Dos años después, en *El desarrollo de las ideas de avanzada en el Perú* (1934), Mayer volvió a emprenderlas contra Mariátegui: aunque esta vez pretendió hablar sobre sus discrepancias en torno a lo peruano y lo indio, terminó explayándose en su crítica al comunismo y afirmó que «un régimen de izquierda sería más salvaje que el de las derechas hipócritas y salvajes» o que «las promesas de la Tercera Internacional constituyen fantasmagorías no menores que las visiones del cielo católico».[166]

De esta manera, más allá de los juicios un tanto injustos de Mariátegui sobre el movimiento que animaron Zulen, Mayer y Capelo (que él mismo corregiría después) o de los diferentes senderos que siguieron los fundadores de esta asociación, el nuevo proceso del gamonalismo de la revista *Amauta* y la nueva cruzada proindígena del Grupo Resurgimiento resultan impensables sin el referente de la Pro-Indígena. Lástima nomás que hasta ahora, por seguir los cánones de una historiografía que remite más a textos como «El problema de las razas en la América Latina» o «Antecedentes y desarrollo de la acción clasista» que al pensamiento vivo y fecundo de Mariátegui, muchos no se den cuenta de ello, sigan pensando que el indigenismo peruano se reduce al de la década de 1920 y

---

[165] Mayer, Dora: *El oncenio de Leguía*, Callao, Tipografía Peña, 1932, pág. 12.

[166] Mayer, Dora: *El desarrollo de las ideas de avanzada en el Perú*, Callao, Tipografía Peña, 1934, pág. 14.

subvaloren una experiencia, como la de la Pro-Indígena, que a todas luces fue más duradera y trascendente que la del Grupo Resurgimiento. Lo mismo ocurre con Zulen, que, no obstante su generosa entrega a la lucha por la redención social del indio, la radicalidad de su pensamiento y lo universal de su cultura, prácticamente no existe para las historias estándar del indigenismo peruano y recién ha comenzado a ser admitido por aquellos que estudian, o estudiaban, el desarrollo de las ideas revolucionarias en el Perú.[167]

---

[167] En éste, como en tantos otros aspectos, Alberto Flores Galindo resultó bastante innovador ya que, en su antología *El pensamiento comunista 1917-1945* (Lima, Francisco Campodónico/ Mosca Azul Editores, 1982), en la sección sobre «Los inicios», incluyó, aparte de algunos trabajos más o menos canónicos de González Prada («Socialismo y anarquía»), Mariátegui («Bolscheviquis, aquí» y «Los delegados del pueblo») y Valcárcel (el «glosario» de su libro *De la vida incaica*), el texto «Socialistas de nuevo cuño», de Zulen. Otro tanto puede decirse de los breves pero valiosos comentarios que Flores Galindo le dedicó a Zulen y la Pro-Indígena en su libro *Buscando un Inca. Identidad y utopía en los Andes* (Lima, Instituto de Apoyo Agrario, 1987, págs. 228 y 265-266).

II. Rumi Maqui Ccori Zoncco
y el levantamiento de indios de San José

Entre 1915 y 1917, apareció de improviso un personaje aparentemente inusual, extraño y hasta desconcertante, que ocupó las primeras planas de los principales diarios y revistas del Perú, concitó la atención de un importante sector de la opinión publica y motivó más de un encendido debate parlamentario. Se trataba del general Rumi Maqui Ccori Zoncco, a quien se le atribuyó haber organizado a fines de 1915 el ataque a una hacienda puneña. Rumi Maqui Ccori Zoncco fue, en realidad, el nombre de guerra que asumió Teodomiro Gutiérrez Cuevas, un sargento mayor de caballería del Ejército Peruano, de cincuenta años de edad, que en 1913 fue enviado por el gobierno de Guillermo Billinghurst al departamento de Puno para investigar las masacres de indígenas que se habían cometido en Samán, Caminaca, Achaya y Arapa, pero, al final, por azar o necesidad de la historia, terminó involucrado en el levantamiento de indígenas de San José y, sin quererlo, se convirtió en una figura legendaria.

Aunque se le presentaba como el organizador de una gran marcha que debía llevar a la expulsión de los mistis y la restauración del Imperio de los Incas, Gutiérrez Cuevas no hizo otra cosa que ponerse al frente de uno de los más importantes movimientos campesinos de resistencia contra la expansión de las haciendas que se registró en el Perú de la década de 1910, el mismo que, por sus demandas, su radicalidad y su misma simbología, no sólo remeció las rígidas estructuras de la «República Aristocrática», sino también prefiguró lo que más tarde se conocería como la gran sublevación indígena del Sur Andino (1920-1923). Para tal efecto, Gutiérrez Cuevas adoptó el nombre de Rumi Maqui Ccori Zoncco y enarboló un programa que, antes que la restauración del Tahuantinsuyo propiamente dicha, postulaba la reversión de todas las tierras a favor de los indígenas y la creación de un Estado federal.

1. Un militar indigenista

Teodomiro Gutiérrez Cuevas nació en 1864 en el departamento de Pasco. Más tarde, cuando entró a la juventud, siguió la carrera militar. Se dice que llegó a ser secretario privado del general Andrés Avelino Cáceres, el líder de la campaña de la Breña y la resistencia contra la ocupación del ejército chileno. Los que alguna vez conocieron a Gutiérrez Cuevas, como Luis Velasco Aragón, que de niño lo vio en el estudio de su padre, lo recuerdan como un hombre pequeño de cuerpo, magro de cara, de lentes negros y pómulos salientes.[168]

Entre diciembre de 1903 y agosto de 1904, por nombramiento que le dispensó el gobierno de Manuel Candamo, Gutiérrez Cuevas se hizo cargo de la subprefectura de la provincia de Chucuito, en el departamento de Puno. Desde esa época, Gutiérrez Cuevas asumió una posición francamente proindígena y decretó la abolición de los servicios forzosos y gratuitos que se le imponían prepotente y abusivamente a los indios. «A cortar con mano de hierro todos los abusos, todas las exacciones, todas las violencias de que han sido y son objeto los indios me ha enviado el presidente Candamo», solía repetir

---

[168] Velasco Aragón, Luis: «Comentarios inéditos sobre Teodomiro Gutiérrez Cuevas», en González Prada, Manuel: *Prosa menuda* [1941], *Obras* (Prólogo y notas de Luis Alberto Sánchez), Lima, Ediciones Copé, 1986, Tomo II, volumen 4, pág. 299.

por ese entonces.[169] Además, satisfaciendo una vieja demanda de los indígenas de la región, que de todos los servicios que el Estado prestaba a la población se mostraban particularmente interesados en el servicio educativo, Gutiérrez Cuevas abrió una escuela para los hijos de los campesinos en Juli.

Por ese entonces, Gutiérrez Cuevas también se vinculó al cura Valentín Paniagua, que en 1902, a raíz de la ayuda y el asesoramiento que brindó a José Antonio Chambilla, Mariano Illachura y Antonio Chambi, líderes de las comunidades indígenas del distrito de Santa Rosa, fue acusado de delito de asonada por los gamonales y las autoridades de Chucuito. Si en esa oportunidad Paniagua no llegó a ser procesado fue debido a la oportuna intervención de Alejandrino Maguiña, que por ese mismo año de 1902, en calidad de Delegado Supremo del Gobierno, arribó a Puno al frente de una comisión investigadora que había sido enviada por el presidente Eduardo López de Romaña.

Simultáneamente, Gutiérrez Cuevas procedió a criticar a los terratenientes y los gamonales de la región, quienes a raíz de ello le declararon una guerra sin cuartel. Así, para deshacerse de este raro y peligroso funcionario público, a quien veían como el responsable de la sublevación indígena que por esa época se desató en Pomata, los gamonales de Puno recurrieron a una serie de mecanismos, que iban desde las calumnias, la intimidación y el atentando dinamitero, hasta el pedido que el Parlamento discutiese su inmediata deposición.

En estas circunstancias, Manuel González Prada, que seguía de cerca todo lo que tenía que ver con el problema del indio, asumió la defensa de Gutiérrez Cuevas y escribió el artículo

---

[169] Citado en Rénique, José Luis: *La batalla por Puno. Conflicto agrario y nación en los Andes peruanos 1866-1995*, Lima, IEP/ Cepes/ Sur, 2004, pág. 48.

«Autoridad humana», que en 1905 publicó anónimamente en *El Indio*, la revista que dirigía Santiago Giraldo Sueldo, uno de los precursores del indigenismo en el Perú. El argumento central de González Prada era que Gutiérrez Cuevas, como subprefecto, representaba un fenómeno de excepción en la vida pública peruana, donde lo común era que las autoridades locales defendiesen a pie juntillas los intereses de los gamonales.

A partir de la constatación de este hecho singular, González Prada explicó por qué el amor que los indios de Chucuito profesaban por Gutiérrez Cuevas era tan grande como el odio que los gamonales sentían por este excepcional funcionario público: «Para merecer el amor de sus subordinados ¿qué hace el subprefecto Gutiérrez? Cumplir algunas leyes dictadas en favor de los indios. Llevando a la práctica lo que para muchas autoridades no pasó de letra muerta, ha conseguido abolir en su provincia las mandas forzosas, los servicios gratuitos y las demás iniquidades sancionadas por la tradición. Con leyes humanas desarraiga costumbres feudales. Se comprende que semejante variación en la manera de tratar a los indios suscite odios y resistencias. Al ver que los amigos de Gutiérrez son los pobres y desheredados, ya se vislumbra quiénes pueden ser sus enemigos. Estos le han declarado guerra sin cuartel: le denigran, le calumnian, le chismean, le provocan riñas, le falsifican los documentos oficiales y hasta le arrojan bombas de dinamita a su domicilio (prueba que el uso de explosivos no pertenece exclusivamente a los anarquistas)».[170]

Finalmente, dejando entrever la posibilidad de que el gobierno peruano cediese ante la presión de los gamonales y destituyese de su cargo a Gutiérrez Cuevas, González Prada culminó su artículo con estas frases un tanto premonitorias: «En fin

---

[170] González Prada, Manuel: «Autoridad humana», *El Indio*, Lima, 1905, en *Prosa menuda* [1941], *Obras*, Tomo II, volumen 4, págs. 299-300.

–escribe–, lo que no pasa hoy de una queja sumisa o lamento humilde, puede convertirse en un grito de rebelión, no sólo para cambiar de autoridades secundarias, sino para conseguir una reivindicación social. Existe muchísima diferencia entre el motín de una soldadesca y el levantamiento de una raza para sacudir el yugo y vengar las iniquidades de tres o cuatro siglos».[171]

La destitución de Gutiérrez Cuevas ocurrió a fines de 1905, cuando un grupo de senadores y diputados de Puno, recogiendo el clamor de los gamonales de la región, lo acusó de peligroso y extremista y logró que el Parlamento aprobase su inmediata salida de Chucuito. Paralelamente, el cura Paniagua –que se había convertido en el principal colaborador de Gutiérrez Cuevas, al extremo que en diversas oportunidades había hecho las veces de su secretario e intérprete– fue objeto de terribles vejaciones por parte de los vecinos notables de Juli. Poco después, en lo que apareció como un típico ajuste de cuentas del gamonalismo, el cura Paniagua llegó a ser encarcelado, pero logró evadirse y se refugió en Bolivia.

Luego que abandonó Chucuito, Gutiérrez Cuevas fue nombrado subprefecto de la provincia de Huancayo, en el departamento de Junín, y desempeñó este cargo entre octubre de 1906 y agosto de 1907. Cuando tomó en sus manos la subprefectura de Huancayo, Gutiérrez Cuevas se preocupó seriamente de averiguar cuál era la labor que en realidad cumplían los gobernadores y teniente gobernadores de los distritos de esta provincia. Con ese fin, recorrió una serie de pueblos y caseríos, conversó con los habitantes del lugar y recogió informes y denuncias de que estos funcionarios subalternos se comportaban como verdaderos tiranillos locales. Tales eran los casos de Cosme Túpac Yupanqui y Victorio Fernández,

---

[171] *Ibíd.*, pág. 301.

gobernadores de los distritos de San Jerónimo y Ahuac, que convirtieron al indio –la clase más desvalida de la sociedad peruana de ese entonces– en la principal víctima de sus delitos, abusos y violencias.

Por ese motivo, Gutiérrez Cuevas inició un proceso administrativo contra Túpac Yupanqui y Fernández y exigió que fuesen destituidos en forma inmediata. Además, impartió órdenes terminantes para que los otros gobernadores y teniente gobernadores fuesen más humanos y considerados con los indios, pero éstos, habituados a obrar como si aún viviesen en el tiempo de los señores feudales de horca y cuchilla, no le hicieron caso y continuaron perpetrando los mismos abusos y tropelías de siempre. La excepción a la regla fue el gobernador de Pariahuanca, que fue presentado por el mismo Gutiérrez Cuevas como un caballero honesto y cumplido.

Al dejar la subprefectura de Huancayo, por razones todavía no bien conocidas, Gutiérrez Cuevas preparó una memoria de su gobierno, donde, desbordando el marco de los habituales y farragosos informes burocráticos, trató de reflexionar sobre las causas de «la condición desgraciada» en que se encontraban sumidas las grandes masas de indios de toda la República.[172] Además, a manera de anexos, Gutiérrez Cuevas incluyó también la copia de dos oficios que anteriormente –en enero de 1907– había enviado al prefecto de Junín con el objetivo de extenderse sobre algunos puntos que consideraba críticos en la administración y la vida de la provincia. El primero de ellos versaba sobre las fiestas tradicionales organizadas en los pueblos del valle del Mantaro; el segundo se refería a las autoridades locales.

---

[172] Gutiérrez Cuevas, Teodomiro: «Memoria de gobierno de la provincia de Huancayo que Teodomiro A. Gutiérrez eleva al prefecto de Junín» [1907], en Contreras, Carlos/ Bracamonte, Jorge: *Rumi Maqui en la sierra central. Documentos inéditos de 1907*, Lima, IEP, 1988, pág.18.

De esta forma, Gutiérrez Cuevas criticó dura y tenazmente a los funcionarios subalternos del mundo rural: comisarios, gendarmes, incluso curas, pero sobre todo gobernadores y teniente gobernadores. Su idea era que éstos aparecían como «la encarnación de la violencia y del abuso»; y era tal la desconfianza que habían llegado a inspirar a sus respectivos pueblos, que ningún habitante suyo acudía a su autoridad distrital en demanda de justicia porque tenía la seguridad de que a ella no le animaba otro propósito que el de «la más odiosa especulación».[173]

Para demostrar lo grave de su denuncia, Gutiérrez Cuevas no sólo mencionó los casos de Túpac Yupanqui y Fernández, gobernadores de los distritos de San Jerónimo y Ahuac, sino también presentó una relación pormenorizada de los abusos y fechorías que el primero de ellos había cometido: «El primero —escribe— de la manera más escandalosa y descarada había convertido la gobernación en un filón de explotación inicua y odiosa. A título de presidente de la hermandad de la Tercera Orden perseguía y encarcelaba a todos los que disentían de su manera de pensar y de la de los suyos, y no los ponía en libertad sino cuando hacían abjuración completa de sus ideas religiosas; imponía multas a los indígenas, sin miramiento ni consideración alguna y contra todo precepto legal, sin empozar en la Tesorería Municipal el importe de ellas y originando sinnúmero de quejas ante la Subprefectura formuladas por las desgraciadas víctimas del gobernador; acostumbrado al abuso y al desorden hacía gala de desobediencia a mi autoridad y era necesario de órdenes reiteradas y conminatorias para obligarle a cumplir con su deber».[174] Así, dada su reciente experiencia como subprefecto de Chucuito, Gutiérrez Cuevas pudo perca-

---

[173] *Ibíd.*, págs. 16-17.
[174] *Ibíd.*, pág. 16.

tarse que los gobernadores y teniente gobernadores de la sierra central cumplían casi la misma función que los gamonales desempeñaban en el sur andino.[175]

Si a Gutiérrez Cuevas le irritaba muchísimo el comportamiento de los autoridades locales de la provincia de Huancayo era porque consideraba –pensando seguramente más en la excepción que en la regla misma– que los gobernadores debían ser los abanderados de una cruzada capaz «de encarrilar a los pueblos en el sendero del progreso y de la prosperidad, habituándolos al trabajo, a la moralidad, al orden y a la práctica del bien».[176] Pero, desgraciadamente, eso no era lo que ocurría en Huancayo, donde si se destituía a un mal gobernador no se podía conseguir que una persona honrada le sustituyera porque viviendo todos los de un pueblo «en el mismo medio ambiente de corrupción y de arbitrariedad», era difícil, si no imposible, conseguir «un hombre de ideas diferentes de las de su generalidad».[177]

Por eso, para contribuir a superar el ambiente de corrupción y arbitrariedad que había encontrado en Huancayo, Gutiérrez Cuevas sugirió nombrar como gobernadores a personas de «fuera de cada localidad y dotarlas de un sueldo con el que pudieran atender a sus necesidades».[178] Además, como una medida suplementaria, propuso que los curas recibiesen un sueldo y que los servicios religiosos que éstos prestaban en sus respectivas parroquias fuesen gratuitos.

Aparte de denunciar los abusos y fechorías de los gobernadores y teniente gobernadores y sugerir algunas medidas

---

[175] Contreras, Carlos/ Bracamonte, Jorge: «Positivismo e indigenismo en el Perú de 1900», en *Rumi Maqui en la sierra central. Documentos inéditos de 1907*, pág. 8.

[176] Gutiérrez Cuevas, Teodomiro: *Op. cit.*, pág.17.

[177] *Ibíd.*, pág. 17.

[178] *Ibíd.*, pág. 17.

específicas para acabar con muchas de las irregularidades que había encontrado en la provincia de Huancayo, Gutiérrez Cuevas se ocupó también de otro problema que le inquietaba muchísimo y aparecía como una de las preocupaciones centrales de gran parte de los indigenistas y los positivistas peruanos de fines del siglo XIX: la supuesta «ignorancia de las masas». Pero, al momento de discutir esta cuestión, Gutiérrez Cuevas se entrampó en un diagnóstico que se sustentaba más en los prejuicios que existían en contra el indio que en los hechos concretos de la vida real: «En la actualidad —escribe— los indígenas de todos los pueblos están entregados al ocio, a la embriaguez; encenegados en los vicios y profundamente habituados a la criminalidad y muy particularmente al abigeato».[179] La misma visión pesimista y hasta un tanto ácida asomó de nuevo cuando Gutiérrez Cuevas se explayó un poco más en el asunto del supuesto «ocio» del indio peruano: «Es sabido —dice— que las grandes masas de indios viven entregadas al ocio, sin preocuparse mas que de sembrar lo muy preciso para su subsistencia durante el año. De ahí que la miseria es espantosa en algunos lugares del territorio cuando algún fenómeno atmosférico destruye las sementeras, porque perdidas las cosechas queda cegada la única fuente de recursos para la vida de los pobres indígenas».[180]

Además, en su preocupación por acabar con la supuesta «ignorancia» del indio, Gutiérrez Cuevas llegó a cuestionar las fiestas tradicionales —tanto las religiosas como las populares— de las aldeas campesinas del Valle del Mantaro ya que consideraba que ellas eran «la causa determinante de la situación angustiosa y miserable en que viven los indios; del ocio y em-

---

[179] *Ibíd.*, pág. 18.
[180] *Ibíd.*, pág. 19.

briaguez a que se han habituado y del notable y desconsolador desarrollo de la criminalidad».[181]

Pero Gutiérrez Cuevas no sólo las emprendió contra las fiestas tradicionales del Valle del Mantaro, sino también atacó a las autoridades tradicionales de la sociedad andina –esto es, al sistema de cargos de vara, regidores, capitanes, ministros y mariscales–, pues consideraba que éstas se prestaban a una serie de abusos y, además, eran inconstitucionales: «Desde tiempo inmemorial –explica– las comunidades de indígenas designan al fin de cada año y para el servicio del siguiente, a cierto número de individuos a quienes llaman alcalde de vara, regidores, capitanes, ministros, etcétera, etcétera, los que reciben nombramientos del subprefecto de la provincia y están a órdenes inmediatas del gobernador y teniente gobernador para el cumplimiento de las disposiciones emanadas de la subprefectura y de dichas autoridades. Hasta hace poco los nombrados se hacían cargos de sus puestos sin oponer resistencia alguna, pero conforme los indígenas van conociendo sus derechos y sus obligaciones, van comprendiendo que los cargos de alcalde de vara y los demás a que he hecho referencia no son legales ni constitucionales; y de ahí que hoy la mayor parte de los nombrados se resisten a aceptar la vara y se presentan a esta subprefectura pidiendo que los ampare de la presión de los gobernadores, que, sin más que la costumbre establecida, quieren hacer uso de la fuerza y de la violencia para obligar a los indígenas a aceptar dichos cargos, actitud que tiene que ser improbada por este despacho que comprende la ninguna razón legal que hay para tal cosa».[182]

Sin embargo, a diferencia de muchos de sus contemporáneos, Gutiérrez Cuevas no sólo se limitó a hablar de «la igno-

---

[181] *Ibíd.*, pág. 26.
[182] *Ibíd.*, págs. 27-28.

rancia de las masas» —en este caso, del ocio, la embriaguez o la crimininalidad del indio— sino también supo denunciar que ésta era tanto «la causa más eficiente» del «estado caótico» en que vivían los pueblos de indígenas, de su «situación cada vez más triste y más desesperada», como lo que alentaba a las autoridades de los distritos a la comisión de todos los delitos, de todos los abusos, de todas las violencias que cometían, siendo la víctima propiciatoria «la clase más desvalida, la más desgraciada de la sociedad».[183]

Después de todo, si Gutiérrez Cuevas se preocupaba seriamente por la difícil condición en que se encontraban sumidos los indios era porque estaba plenamente convencido que éstos constituían «las cuatro quintas partes de la República» y que la preocupante situación en que vivían se reflejaba en el «estado económico poco alagador y lisonjero» del Perú.[184] Además, más allá de todo lo que había escrito sobre «la ignorancia de las masas» o el supuesto «ocio» del indio, estaba plenamente convencido de que esta situación tenía que cambiar algún día. Por eso, en una parte de su informe, llegó a confesarle lo siguiente al prefecto de Junín: «Y no dudo de que usted acariciará como yo –le dice–, la esperanza del cambio radical y no muy remoto de las condiciones sociales, económicas y de todo orden de los indígenas de nuestro bello y rico país».[185]

Pero el cambio radical que en ese momento anhelaba Gutiérrez Cuevas no se relacionaba con la revolución agraria, ni mucho menos, sino con un conjunto de medidas administrativas y legislativas que el propio Estado debía dictar e impulsar, como el nombramiento de gobernadores idóneos y con sueldo, la gratuidad de los servicios religiosos, la expedición de una

---

[183] *Ibíd.*, pág. 16.
[184] *Ibíd.*, pág.18.
[185] *Ibíd.*, pág.18.

ley contra el abigeato y otra para combatir el alcoholismo, la enseñanza de algunas industrias, el estímulo al trabajo, etcétera, etcétera.

Luego que dejó la subprefectura de Huancayo, Gutiérrez Cuevas se desempeñó como prefecto accidental del departamento de Huánuco. Posteriormente, en 1912, fue nombrado jefe militar de la provincia de Canas, en el departamento del Cusco. Poco después, a principios de febrero de 1913, estando adscrito al Estado Mayor del Ejército Peruano, fue enviado al departamento de Madre de Dios a estudiar la situación en que se encontraba el camino de Puerto Maldonado a Tirapata, en Puno.

Por esos años, Gutiérrez Cuevas se relacionó también con Pedro S. Zulen, Joaquín Capelo y Dora Mayer, de la Asociación Pro-Indígena, y participó activamente en las actividades que éstos impulsaban. Así, en julio de 1909, conjuntamente con Mayer, Julia Delaway, Víctor Andrés Belaúnde, Federico Ortiz, Juan Bautista Lavalle y Zulen, Gutiérrez Cuevas intervino como expositor en los conversatorios que en torno a «La educación del indígena» organizó el Centro Universitario de la Universidad Nacional Mayor de San Marcos; y, durante su exposición, pidió la condena y proscripción del gamonalismo, al que siempre vio como uno de los principales enemigos del indio peruano.[186] Un año después, en 1910, figuró como integrante de la directiva de la Pro-Indígena de Lima.[187]

Simultáneamente, en 1912, al igual que Luis E. Valcárcel, Abraham Valdelomar y tantos otros de los buenos hombres de su tiempo, Gutiérrez Cuevas fue seducido por la figura de

---

[186] *El Indio*, Lima, julio de 1909, citado en Kapsoli, Wilfredo: *El pensamiento de la Asociación Pro-Indígena*, Cusco, Centro Las Casas, 1980, págs. 27-28.

[187] Ramos Zambrano, Augusto: *Rumi Maqui. Movimientos campesinos de Azángaro (Puno)*, Puno, Centro de publicaciones IIDSA-UNA, 1985, pág. 49.

Guillermo Billinghurst, que, dada su prédica contra el civilismo, la plutocracia y las oligarquías, su base social multitudinaria y beligerante y su mismo acercamiento a las clases proletarias, apareció como un precursor del populismo en el Perú o, para decirlo con las mismas palabras de Jorge Basadre, como «un pierolismo sin Piérola».[188]

---

[188] Basadre, Jorge: *Perú: Problema y Posibilidad. Ensayo de una síntesis de la evolución histórica del Perú*, Lima, F. y E. Rosay, 1931, págs. 191-192.

2. LOS LÍMITES DE LO OFICIAL

Los llamados sucesos de Samán se produjeron por la época en que Teodomiro Gutiérrez Cuevas se encontraba adscrito al Estado Mayor del Ejército Peruano. Los hechos se iniciaron el cinco de mayo de 1913 cuando alrededor de dos mil campesinos de las comunidades de Accarapisco, Chejani, Chucaripo, Cariguita, Huasana, Muni Grande y Muni Chico, apoyados por los de Achaya, Caminaca y Taraco, trataron de tomar el pequeño poblado de Samán, ubicado en la provincia de Azángaro, en el departamento de Puno, con el fin de castigar al gamonal Mariano Abarca Dueñas, que había decidido formar una hacienda con las tierras de las comunidades indígenas.

Sin embargo, la toma de Samán no prosperó debido a que la guardia urbana organizada por el gobernador Amador Urquizo rechazó el ataque y causó un número considerable de bajas a los insurgentes. Posteriormente, durante su repliegue, los indígenas asaltaron el caserío de la improvisada hacienda San Juan, tomaron todos los víveres que encontraron y condujeron abundante ganado.

En junio y julio de 1913 parecía que las cosas habían vuelto a la normalidad, pero no era así, pues, en realidad, el conflicto seguía latente y amenazaba con estallidos todavía más violentos. De esta forma, mientras Abarca Dueñas continuaba con sus gestiones judiciales para apoderarse de las tierras de las comunidades, los indígenas de Samán redactaron un memorial, donde daban cuenta de todos los agravios de que eran víctimas, y enviaron a Lima una comisión integrada por Avelino Arapa, Fermín Machuca, Bernabé Sucasaca y Paulino Hilapa, que a mediados de agosto logró reunirse con Guillermo Billinghurst, que acababa de hacerse cargo de la Presidencia de la República. Por su parte, Billinghurst, cuyo gobierno no se identificaba mucho con los intereses de la llamada «República Aristocrática» (1895-1919) y parecía responder a la presión de las capas medias y el capitalismo ilustrado en general, se mostró poroso ante el clamor de los indígenas y prometió investigar las denuncias contra Abarca Dueñas.

Pero, a fines de agosto de 1913, en vista que los gamonales y las autoridades dieron nuevas muestras de que continuaban empecinados en despojarles de sus legítimas posesiones, los indígenas de Samán asumieron una actitud de franca rebeldía y procedieron a tomar las tierras que Abarca Dueñas les había arrebatado. Además, atacaron otras propiedades en los distritos de Caminaca y Achaya y desconocieron a las autoridades distritales y provinciales.

Ante esta situación, el subprefecto de Azángaro solicitó al prefecto de Puno, J. M. García Bedoya, la inmediata intervención del ejército con el fin de pacificar a sangre y fuego la zona rebelada. Así, el tres de septiembre, cerca del caserío de la hacienda Orcunimuni, en las inmediaciones de Caminaca, se produjo el primer enfrentamiento entre los indígenas y los soldados y gendarmes que al mando del subprefecto de Puno, el ex-oficial del Ejército Peruano Max Zapata, fueron enviados para reprimirlos. Los choques se repitieron hasta el 15 de septiembre y en uno de ellos los rebeldes lograron liberar a los prisioneros capturados por las tropas de Zapata. En las acciones participaron también algunas indígenas, que se mostraron muy entusiastas y apoyaron con gran denuedo a los varones. Paralelamente, se registraron casos de saqueo de propiedades de blancos y mestizos, como los que ocurrieron en los caseríos de Cogela y San Juan.

Al final, después que se retiró de la provincia de Azángaro, el subprefecto Zapata escribió un informe oficial donde afirmaba que los indios de Samán, Caminaca y Achaya tenían formación militar e incluso que algunos de ellos estaban uniformados con trajes blancos y portaban armas de fuego. En cambio, Zapata no dijo nada de que en estos choques fueron abatidos más de cien indígenas, mientras que sus tropas, debido a que se habían enfrentado con una masa entusiasta y valiente pero desarmada, que en lo mejor de los casos únicamente atinó a usar piedras, palos, hondas o sus propios instrumentos de trabajo, sólo tuvieron cuatro bajas: el cabo Fermín Valencia y tres soldados de nombres desconocidos.[189]

Preocupado tanto por las graves denuncias de los delegados indígenas que habían viajado hasta a Lima como por las alarmantes noticias que llegaban del Altiplano, el gobierno de Billinghurst decidió nombrar un comisionado especial para que investigase lo que venía ocurriendo en Samán. Aunque en un inicio se barajaron los nombres de varios candidatos, Billinghurst, debido a una serie de factores que debe haber sopesado mucho, terminó eligiendo a Gutiérrez Cuevas. Entre ellos, se puede mencionar la experiencia de Gutiérrez Cuevas al frente de la suprefectura de la provincia de Chucuito, en el convulsionado departamento de Puno; su condición de oficial adscrito al Estado Mayor del Ejército Peruano; su billinghurismo fervoroso; y, por cierto, su indigenismo convicto y confeso.

Apenas recibió su nombramiento, Gutiérrez Cuevas se dirigió a Puno y arribó a Juliaca a mediados de septiembre de 1913. Lo acompañaban el doctor Roberto Adriazola y el edu-

---

[189] Ramos Zambrano, Augusto: *Rumi Maqui. Movimientos campesinos de Azángaro (Puno)*, Puno, Centro de publicaciones IIDSA-UNA, 1985, pág. 19.

cador puneño Julián Palacios, que hizo las veces de su secretario y traductor, pues Gutiérrez Cuevas, al parecer, no hablaba quechua.[190] En Lampa, Francisco Chuquihuanca Ayulo, una de las figuras más representativas de la Pro-Indígena de Puno, se unió *de motu proprio* a la comisión oficial que presidía Gutiérrez Cuevas y le brindó su apoyo entusiasta y generoso. Desde ese momento estos dos grandes hombres cultivaron una amistad entrañable e indestructible que sólo la muerte logró truncar.

A los pocos días, Gutiérrez Cuevas visitó Samán, donde los campesinos aún vivían momentos de tensión, y dispuso la distribución de una especie de manifiesto escrito en quechua. El contenido de este manifiesto era el siguiente: «Yo, Teodomiro Augusto Gutiérrez Cuevas —dice—, traigo el fervoroso saludo a este noble pueblo de Puno, en nombre del señor Presidente de la República don Guillermo Eduardo Billinghurst, de sus Ministros de Estado que lo acompañan y en el mío propio. Simultáneamente, los ayllus de este departamento han enviado sus quejas al supremo mandatario. En esas quejas se afirma que hay descontento y malestar en estos lugares, y por ello el señor presidente Billinghurst, deseando el bienestar de todos, me ha enviado para ver de cerca, esclarecer sobre los hechos que se afirman, constatar el estado en que se hallan vuestros bienes y qué comportamiento observan con ustedes las autoridades. Muy difícil sería mi tarea si no contara con la colaboración de todos ustedes. Quiero que sepan que mi deseo es escucharlos, imparcialmente, a todos, y por eso quiero que se aproximen a mí prudentemente, sin fomentar escándalos. El señor presidente estará feliz si todos ustedes con su trabajo y

---

[190] Tamayo Herrera, José: *Historia social e indigenismo en el altiplano,* Lima, Ediciones Treintaitrés, 1982, pág. 205.

su benevolencia han de cooperar, a fin de que él pueda dictar disposiciones en favor de vuestro bienestar».[191]

Como era previsible, el arribo de Gutiérrez Cuevas creó muchas expectativas entre los indios de Samán, que creían que con la presencia del ex suprefecto de Chucuito se iban a acabar sus males y desgracias o, por lo menos, iban a disminuir los abusos de los hacendados y los gamonales. Chuquihuanca Ayulo, que fue testigo presencial de la visita de Gutiérrez Cuevas a Samán y de muchas de las otras nobles gestiones que éste realizó, contó lo siguiente en una carta que por esos días envió a su amigo Francisco Mostajo, que se desempeñaba como delegado de la Pro-Indígena de Arequipa: «Los indios –escribe Chuquihuanca Ayulo– desde un principio tuvieron confianza en el mayor Gutiérrez, y desde la noche que llegamos, el número de indios quejosos era como de cuatrocientos. Por la inmensa variedad de las quejas y creyéndose disponer de tiempo, no se pudo hacer una investigación metódica y minuciosa».[192] En otra parte de su misiva, refiriéndose a la forma en cómo las autoridades de Puno se encontraban coludidas con el gamonalismo y al tipo de denuncias que Gutiérrez Cuevas llegó a recoger en su libro de probanzas, Chuquihuanca Ayulo agregó: «Los pobres indios –dice– esperaban mucho de él, pero qué podía hacer el delegado, si la autoridad del juez de paz y el teniente gobernador criminales, estaban sobre él, y que su voluntad se rindió ante

---

[191] Gutiérrez Cuevas, Teodomiro: «El Comisionado Especial del Supremo Gobierno a los pueblos de habla quechua del departamento de Puno» [Puno, 20 de septiembre de 1913], reproducido en Ramos Zambrano, Augusto: *Rumi Maqui. Movimientos campesinos de Azángaro (Puno)*, pág. 49. La traducción del quechua al español es del mismo Ramos Zambrano.

[192] Chuquihuanca Ayulo, Francisco: «Carta a Francisco Mostajo, Lampa, 30 de octubre de 1913», citado en Ramos Zambrano, Augusto: *Rumi Maqui. Movimientos campesinos de Azángaro (Puno)*, pág. 21.

las terribles garras de la administración de justicia, pero hizo lo que pudo con bastante imparcialidad y resultó al final una amenaza moral para los asesinos y ladrones [...] Subprefecto y Juez se alojaron en la casa de Mariano Abarca Dueñas, durmiendo tal vez sobre charcos de sangre; pues, en esa misma casa a tres indígenas que llevaron heridos, los asesinaron e hicieron desaparecer sus cadáveres. Esto parece un cuento de las mil y una noches, pero es la verdad desnuda, y desde agosto la gente de Dueñas y Gonzales, con la tropa, han hecho ejercicios de tiro al blanco con los indios, y esto es aterrador. Sobre todos estos hechos constan del libro de probanzas que lleva el mayor Gutiérrez».[193]

Otra, por cierto, fue la actitud que los gamonales y las principales autoridades de Puno, como el prefecto J. M. García Bedoya, el juez Teófilo Núñez o el propio obispo Valentín Ampuero, asumieron ante la presencia de la comisión que dirigía Gutiérrez Cuevas. Así, después de convocar a una reunión urgente que se llevó a cabo a mediados de octubre de 1913, en el local del Obispado de Puno, todos ellos decidieron elevar un pedido al gobierno de Billinghurst con el fin de, por un lado, manifestar su extrañeza ante el hecho que un sujeto como Gutiérrez Cuevas, de conocido espíritu subversivo, tuviese el atrevimiento de pisar sus haciendas; y, por el otro, de exigir su inmediata expulsión del Altiplano. Por eso, en un telegrama que por ese entonces enviaron al presidente Billinghurst, afirmaron lo siguiente: «Gutiérrez calumnia, apoya, alborota y excita y subleva a los indios contra los blancos. Levantamientos amenazan pueblos cerca de Taraco. Recurrimos a vuestra excelencia para que de acuerdo a la Cámara y Supremo Go-

---

[193] *Ibíd.*, pág. 21.

[194] Citado en Rengifo, Antonio: «Semblanza del Mayor de Caballería Teodomiro Gutiérrez Cuevas, defensor calificado de los indios y enemigo de los gamonales», *Campesino*, Nº 7, Lima, 1977, pág. 73.

bierno retiren al delegado inescrupuloso».[194] Adicionalmente, Bernardino Arias Echenique, terrateniente y diputado por la provincia de Azángaro, no sólo hizo eco de tales denuncias, sino también reclamó en su Cámara que Gutiérrez Cuevas volviese inmediatamente a Lima, ya que éste se presentaba como «el Moisés que va a redimir a los indios» y era un factor de desequilibrio social.[195]

Después que concluyó su misión investigadora, Gutiérrez Cuevas se puso en marcha hacia la capital en compañía de Palacios, su secretario, y de un importante grupo de delegados de las comunidades indígenas de Samán, Caminaca y Achaya, entre los que figuraban Avelino Sumi, Manuel Sebastián Ayamani, Miguel Cruz, Baltazar Gutiérrez, Pedro Mestas, Tomás Mamani, Andrés Apaza, Manuel María Pérez, Rafael Medina, Victoriano Quispe y Gregorio Zela. Por fin, estando ya en el Palacio de Gobierno de Lima, Gutiérrez Cuevas procedió a entregarle a Billinghurst lo que aparecía como el mejor fruto de su misión: un voluminoso informe donde, en forma detallada, recogía las denuncias y reclamos de los indios de las parcialidades de Azángaro.

Por esos mismos días, yendo más allá de lo que le permitía el protocolo de su cargo como comisionado especial del gobierno, Gutiérrez Cuevas recorrió también las salas de redacción de los principales diarios de la capital y se dedicó a solivantar –como en ese entonces se decía– «la causa indígena». Todo esto debe haber ocurrido a fines de noviembre de 1913, pues por esa fecha el diario *La Crónica*, de Lima, publicó, en primera página, un reportaje y una fotografía donde aparecían Gutiérrez Cuevas, Palacios, los delegados de las comunidades de Samán, Caminaca y Achaya y el niño Cirilo Calloaspaza. Se trata de la histórica fotografía que figura en la portada del

---

[195] *Ibíd.*, pág. 73.

valioso libro *Rumi Maqui. Movimientos campesinos de Azánga-ro* (1985), de Augusto Ramos Zambrano.

En la entrevista que en esa ocasión concedió a *La Crónica*, Gutiérrez Cuevas condenó severamente al gamonalismo como el causante del deplorable estado económico y social en que se debatía el campesinado puneño e incluso dio los nombres de algunos de los principales terratenientes de horca y cuchilla de la región: Bernardino Arias Echenique, Mariano Abarca Dueñas, los hermanos Gonzales y Angelino Lizares Quiño-nes. Además, en otra parte del reportaje, cuando se refirió a las personas que en forma desinteresada le ayudaron durante la investigación que realizó en Azángaro, Gutiérrez Cuevas agradeció públicamente a Chuquihuanca Ayulo, de la Pro-In-dígena de Puno, a quien calificó como un «apóstol de la raza indígena».[196]

Todavía se desconoce cuál fue la suerte que corrió el vo-luminoso y documentado informe que Gutiérrez Cuevas le entregó al presidente Billinghurst. Tampoco se sabe si éste llegó a ser estudiado o no por los funcionarios del gobierno. Todo parece indicar que, debido a la difícil situación que los civilistas habían creado con sus maquinaciones para declarar la vacancia de la Presidencia de la República, Billinghurst no pudo siquiera examinar el informe presentado por Gutiérrez Cuevas ni adoptar −como seguramente hubiese querido− las disposiciones que la gravedad del caso de los campesinos de Samán exigía.[197]

Poco después, en la madrugada del cuatro de febrero de 1914, casi a los dos meses y medio que Gutiérrez Cuevas ha-

---

[196] *La Crónica*, Lima, 30 de noviembre de 1913, citado en Ramos Zam-brano, Augusto: *Rumi Maqui. Movimientos campesinos de Azángaro (Pu-no)*, págs. 23-24.

[197] Ramos Zambrano, Augusto: *Rumi Maqui. Movimientos campesinos de Azángaro (Puno)*, pág. 24.

bía vuelto de Puno, Billinghurst fue derrocado por el coronel Óscar R. Benavides y un movimiento golpista que se gestó al interior de la guarnición de Lima. Lo más probable es que el informe de Gutiérrez Cuevas, al igual que muchas otras cosas más, se haya perdido durante los oscuros incidentes que rodearon a este golpe de Estado que canceló la breve experiencia populista del gobierno de Billinghurst (septiembre de 1912/ febrero de 1914) y restableció el dominio de las oligarquías, la plutocracia y el civilismo.

De esta forma, hasta el día de hoy, nadie ha hallado el informe elaborado por Gutiérrez Cuevas ni se sabe si éste –tal como afirmó durante una entrevista que el 22 de junio de 1916 le hicieron los periodistas del diario *El Pueblo*, de Arequipa– efectivamente llegó a enviar una copia del mismo a la Anti-Slavery and Aborigines Protection Society de Londres.

Lo real fue que, después de la caída del gobierno de Billinghurst, los ataques contra Gutiérrez Cuevas llegaron al clímax: si antes del golpe de Estado, durante los debates que se desarrollaron en el Parlamento, los representantes de los terratenientes y los gamonales llegaron a motejarlo de «loco»; ahora, bajo el amparo de la dictadura de Benavides, sus enemigos más acérrimos, como Bernardino Arias Echenique, lo acusaban de elemento antisocial y subversivo y exigían que fuese inmediatamente borrado del escalafón militar. Finalmente, a mediados de febrero de 1914, a raíz de toda esta campañas de ataques, infundios y calumnias, Gutiérrez Cuevas fue deportado a Chile.[198]

Mientras tanto, como sacándose el clavo del mal momento que habían pasado durante el corto tiempo que Billinghurst estuvo en el poder, los gamonales impusieron un verdadero

---

[198] Tamayo Herrera, José: *Historia social e indigenismo en el altiplano*, pág. 206.

clima de terror en Samán. Así, a los días de producido el golpe de Estado de Benavides, el gobernador de Samán dio un bando en la plaza pública haciendo saber que tenía autorización del nuevo presidente de la República para hacer matanzas de indios con las tropas de Arequipa y Cusco. Poco después de la difusión de este bando siniestro y amenazador, una expedición de soldados incursionó en los ayllus y comunidades de Samán y destruyó chozas, tomó presos a varios indígenas y maltrató a las mujeres, que, atadas a las cinchas de los caballos, fueron arrastradas por el camino.

Frente a este tipo de atropellos, los indios ni siquiera podían quejarse pues muchos de ellos resultaron arrestados cuando fueron a sentar la denuncia correspondiente ante las autoridades judiciales. Tal fue el nivel de represión y arbitrariedad que por ese entonces llegó a imperar en esta zona del Altiplano, que muchos de los delegados indígenas que en noviembre de 1913 viajaron con Gutiérrez Cuevas a Lima no pudieron volver a sus respectivas parcialidades hasta después de un buen tiempo. Por ejemplo, eso fue lo que le ocurrió a Avelino Sumi, uno de los indios mensajeros de Samán, que, ante el riesgo de ser encarcelado o asesinado por el señor feudal de su distrito, tuvo que permanecer en la capital hasta fines de diciembre de 1914, lejos de su familia, trabajando en lo que sea y pasando una serie de penurias y necesidades.

Posteriormente, cuando regresó a su tierra, Sumi le escribió una larga carta a María Alvarado Rivera, de la Pro-Indígena de Lima, donde le contó cómo la persecusión a su ayllu no había cesado en todo el tiempo de su ausencia y continuaba a su llegada con mayor encarnizamiento. Como prueba, Sumi mencionó el caso de Rafael Medina, que, al igual que él, formó parte de la delegación que acompañó a Gutiérrez Cuevas hasta la capital. Resulta que Medina, después que volvió a Samán, fue acusado y encarcelado por un homicidio que se perpetró en ese lugar pero en la época en que él se encontraba en Lima.

Al poco tiempo, sumamente indignada por lo que Sumi acababa de contarle, Alvarado Rivera escribió el artículo «Una carta de Samán», que apareció publicado en *El Deber Pro-Indígena*, el vocero oficial de la Pro-Indígena, donde, después de referirse a los crímenes e injusticias que se cometían contra los indios en el Altiplano, no pudo dejar de preguntarse si, en estas condiciones, el Perú realmente podía usar, con legítimo derecho, el nombre de civilización.[199]

Pero, pese al clima de terror que impusieron en Samán y al mismo hecho de haber logrado deshacerse de la presencia inquietante y perturbadora de Gutiérrez Cuevas, los gamonales y las autoridades de Puno no pudieron conjurar el fantasma de una nueva rebelión de indígenas, la misma que, en respuesta a tanto atropello, arbitrariedad e injusticia, maduraba rápida y silenciosamente en el interior de las comunidades de Azángaro y Huancané. Entonces, como temían el ataque de la indiada que explotaban y despreciaban hasta más no poder, varios hacendados se refugiaron en los villorios y ciudades, exigieron que la gendarmería fuese reforzada con más hombres, pidieron el envío de tropas del ejército y organizaron la guardia urbana. Pero, aún con todo, por las noches, ni siquiera podían dormir tranquilos porque sentían que el insistente ulular de los pututos que bajaba desde las alturas anunciaba la tempestad que en cualquier momento podía estallar.

Así, recordando todo ese ambiente de tensión, zozobra y angustia que por ese tiempo se vivió en Azángaro, el gamonal José Sebastián Urquiaga escribió lo siguiente en un conocido estudio que publicó allá en 1916: «Hace dos años —dice— que en la provincia de Azángaro se rumoreaba con insistencia que se preparaba un nuevo levantamiento o sublevación de indios,

---

[199] Alvarado Rivera, María: «Una carta de Samán», *El Deber Pro-Indígena*, Nº 29, Lima, febrero de 1915.

y este rumor se acentuaba de día en día, notándose en la indiada cierto temperamento inusitado de altivez, mostrándose reacio al cumplimiento de sus obligaciones hasta en las haciendas; se les veía celebrar reuniones llenas de misterio y reserva».[200]

---

[200] Urquiaga, José Sebastián: *Sublevaciones indígenas en el departamento de Puno*, Arequipa, Tipografía Franklin, 1916, citado en Ramos Zambrano, Augusto: *Rumi Maqui. Movimientos campesinos de Azángaro (Puno)*, pág. 33.

3. Rumi Maqui Ccori Zoncco

Como desterrado político, Teodomiro Gutiérrez Cuevas vivió en las ciudades de Iquique y Valparaíso, Chile, entre febrero y agosto de 1914. Su exilio forzado de cerca de seis meses de duración le sirvió, entre otras cosas, para reflexionar sobre su reciente experiencia como comisionado especial del gobierno de Guillermo Billinghurst en Azángaro, que resultó mayor a la que anteriormente había vivido al frente de la subprefectura de Chucuito y, además, le permitió descubrir la verdadera magnitud del problema indígena de Puno y, por extensión, de todo el Perú.

En ese sentido, lo primero que Gutiérrez Cuevas recordó y trató de explicarse fue el comportamiento extraño y sinuoso de la mayoría de las autoridades de Azángaro, que, por un lado, se deshacían protegiendo a los grandes hacendados y oponiéndose resueltamente a las investigaciones oficiales que él trataba de llevar a cabo y, por el otro, ni siquiera querían oír a los pobres indios que acudían ante ellos clamando por un poco de justicia. Si alguna reflexión extrajo de todo esto fue que las comisiones especiales o cualquier otro tipo de medidas administrativas y legislativas, incluyendo las que él mismo había propuesto en 1907 –cuando dejó la subprefectura de Huancayo–, no podían remediar, en lo más mínimo, la difícil situación en que vivía el indio porque terminaban estrellándose contra el poder casi omnímodo del gamonalismo, que no sólo tenía estrechas relaciones con el gobierno central sino también contaba con sus propios representantes en el Parlamento, como, por ejemplo, sucedía con Bernardino Arias Echenique que, aparte de terrateniente de horca y cuchilla, era diputado por la provincia de Azángaro. Así, después de procesar todo lo que había visto y vivido en Azángaro, Gutiérrez Cuevas arribó a la conclusión que los indios, para hacer respetar sus derechos, no tenían otro camino que la rebelión y la destrucción del gamonalismo.[201]

Además, después de hacer un recuento de los diversos grupos de indios que había encontrado a su paso por Chucuito, Huancayo y Azángaro, Gutiérrez Cuevas también terminó de comprender que éstos, en realidad, eran un conglomerado social heterogéneo, complejo y diverso, con diferencias y conflictos internos de diverso tipo. De allí que no se pudiese afirmar –como él mismo había dado a entender en el informe que escribió cuando dejó la subprefectura de Huancayo– que todos ellos estaban sumidos en la vagancia, el ocio y la criminalidad. Por lo menos, esa no fue la realidad que entre 1903 y 1904 él halló en Chucuito, donde lo que predominaba era el grupo de indios de las parcialidades o comunidades, que estaba compuesto exclusivamente por pequeños criadores de alpacas y ovejas que tenían cierta capacidad para generar un excedente económico y, por consiguiente, de acumular.

Resulta que esta capa de indios –a la que Antonio Rengifo hasta ahora no sabe cómo denominar: «prósperos», «acomodados», «ricos», «kulaks», etcétera– era la más afectada por la política de contribuciones y cobros indebidos de los gamonales y los funcionarios locales, la que mayormente exigía garantías a la propiedad privada y la que estaba vivamente interesada

---

[201] Ramos Zambrano, Augusto: *Rumi Maqui. Movimientos campesinos de Azángaro (Puno)*, Puno, Centro de publicaciones IIDSA-UNA, 1985, pág. 49.

en instruirse, hablar castellano, conquistar y defender sus derechos ciudadanos e ingresar por cuenta propia a la esfera comercial.[202] Además, era un grupo poco numeroso pero muy activo y un tanto pragmático o, mejor, práctico, que, en su lucha contra el gamonalismo, trataba de buscar el apoyo de todos los que, de alguna manera, coincidían con sus objetivos o pretendían defender al indio: liberales, masones, librepensadores, anarquistas, socialistas, anticlericales, adventistas, etcétera.

Desde este punto de vista, la situación de este grupo de indios era diametralmente diferente a la de aquellos otros que vivían en las grandes haciendas, eran más pauperizados y menesterosos y estaban sometidos casi totalmente a sus patrones, quienes, por lo general, acostumbraban usarlos –especialmente a los que fungían de mayordomos y rodeantes– para formar bandas armadas que atacaban a las parcialidades o comunidades vecinas. Eran precisamente estos indios de las haciendas los que muchas veces mostraban apatía en el trabajo, reducían sus cultivos al mínimo indispensable de sobrevivencia y, como una forma de evasión, incurrían en el alcoholismo o se desenfrenaban en las fiestas patronales.

Una década después, cuando volvió a Puno, esta vez como enviado especial del gobierno de Billinghurst, Gutiérrez Cuevas se confrontó con un cuadro social que le impactó tremendamente y nunca iría a olvidar: la heroica, silenciosa y desesperada lucha que en ese entonces libraban las parcialidades o comunidades indígenas de Azángaro para impedir que un pequeño número de antiguos y nuevos terratenientes se apropiasen de sus tierras. Resulta que este fenómeno del neolatifundismo, aunque tuvo continuidad a lo largo de toda

---

[202] Rengifo, Antonio: *Rebelión india*, Lima, Ediciones Rikchay Perú, 1988, pág. 66.

la época republicana, se acentuó al finalizar el siglo XIX y al empezar el siglo XX debido, más que nada, a la especie de «revolución mercantil» que trajo el auge de la exportación lanera. En el caso de la provincia de Azángaro, para hablar únicamente de lo que más nos interesa, las estadísticas registran que, entre 1876 y 1915, las haciendas experimentaron un crecimiento vertiginoso y pasaron de 178 a 611.[203] Esto significa que, durante el primer tercio del siglo XX, un sinnúmero de ayllus y comunidades perdieron sus tierras y fueron incorporados a las haciendas, mientras que la proporción de tierra, capital pecuario y mano de obra controlada por los grandes terratenientes de Azángaro llegó a su punto más alto. Así, de alrededor de un catorce por ciento en los inicios de la República, la población rural de Azángaro que vivía como colonos subió a cerca del cuarenta por ciento en la década de 1920.[204]

Lo cierto fue que, gracias a su experiencia en Azángaro, Gutiérrez Cuevas pudo encontrarse con un nuevo grupo de indios de las parcialidades o comunidades, que eran tan altivos y luchadores como aquellos que anteriormente había conocido en Chucuito; y, simultáneamente, logró superar esa visión un tanto negativa y desesperanzadora del indio que había empezado a asumir por la época en que se hizo cargo de la subprefectura de Huancayo. De esta manera, pensando en el grupo de los indios de las comunidades o parcialidades, sobre todo en aquellos caudillos o mensajeros de Samán, Caminaca y Achaya que en noviembre de 1913 lo acompañaron hasta Lima, Gutiérrez Cuevas extrajo una deducción que fue fundamental para su praxis futura y su vida en general: que la su-

---

[203] Flores Galindo, Alberto: *Arequipa y el sur andino: ensayo de historia regional (siglos XVIII-XX)*, Lima, Editorial Horizonte, 1977, pág. 102.

[204] Jacobsen, Nils: *Mirages of Transition. The Peruvian Altiplano, 1780-1930*, Berkeley, University of California Press, 1993, pág. 212.

blevación de los indígenas no sólo era necesaria, sino también posible.

A comienzos de agosto de 1914, a raíz de la nueva coyuntura política que se había abierto con la instalación del Congreso, el nombramiento del coronel Óscar R. Benavides como Presidente Provisorio y la convocatoria a elecciones generales, Gutiérrez Cuevas pudo volver al Perú. Así, al poco tiempo de su arribo a Lima, Gutiérrez Cuevas alquiló una pequeña casita, que estaba ubicada en la calle Barranquita, y se abocó a juntar los recursos que necesitaba para poder trasladarse e instalarse en Puno. Mientras buscaba cómo resolver este problema más de tipo fenicio que logístico, frecuentó a Julián Palacios, su ex secretario y traductor, que también estuvo desterrado en Chile, y visitó a los mensajeros indígenas de Samán que, como Avelino Sumi o Rafael Medina, se habían visto obligados a permanecer en Lima. Paralelamente, Gutiérrez Cuevas sostuvo varias reuniones con un núcleo de obreros anarcosindicalistas que pensaba publicar el periódico *La Voz del Pueblo* y, además, mantuvo una nutrida correspondencia con Francisco Chuquihuanca Ayulo, su gran amigo de la Pro-Indígena de Puno, que apareció como el principal interlocutor de su proyecto insurreccional. Algunas de estas cartas, para mayor seguridad, fueron enviadas a través de los delegados indígenas que por ese entonces empezaron a volver a su tierra. En una de ellas –la del 29 de diciembre de 1914, que escribió antes de viajar a Puno– Gutiérrez Cuevas se refirió a la necesidad de contar con «hombres sin temor alguno, decididos y resueltos», mencionó una serie de detalles sobre su proyecto de construir una especie de catapulta que sirviese para lanzar mechas encendidas (a la que llamaba «mi lampina», posiblemente en honor al lugar de residencia de su amigo Chuquihuanca Ayulo) y, finalmente, habló de la posibilidad de establecer en Lampa una agencia de *La Voz del Pueblo* con el fin de poder venderlo tanto a los indios de esa provincia como a los de Azángaro y Ayaviri, pues estimaba que éste iba a «ser tal vez en Lima el de mayor circulación por ser un diario del elemento obrero».[205]

Gutiérrez Cuevas dejó Lima a comienzos de 1915. Cuando llegó a Puno, lo primero que hizo fue visitar a Chuquihuanca Ayulo, en la ciudad de Lampa, con quien finiquitó una serie de detalles sobre su proyecto insurreccional. De allí se desplazó al pueblo de Juliaca, donde estableció lo que vendría a ser su cuartel general, y se puso a trabajar activamente en la organización del alzamiento general de los indígenas de Puno. Para tal efecto, viajó constantemente a lomo de bestia a las parcialidades y comunidades de Azángaro, Lampa, Puno, Huancané y Ayaviri y, además, se reunió con Chuquihuanca Ayulo en forma periódica.

Para no ser visto ni correr riesgos innecesarios, Gutiérrez Cuevas prefería desplazarse en las noches, protegido por una escolta de jóvenes licenciados del ejército que conocían caminos, montes, parajes, quebradas, ríos y pasos difíciles. Al respecto, Daniel Paredes, que durante muchos años se des-

---

[205] Gutiérrez Cuevas, Teodomiro: «Carta a Francisco Chuquihuanca Ayulo, Lima, 29 de diciembre de 1914», citado en Ramos Zambrano, Augusto: *Rumi Maqui. Movimientos campesinos de Azángaro (Puno)*, págs. 50-51. Aquí Gutiérrez Cuevas se refiere posiblemente a *La Voz del Obrero*, la publicación que, gracias a la iniciativa y el esfuerzo del periodista y tipógrafo Eduardo Fournier, comenzó a circular en la ciudad de Puno justo por 1914. Hasta donde se conoce, Fournier era un ferviente admirador de Manuel González Prada y mantenía estrechos contactos con los diversos grupos anarcosindicalistas de Lima. Además, en consonancia con el carácter que desde un inicio Fournier le asignó –la de ser el «órgano defensor de los intereses de la clase obrera»–, *La Voz del Obrero* solía difundir esclarecedores artículos de denuncia sobre la vida obrera no sólo de la región, sino también de otros lugares, especialmente de Lima y Arequipa. Al respecto, ver Sánchez Ortiz, Guillermo: *La prensa obrera 1900-1930. (Análisis de «El Obrero Textil»)*, Lima, Ediciones Barricada, 1987, pág. 54.

empeñó como secretario de Chuquihuanca Ayulo, recuerda que por ese tiempo Gutiérrez Cuevas, montado en un caballo alazán y acompañado de una pequeña comitiva, solía ingresar en altas horas de la noche al patio de la inmensa casona del presidente de la Pro-Indígena de Lampa; y que, después de estas reuniones clandestinas o secretas, se iba en la madrugada del día siguiente.[206] Por este período, Gutiérrez Cuevas también se dio tiempo para adquirir en Bolivia algunas cuantas armas —viejas y obsoletas, al parecer—, las mismas que, para sortear el riesgo de un eventual decomiso por parte de la gendarmería, fueron escondidas en Pichincha, un caserío que se convirtió en una especie de centro ideológico donde, según la tradición oral local, Chuquihuanca Ayulo dictaba cursos de Historia del Perú, Geografía, Gramática Quechua, etcétera.[207]

Con el tiempo, Gutiérrez Cuevas propició una serie de reuniones en diferentes lugares estratégicos de San Antón, Samán, Putina, Arapa, Asillo y Chupa con el fin de explicar su plan sobre un levantamiento general contra el gamonalismo e impartir instrucciones sobre la recaudación de fondos por medio del sistema de «la rama», cuyo origen se remontaba a fines del siglo XIX y tenía por finalidad facilitar el viaje a la capital de los cabecillas o mensajeros indígenas que eran conductores de reclamaciones y memoriales que debían ser entregados al Presidente de la República.[208]

Las bases más receptivas a este tipo de prédica insurgente fueron, al parecer, las comunidades indígenas de los distritos de San José y San Antón, que se mantenían en estado de lucha permanente contra los afanes expansionistas del gamo-

---

[206] Ramos Zambrano, Augusto: *Rumi Maqui. Movimientos campesinos de Azángaro (Puno)*, pág. 35.

[207] *Ibíd.*, pág. 86.

[208] *Ibíd.*, pág. 52.

nal Bernardino Arias Echenique y se encontraban a punto de lanzarse por el camino de la sublevación. Resulta que, desde hace varios años, con el fin de evitar enfrentamientos mayores, sus principales dirigentes, como José María Turpo, Raymundo Sucapuca, Andrés Alata, Evaristo Quispe, Félix Cutipa, Tiburcio Ccama, Ignacio Mamani y Manuel Pacha, habían tocado todas las puertas que podían tocar y hasta habían viajado a Lima llevando quejas y memoriales para ser entregados al Presidente de la República.[209] Desgraciadamente, salvo el generoso apoyo de Chuquihuanca Ayulo, Modesto Málaga y otros distinguidos representantes de la Pro-Indígena, no habían podido conseguir mucho y ya habían empezado a pensar que eran ellos mismos los que tenían que arreglarle las cuentas a Arias Echenique. Fue justo en ese momento crucial que el destino de Gutiérrez Cuevas, por obra de la necesidad y la casualidad, terminó cruzándose con el de las comunidades indígenas de San José y San Antón.

De toda esta verdadera promoción de líderes indígenas que Gutiérrez Cuevas encontró en Puno, la figura más sobresaliente fue, sin duda alguna, Turpo, cabecilla y mensajero de la comunidad de Soratira, que desde hace tiempo mantenía estrecha correspondencia con los miembros de la Pro-Indígena y había viajado en varias ocasiones a Lima conduciendo quejas y memoriales contra los gamonales de San Antón y San José por los despojos de las tierras de las comunidades, asaltos, robos, etcétera. En septiembre de 1913, a raíz de los sucesos de Samán, Turpo se hizo amigo de Gutiérrez Cuevas, que llegó a Azángaro como comisionado especial del gobierno de Billinghurst.[210] Después de esa ocasión, Turpo y Gutiérrez Cuevas no volvieron a verse sino hasta cuando el segundo de ellos regresó

---

[209] *Ibíd.*, pág. 32.
[210] *Ibíd.*, pág. 42.

a Puno con la idea de organizar un levantamiento general. Al poco tiempo, convencido de que se había agotado el tiempo de las quejas y los memoriales y que era necesario recurrir a otras formas de lucha, Turpo empezó a colaborar activamente con Gutiérrez Cuevas y se convirtió en una de las piezas claves de su proyecto insurreccional.

En agosto de 1915, acaso por el mismo hecho de aparecer como la punta visible de la especie de *iceberg* que se venía formando, Turpo fue acusado penalmente por el apoderado general del gamonal Arias Echenique, el abogado Carlos Chirinos Pacheco, de preparar una sublevación que, después de comprender a la provincia de Azángaro y a todo el departamento de Puno, se iba a convertir en un movimiento separatista que amenazaba destruir el Perú. [211] Lo interesante del caso fue que Chirinos Pacheco, aunque pudo otear el rol protagónico que Turpo venía jugando en la lucha de las comunidades de San José y San Antón, no llegó a detectar la presencia de Gutiérrez Cuevas, quizás por las mismas estrictas medidas de seguridad que éste empleaba para sacar adelante su proyecto insurreccional. En cambio, Chirinos Pacheco mencionó a Málaga, de la Pro-Indígena de Arequipa, a quien prácticamente culpó por el estado de agitación que imperaba entre los indígenas: «Un periódico desgraciado, *La Federación* de Arequipa –dice–, ha servido de incentivo y de estímulo para caldear los fieros instintos de los indios. Ese periódico que hace una propaganda contra los propietarios, se ha leído en los cerros y cabañas por Timoteo Rojo y por N. Rivera. No es esto sólo, sino que el director de *La Federación*, don Modesto Málaga, atribuyéndose facultades que no sabría ya cómo calificar, se ha permitido dirigir a don José María Turpo una carta en la que aconseja que los indios se levanten, y oportunamente presentaré copia de ese

____

[211] *Ibíd.*, pág. 33.

documento incendiario».[212] Al final, la denuncia de Chirinos Pacheco fue declarada infundada por José Frisancho Macedo, Agente Fiscal de Azángaro, quien estimó que ésta se basaba más en suposiciones que en hechos objetivos y concretos.

Entre agosto y septiembre de 1915, cuando consideró que los preparativos para el alzamiento general de los indígenas de Puno estaban más o menos avanzados, Gutiérrez Cuevas procedió a proclamarse General y Supremo Director de los pueblos y ejércitos indígenas del Estado Federal del Tahuantinsuyo y, para tal efecto, adoptó el nombre quechua de Rumi Maqui Ccori Zoncco, que en español significa Mano de Piedra Corazón de Oro. Este significativo acto bautismal de claras connotaciones milenaristas y mesiánicas, que fue presentado como el inicio de una campaña que debía llevar a la destrucción del gamonalismo y la restauración del Imperio de los Incas, se celebró en una de las parcialidades de Samán, ante la presencia de un importante grupo de dirigentes indígenas.

Así, consciente o inconscientemente, Gutiérrez Cuevas terminó poniéndose al frente de toda esa oleada revolucionaria –el milenarismo andino– que se remontaba al siglo XIX o quizás antes y tuvo uno de sus picos más altos en la rebelión que Juan Bustamante (1808-1868) lideró entre 1867 y 1868. Natural del pueblo de Vilque, Puno, Bustamante, que también era conocido con el apelativo quechua de Mundo Purikuj (El Trotamundos o Viajero del Mundo), fue un personaje que, no obstante provenir de una familia de clase media acomodada y haber viajado dos veces alrededor del mundo, profesó un liberalismo que tuvo que ver, más que nada, con su franca oposición al militarismo y las dictaduras; y, simultáneamente, llegó a identificarse con la causa de la

---

[212] Citado en Ramos Zambrano, Augusto: *Rumi Maqui. Movimientos campesinos de Azángaro (Puno)*, pág. 41.

redención social del indio. De allí que, desde muy joven, se vinculase al estado mayor del liberalismo peruano decimonónico –que era encabezado por los hermanos José y Pedro Gálvez Egúsquiza– , participase activamente en el movimiento del que resultó la abolición de la esclavitud y la supresión de la llamada «contribución de indígenas» y estuviese entre los que pelearon contra la flota española en el combate del 2 de mayo de 1866. Más tarde, en 1867, movido por sus preocupaciones indigenistas, Bustamante publicó el folleto *Los indios en el Perú*, donde, veintiún años antes que Manuel González Prada, sostuvo que la nación peruana no sólo estaba formada por los habitantes de las ciudades de la costa del Perú, sino también por las muchedumbres de indios que vivían en los Andes: «La nación peruana –escribe Bustamante– no es la asociación de los individuos moradores de la costa del Perú, no son esos pueblos solos los que constituyen la república: la nación tiene pueblos numerosos en el interior, esos pueblos son de indios; de indios que tienen necesidades, de hombres, a quienes los gobiernos no deben abandonar sin proporcionarles los medios que han menester para la realización de sus fines morales, políticos y religiosos. La nación es constituida por un crecido número de indios excedentes a la raza blanca moradora de las costas del Pacífico; los indios tanto como los blancos, contribuyen a sobrellevar las cargas del Estado, pero como ellos no gozan de las mismas garantías individuales, de los mismos derechos».[213]

En ese mismo año de 1867, a raíz de la serie de conflictos que habían estallado en Puno a raíz del cobro de la supuestamente abolida «contribución de indígenas», Bustamante de-

---

[213] Bustamante, Juan: *Los indios en el Perú*, Lima, 1867, reproducido parcialmente en Tamayo Herrera, José: *El pensamiento indigenista* (Antología), Lima, Francisco Campodónico-Mosca Azul Editores, 1981, págs. 21-29

cidió interceder a favor de los indios y se opuso tajantemente a las extremas medidas de represión de la llamada «ley de terror», que habían hecho promulgar los diputados puneños que se identificaban abiertamente con los intereses de los grandes terratenientes. Para tal efecto, Bustamante aceptó el cargo de «apoderado» que le habían otorgado varias de las comunidades puneñas y, además, fundó la Sociedad Amiga de los Indios, que contó con el concurso de intelectuales de la talla de Manuel Amunátegui, director del diario *El Comercio*, de Lima, o Narciso Aréstegui, el autor de *El Padre Horán* (1848), la obra que, por su tono anticlerical y el hecho de aparecer como un valiente alegato contra la inhumana explotación que sufrían los indios, ha sido considerada como la primera novela importante del Perú republicano. Al respecto, el plan de Bustamante era abrir sucursales provinciales de la Sociedad Amiga de los Indios desde donde se daría apoyo a las quejas indígenas, ejerciendo influencia ante las autoridades locales «a fin de que se les haga justicia» o, en caso de no prosperar, «ante el Supremo Gobierno». También pensaba ofrecer los servicios de «jueces» o «árbitros» gratuitos que podían ayudar a arreglar las diferencias que a veces surgían entre los propios campesinos.

Al poco tiempo, después que arribó a la conclusión que desde Lima resultaba imposible mediar en el grave conflicto que existía entre el Estado y los indios oprimidos de Puno, Bustamante viajó apresuradamente al Altiplano. Pero, para ese entonces, ya se habían producido una serie de nuevos enfrentamientos en Azángaro, Lampa y Huancané, donde los gendarmes y los soldados fueron derrotados por una masa de indios prácticamente desarmada y mal organizada. Además, dado el clamor de las autoridades y los grandes terratenientes locales, había sido movilizada una gruesa división del Ejército Peruano, proveniente de los departamentos de Cusco y Arequipa, que estaba a punto de llegar a Puno y tenía la misión nada santa de «pacificar» la zona y aplastar la rebelión a cómo dé lugar. En estas circunstancias tan difíciles, Bustamante no tuvo más remedio que ponerse al frente de los «ejércitos campesinos» que habían rodeado la ciudad de Puno y trataban de tomarla. Pero, desgraciadamente, no pudo hacer mucho para variar el rumbo de los acontecimientos ya que el dos de enero de 1868, en el pueblito de Pusi, él y sus hombres fueron alcanzados y cercados por las tropas del coronel Andrés Recharte. Así, luego de un desesperado y desigual combate, que duró más de cuatro horas, Bustamante y sus principales adeptos fueron hechos prisioneros e inmediatamente, en lo que aparece como una de las más horribles tragedias que manchan el siglo XIX peruano, resultaron bárbaramente asesinados: mientras los principales líderes indígenas fueron encerrados en una vivienda de la localidad, a la que después se le prendió fuego; Bustamante, antes de ser decapitado, fue sometido a crueles y brutales tormentos.

Por esos años, muchos de los indígenas que se habían plegado a los «ejércitos campesinos» de Bustamante llegaron a asociarlo, quien sabe acaso en contra de su propia voluntad, con la figura de un inca redentor que había venido a restaurar el orden perdido del Tahuantinsuyo. El mismo Bustamante parece que llegó a compartir la ilusión mesiánica de sus seguidores y adeptos ya que, un poco antes de viajar a Puno, como presintiendo el trágico final que le esperaba, afirmó que no había «redención» «sin redentor, ni virtud sin sacrificio». Sin embargo, lo cierto fue que la firme creencia sobre la vuelta del inca, que muchos indios de Azángaro, Lampa o Huancané creían ver encarnada en la figura un tanto apostólica de Bustamante, provenía más del conjunto de ideas mesiánicas y milenaristas que desde hacía tiempo venían flotando en el ambiente del sur andino que del mismo discurso liberal e indigenista de este gran hombre, que posiblemente pensaba más en la defensa de la Constitución de 1867 –la más liberal que produjo el Perú durante el siglo XIX– que en la vuelta al tiempo de los incas o la resurrección del Tahuantinsuyo.[214]

En ese sentido, al igual como anteriormente sucedió con Bustamante, Gutiérrez Cuevas no dio vida al milenarismo andino, sino más bien lo encauzó e intentó desarrollarlo a través de un discurso que, en su caso, fundaba la construcción del denominado «Estado Federal del Tahuantinsuyo» –la sociedad arquetipo– en premisas como que las tierras habían sido del Inca y que los indios, por el mismo hecho de ser sus descendientes directos, tenían el derecho milenario de arrojar a los gamonales, destruir las haciendas y recuperar las tierras de sus padres-fundadores.[215]

---

[214] Sobre el tema se puede consultar Vásquez, Emilio: *La rebelión de Juan Bustamante*, Lima, Editorial Juan Mejía Baca, 1976; Jacobsen, Nils: «Civilization and its barbarism. The inevitability of Juan Bustamante's failure», en Ewell, Judith/ Beezley, William H.: *The human tradition in Latin America. The nineteenth century*, Wilmington, Dalaware, SR Books, 1989, págs. 89-92; Ossio Acuña, Juan M.: «Repensando al Perú: liberalismo e indigenismo», en *Las paradojas del Perú oficial. Indigenismo, democracia y crisis estructural*, Lima, PUCP, 1994, págs. 137-172; Mc Evoy, Carmen: «Indio y Nación: Una lectura política de la rebelión de Huancané (1866-1868)», en *Forjando la nación. Ensayos sobre historia republicana*, Lima, PUCP, 1999, págs. 61-118; y Rénique, José Luis: «Juan Bustamante: Mundo Purikuj», en *La batalla por Puno. Conflicto agrario y nación en los Andes peruanos 1866-1995*, Lima, IEP/ Cepes, Sur, 2004, págs. 26-42.

[215] Burga, Manuel y Flores Galindo, Alberto: «Feudalismo andino y movimientos sociales (1866-1965)» [1980], en Flores Galindo, Alberto: *Obras Completas*, Lima, Sur, 1997, Tomo V, pág. 187.

4. El levantamiento de indios de San José

Después que adoptó el nombre de guerra de Rumi Maqui Ccori Zoncco, Teodomiro Gutiérrez Cuevas procedió a designar a los cabecillas restauradores que debían secundarlo en su proyecto insurreccional. Por lo general, éstos eran los líderes de las comunidades indígenas que se encontraban directamente comprometidas en la lucha contra el gamonalismo, como Gaspar Condori, que el ocho de septiembre de 1915 fue nombrado cabecilla restaurador de la parcialidad de Samán.

El contenido de este documento expedido por Rumi Maqui Ccori Zoncco, cuyo original fue celosamente guardado por un descendiente de Condori, un campesino que se apellidaba Sacaca, era el siguiente: «Rumi Maqui, General y Supremo Director de los pueblos y ejército indígena del Estado Federal del Tahuantinsuyo: Por cuanto don Gaspar Condori de Samán, por su lealtad, reserva, competencia y circunspección, ha comprobado poseer las mejores cualidades para organizar y dirigir a las comunidades indígenas en la campaña restauradora contra el gamonalismo que ha de llevar a la conquista de la libertad y la justicia y de nuestros más legítimos e inalienables derechos hasta hoy conculcados, desconocidos y negados por todos los poderes públicos; campaña para la cual necesitamos unificar y emplear con acierto y eficacia todos nuestros elementos, esfuerzos y energías a fin de destruir completamente, con mano firme, el poder y la influencia de nuestros implacables enemigos que tanto daño, tanta miseria e infelicidad nos han causado. Por tanto: he resuelto nombrarlo cabecilla restaurador de Samán y ordeno y mando se le reconozca como a tal guardandósele la obediencia, los respetos y las preeminencias que por este título le corresponde.- Dado en la Ciudad y Cuartel General de Juliaca, firmado por mi mano, sellado con el sello del Estado Federal y refrendado por el Secretario General, a ocho de septiembre de 1915».[216]

Otro de estos nombramientos que han sobrevivido hasta el día de hoy fue el que el primero de noviembre de 1915 Rumi Maqui Ccori Zoncco otorgó a Santiago Chuquimia, del distrito de Phara.[217] También se conoce un tercer bando donde Rumi Maqui Ccori Zoncco nombró a Buenaventura Itusaca como cabecilla restaurador de la parcialidad de Ccalla. Sin embargo, la fecha del mismo –primero de mayo de 1914– resulta un tanto rara y llama a no pocas confusiones, pues por esa época Gutiérrez Cuevas se encontraba exiliado en Chile y todavía no había vuelto a Azángaro para poner en marcha su plan insurreccional.[218]

---

[216] Maqui, Rumi: «Nombramiento de Gaspar Condori como cabecilla restaurador de Samán» [Juliaca, 8 de septiembre de 1915], reproducido en Ramos Zambrano, Augusto: *Rumi Maqui. Movimientos campesinos de Azángaro (Puno)*, Puno, Centro de publicaciones IIDSA-UNA, 1985, pág. 53.

[217] Maqui, Rumi: «Nombramiento de Santiago Chuquimia como cabecilla restaurador de Phara» [Samán, 1º de noviembre de 1915], reproducido en Paredes, Mauro: «El levantamiento campesino de Rumi Maqui (Azángaro, 1915)», *Campesino*, Nº 3, Lima, 1970, pág. 46.

[218] Maqui, Rumi: «Nombramiento de Buenaventura Itusaca como cabecilla restaurador de Ccalla» [1º de mayo de 1914], reproducido en Vasallo, Manuel: «Rumi Maqui y la nacionalidad quechua», *Allpanchis*, Nº 11-12, Cusco, 1978, págs. 124-125. José Tamayo Herrera sostiene que este documento, en realidad, fue expedido el 1º de mayo de 1917. (Tamayo Herrera, José: *Historia social e indigenismo en el altiplano*, Lima, Ediciones Treintaitrés, 1982, pág. 207). Para una discusión sobre este problema, ver también Flores Galindo, Alberto: *Buscando un inca: Identidad y utopía en los Andes*, Lima, Instituto de Apoyo Agrario, 1987, págs. 246-247.

Además de Gaspar Condori y Santiago Chuquimia, Rumi Maqui Ccori Zoncco nombró también a otros cabecillas restauradores cuyos nombres han sido evocados sobre todo desde el terreno de la tradición oral y la memoria colectiva. Tal fue el caso de Manuel Huamán, de la parcialidad de Oquepa, que se convirtió en uno de los principales propagandistas de la insurrección. Al respecto, Andrés Idme, un viejo campesino que por ese entonces se hizo muy amigo de Huamán, recuerda cómo éste fue comisionado por Gutiérrez Cuevas para impulsar el levantamiento indígena en los distritos de Capachica, Coata, Huata y Atuncolla y, por esta razón, llegó hasta a ser confundido con el propio Rumi Maqui Ccori Zoncco.[219]

Entre octubre y noviembre de 1915, muchos de los cabecillas restauradores volvieron a sus respectivas comunidades o parcialidades llevando las consignas y directivas impartidas por Rumi Maqui Ccori Zoncco, las mismas que, para poder garantizar el éxito de la sublevación general, debían ser implementadas dentro de la mayor reserva posible. Sin embargo, este requisito no se cumplió del todo, pues, debido seguramente al clima de excitación social que imperaba en el campo, el nombre de Rumi Maqui Ccori Zoncco empezó a vocearse insistentemente y el rumor llegó incluso hasta las salas de redacción de los principales periódicos de Puno, que rápidamente pudieron barruntar la inminencia de un nuevo levantamiento indígena.

Así, por ejemplo, *El Eco de Puno*, en su edición del 26 de noviembre de 1915, en una crónica que casualmente llevaba el título de «Los indios en movimiento», se refirió a este fenómeno en los términos siguientes: «Desde hace tiempo se viene hablando de una vasta y temible organización de la indiada

---

[219] Ramos Zambrano, Augusto: *Rumi Maqui. Movimientos campesinos de Azángaro (Puno)*, pág. 54.

para liberarse de lo que ellos llaman la coyunda de los blancos, y que en Azángaro, no hace mucho que un tal indígena lanzó una proclama declarándose descendiente del famoso Rumi Maqui y llamando a las armas a sus hermanos de opresión y de raza, y pareciera que los últimos desórdenes de las indiadas de Azángaro han tenido por móvil encausar y preparar el gran día, y ahora es la autoridad gubernamental de Capachica que en documento oficial da la voz de alarma, pidiendo a las autoridades de Puno el envío de fuerzas a este distrito para prevenir una posible alzada de los indios».[220]

Pero, aunque aludía de manera vaga y borrosa a algunos hechos que efectivamente venían ocurriendo en Azángaro —que alguien se acababa de proclamar General y Supremo Director de los pueblos y ejércitos indígenas del Estado Federal del Tahuantinsuyo y había nombrado una serie de emisarios que recorrían el campo anunciando el advenimiento del gran día—, *El Eco de Puno* no llegó a detectar la presencia de Gutiérrez Cuevas y sostuvo erróneamente que Manuel Huamán, el cabecilla restaurador de la parcialidad de Oquepa, era el misterioso y venerado Rumi Maqui Ccori Zoncco: «Un indio de apellido Huamán —dice— que se ha bautizado con el mote guerrero de Rumi Maqui se ha declarado Supremo Restaurador de la raza indígena en el Sur del Perú, y que por lo pronto ha mandado a sus emisarios para catequizar a los indios de Capachica, Coata, Juliaca y Atuncolla, así como otras agrupaciones indígenas, lanzando un manifiesto firmado en Ccotos (Capachica) en la Sala del Consejo Supremo».[221]

La gran rebelión organizada por Gutiérrez Cuevas debía estallar en febrero de 1916, más específicamente, durante las

---

[220] *El Eco de Puno*, Puno, 26 de noviembre de 1915, citado en Ramos Zambrano, Augusto: *Op. cit.*, págs. 53-54.

[221] *Ibíd.*, pág. 54.

celebraciones del primer domingo de carnavales, comprendiendo fundamentalmente a la provincia de Azángaro y parte de las de Sandia, Lampa, Hunacané y Puno. Después se debía extender por otros departamentos andinos, Cusco y Apurímac sobre todo, hasta lograr la restauración del Estado del Tahuantinsuyo.[222] Si se toma en cuenta que febrero es el mes en que los ríos de la sierra crecen y hay grandes temporales de lluvias y tormentas y lo que la fiesta de carnavales significaba en el sur del Perú, donde la música de esta festividad parecía despertar el espíritu guerrero de los indios, rápidamente se cae en la cuenta que la fecha prevista para el inicio del levantamiento tenía un cierto sentido simbólico y no había sido dejada al azar.[223]

Sin embargo, estos planes tuvieron que alterarse cuando los hacendados y los gamonales resultaron debidamente informados por algunos colonos y pastores que aparentaban colaborar con la insurrección pero, en realidad, eran simples «confidentes» y colaboradores de sus patrones. De esta manera, antes de que Rumi Maqui Ccori Zoncco cayese en manos de la gendarmería y el plan del gran levantamiento indígena resultase completamente desbaratado, las primeras acciones de fuerza se iniciaron precipitadamente el dos de diciembre de 1915 con el ataque a la hacienda San José, cuyo propietario era Bernardino Arias Echenique, uno de los gamonales más odiados por los campesinos de Azángaro.

La elección de esta hacienda como el primer blanco de lo que debía ser el inicio del levantamiento general del campesinado puneño tuvo mucho que ver con toda una verdadera

---

[222] Ramos Zambrano, Augusto: *Rumi Maqui. Movimientos campesinos de Azángaro (Puno)*, pág. 35.

[223] Ver Giordano, Verónica: «La resistencia simbólica en las haciendas de la sierra peruana», *Estudios Sociales*, Año VI, Nº 11, Santa Fe, Segundo semestre de 1996, págs. 161-177.

trama de contradicciones, conflictos y enfrentamientos. Resulta que, desde hace más de un lustro, Arias Echenique venía expandiendo sus fundos a costa del despojo de las tierras de las comunidades indígenas aledañas y había hecho desaparecer casi todas las estancias de indios del distrito de San José.[224] Por eso, la mayoría de los indígenas que participaron en la acción del dos de diciembre provenían de las comunidades de Pacastiti, Sillota, Tumuyo, Jila, Machariri, Q'olompa, Aq'opata y otros, que fueron las más afectadas por las agresiones y anexiones de este voraz y temible terrateniente de horca y cuchillo. Desde este punto de vista, el levantamiento de indios de San José –o de Rumi Maqui Ccori Zoncco, que es como se le va a conocer– apareció como la expresión más importante de la resistencia de las parcialidades o comunidades indígenas a la expansión de las haciendas en el Perú de la década de 1910.

Fue así como hacia la medianoche del primero de diciembre de 1915 varios centenares de indígenas se reunieron en una solitaria cabaña de la comunidad de Soratira, donde recibieron las últimas instrucciones que Turpo les impartió en quechua. Luego, al compás de tambores y pututos y lanzando gritos de protesta contra los gamonales, se encaminaron rápidamente hacia el caserío de la hacienda Atarani, de propiedad de Alejandro Choquehuanca. Cuando llegaron, encontraron sólo a Lino Toro Solorzano, mayordomo de Choquehuanca, y tomaron la hacienda sin mayor resistencia ni complicaciones. Inmediatamente después de esta efímera victoria, se dedicaron al saqueo y, contraviniendo las órdenes expresas de Rumi Maqui Ccori Zoncco, bebieron el abundante alcohol enlatado que encontraron allí. Esto último originó que algunos de ellos resultasen completamente ebrios y perdiesen el control de sí

---

[224] Tamayo Herrera, José: *Historia social e indigenismo en el altiplano,* pág. 209.

mismos. Enseguida, los rebeldes se enrrumbaron al caserío de la hacienda San José, que era el blanco principal del levantamiento, pasando por otra llamada La Unión, también de propiedad de Arias Echenique, a la que no atacaron debido a que se encontraba reguardada por el subprefecto de Azángaro y un buen número de gendarmes. A la altura de Casucucho se encontraron con Rumi Maqui Ccori Zoncco, que, en compañía de Casimiro Huarachi, un joven indígena que solía escoltarlo, se había desplazado hasta allí con el objetivo de unírseles y dirigir personalmente las acciones.

Eran como las cuatro de la mañana del dos de diciembre de 1915 cuando un dinamitazo, que sirvió como voz de alarma, despertó a los empleados de la hacienda San José, que, provistos de modernos fusiles máuseres y abundante munición, se encontraban esperando a los atacantes. Cuando se inició el ataque, cerca de medio millar de indios, en medio de un griterío ensordecedor, lograron ingresar al primer patio, saquearon algunas habitaciones, entre ellas el salón de billar, y trataron de incendiar la casa-hacienda, mientras que una parte de ellos, sobre todo los que estaban muy ebrios, se introdujo al almacén en busca de alcohol. Entre tanto, desde una especie de altillo o torre, los empleados de Arias Echenique, dirigidos por Moisés Barreda Pomareda y Ricardo Chambi Zea, administradores de la hacienda, se dedicaron a disparar y mataron o hirieron gravemente a un número considerable de indios. Simultáneamente, algunos de los atacantes trataron de arrojar cartuchos de dinamita contra la torre desde donde disparaban los defensores de la hacienda, pero les ponían mechas muy cortas y éstos estallaban en sus manos. Tampoco resultaron muy eficaces las galgas y explosivos que otro grupo de indígenas lanzaba desde el cerro Pucamocco, que estaba ubicado encima de la hacienda San José.

Aún con todo, la lucha duró hasta las cinco de la mañana. En ese momento, ante el rumor de que venían a caballo refuerzos compuestos por los empleados de la hacienda Sollocota, de propiedad de Sebastián Urquiaga, los atacantes emprendieron la retirada sin haber podido tomar ni incendiar la hacienda San José. Al final, cuando los primeros rayos del sol iluminaron nuevamente las comarcas, centenares de indígenas, en precipitada fuga, abandonaron la hacienda San José, dejando detrás suyo más de un centenar de muertos. En estas circunstancias, Rumi Maqui Ccori Zoncco, que durante los enfrentamientos resultó herido en el talón y no pudo comandar un ataque efectivo y organizado sencillamente porque gran parte de sus seguidores se hallaban completamente ebrios, también optó por retirarse montado en un caballo blanco que encontró allí. Poco después, cuando llegaron los refuerzos de la hacienda Sollocota, los empleados de Arias Echenique pasaron a la ofensiva y se dedicaron a perseguir a los atacantes. Así, luego de una intensa búsqueda de algunas horas, descubrieron que una parte de ellos se había escondido en la quebrada de Putina Puncu, donde perpetraron una nueva y salvaje carnicería.[225]

Tras el fracasado intento de toma de la hacienda San José, Rumi Maqui Ccori Zoncco y un contingente de los indios sublevados se refugiaron en las ruinas de una vieja fortaleza prehispánica que estaba ubicada en el cerro de Inampo, en el distrito de San Antón, y lograron resistir durante varios días el asedio de las tropas enviadas por el gobierno civilista de José Pardo y Barreda. Finalmente, el seis de diciembre de 1915, después de duros enfrentamientos, los insurgentes fueron derrotados y masacrados.[226]

---

[225] Ramos Zambrano, Augusto: *Rumi Maqui. Movimientos campesinos de Azángaro (Puno)*, págs. 36-37. Ver también Tamayo Herrera, José: *Historia social e indigenismo en el altiplano*, págs. 209-211.

[226] Tamayo Herrera, José: *Historia social e indigenismo en el altiplano*, págs. 211-212.

Sin embargo, este nuevo revés no llegó a sofrenar el estado de agitación y rebeldía que imperaba no sólo en la provincia de Azángaro sino en casi todo Puno y en otros departamentos vecinos. Al respecto, resultó bastante sintomático que el regimiento de infantería Nº 9 de Arequipa, que inicialmente fue movilizado para combatir el levantamiento de Rumi Maqui Ccori Zoncco, sólo pudiese llegar hasta la estación de Pucará pues allí recibió la orden de volver inmediatamente a sus cuarteles debido a que las autoridades temían que en ese departamento pudiesen ocurrir sucesos similares al registrado en la hacienda San José.[227] Otro tanto se puede decir de la serie de escaramuzas que los indígenas sostuvieron con las tropas del gobierno que recorrían las diferentes localidades de Azángaro, Puno y Huancané con la finalidad de capturar a Rumi Maqui Ccori Zoncco y los otros líderes rebeldes que todavía se encontraban prófugos. Incluso, se dieron casos, como el que sucedió en Putina, en la provincia de Huancané, en que los indígenas marcharon hacia los pequeños poblados con el objetivo de recobrar sus tierras y vengarse de los muchos agravios de que eran víctimas.[228] Más tarde, uno de los oficiales que participó en esta campaña militar, el capitán Santiago Caballero, del batallón de ingeniería de Puno, dio cuenta de cómo en Samán, Achaya, Arapa, Putina y Taraco tuvieron que dar muerte a muchos indios por su conducta de rechazo a las fuerzas armadas.[229] De este modo, el planeado y esperado levantamiento general de los indígenas de Puno terminó convirtiéndose en una serie de acciones aisladas, dispersas y sin mayor coordinación entre sí.

---

[227] Ramos Zambrano, Augusto: *Rumi Maqui. Movimientos campesinos de Azángaro (Puno)*, pág. 40.

[228] *Ibíd.*, pág. 40.

[229] *Ibíd.*, pág. 40.

Simultáneamente, envalentonados por la presencia de las tropas enviadas por el gobierno de Pardo y Barreda, los gamonales y sus empleados conformaron verdaderos ejércitos particulares –como el de Arias Echenique, que era integrado por una hueste de quinientos indios de hacienda o colonos– y se dedicaron a «cazar» a los indios que supuesta o realmente participaron en el ataque a la hacienda San José.[230] Así, el seis de enero de 1916, más de cien empleados de Arias Echenique, apoyados por los gendarmes que se quedaron resguardando el distrito de San Antón, invadieron a mano armada el fundo de la comunidad de Soratira, saquearon e incendiaron las chozas y mataron a balazos al indígena Eugenio Chino Apaza.[231]

Doce días después, los empleados del hacendado Urquiaga irrumpieron violentamente en la parcialidad de Sillota, en el distrito de Asillo, y lograron capturar a Turpo, uno de los principales líderes del levantamiento de San José, que se encontraba postrado a raíz de un balazo que había recibido en el hombro izquierdo durante las acciones del dos de diciembre de 1915. Apenas se enteraron que el herido era Turpo, los empleados de Urquiaga procedieron a someterlo a crueles tormentos y después decidieron darle muerte por medio de arrasamiento. Para ello, lo ataron fuertemente de los pies, sujetando los otros extremos de las sogas a las cinchas de dos caballos que fueron conducidos por terrenos escabrosos en una distancia de aproximadamente dos millas. Como resultado de los horribles golpes en lo accidentado del terreno, el cuerpo de Turpo fue despedazado violentamente, al extremo que fragmentos de su cabeza, sus brazos, sus piernas, sus intestinos, quedaron

---

[230] Burga, Manuel y Flores Galindo, Alberto «Feudalismo andino y movimientos sociales (1866-1965)» [1980], en Flores Galindo, Alberto: *Obras Completas*, Lima, Sur, 1997, Tomo V, pág. 188.
[231] Ramos Zambrano, Augusto: *Rumi Maqui. Movimientos campesinos de Azángaro (Puno)*, pág. 40.

prácticamente adheridos a las piedras del trayecto por donde fue arrastrado. Después de consumar este acto de una vesania sin límites, los verdugos recogieron lo que quedaba del cuerpo de Turpo, lo metieron en un costal y lo llevaron a una de las propiedades de Arias Echenique.[232]

Por cierto, Turpo no fue la única víctima del terror de los ejércitos particulares del gamonalismo, aunque sí la más recordada y querida por los campesinos de Azángaro, en especial por los de Soratira, que desde hace tiempo proyectan levantar en su memoria un gigantesco monumento de piedra en el lugar donde fuese bárbaramente asesinado. Se calcula que esta modalidad de castigo y represión implementada por los hacendados y sus empleados acabó causando un número mayor de muertes que las que se produjeron durante el asalto a la hacienda San José.[233]

---

[232] *Ibíd.*, págs. 42-43.
[233] *Ibíd.*, pág. 39.

5. La Pro-Indígena y Rumi Maqui Ccori Zoncco

En Lima, uno de los primeros en preocuparse por lo que ocurría en Azángaro fue Pedro S. Zulen, secretario general de la Pro-Indígena, que varios meses antes había hecho una gira por el sur del Perú y había visto *in situ* tanto el brutal poder del gamonalismo como la gran voluntad de lucha de los indios de las comunidades o parcialidades. Así, el cinco de diciembre de 1915, apenas se enteró de la noticia sobre el ataque a la hacienda San José, Zulen le envió inmediatamente un telegrama a Francisco Chuquihuanca Ayulo con el fin de que éste, en su condición de presidente de la Pro-Indígena de Puno, le informase acerca de si realmente se había producido un levantamiento de indígenas en la provincia de Azángaro.

A los tres días, desde Lampa, Chuquihuanca Ayulo le escribió una larga carta a Zulen, donde, al referirse a lo que había podido averiguar, dio por supuesto que Gutiérrez Cuevas y Rumi Maqui Ccori Zoncco eran la misma persona y, además, dejó entrever cómo algunos indios de otras provincias de Puno se encontraban al tanto del levantamiento que desde hace varios meses venía preparándose en Azángaro: «Hace como veinte días –dice– uno de Juliaca, a quien no conozco, me escribió un papelito preguntándome si sabía dónde se hallaba el (señor Gutiérrez) amigo Rumi Maqui y que a él le habían dicho que el levantamiento de los indios estaba fuerte. Le contesté que no sabía nada de Rumi Maqui y que viniese a verme para conversar. No lo ha hecho. Después un indio de Samán me trajo una carta firmada por un Manuel Monje, a quien tampoco conozco. En escritura algo ininteligible (parece que es un indio) me decía que sufrían toda clase de abusos y que diariamente les echaban bala los subprefectos de Azángaro y Huancané y el comisario de Juliaca. Que habían garroteado al señor Florentino Jove y lo habían llevado preso a Puno, después de saquear su casa sin dejarle nada. Me decía también que son diarias las víctimas en Samán, Caminaca, Achaya, Coata y Capachica. En la posdata me dice: "en la cárcel de Puno preso 185 hombres y 40 mujeres". Le contesté pidiendo datos más concretos y la lista de los presos para hacer una publicación en esa. A lo que hasta hoy no he tenido respuesta. El sábado una señora llegada de la estación de Laro dio la noticia de que habían ido soldados de las tres armas a combatir a los indios sublevados. Hice todas las averiguaciones acerca de si era efectivo el levantamiento; pero no conseguí ninguna noticia. De modo que cuando recibí su telegrama (jueves cinco) nada pude comunicarle. Ahora corren los rumores de que, sobre todo, con la artillería, se ha realizado una terrible matanza de indios».[234]

Pero, antes que interesarse en la discusión sobre si los recientes sucesos del dos de diciembre de 1915 realmente se podían calificar como una nueva sublevación de indios, Chuquihuanca Ayulo se preocupó por otro asunto que estimaba más urgente y perentorio: las alarmantes versiones que corrían acerca de la brutal represión que habían desatado los ejércitos particulares de los grandes hacendados y las tropas enviadas por el gobierno de José Pardo y Barreda. Chuquihuanca Ayulo, que hace unos cuantos meses nomás había sufrido en carne propia los estragos de la violencia del gamonalismo, sabía muy bien

---

[234] Chuquihuanca Ayulo, Francisco: «Carta a Pedro S. Zulen, Lampa, 8 de diciembre de 1915», reproducida en Kapsoli, Wilfredo: *Ayllus del Sol. Anarquismo y utopía andina*, Lima, Tarea, 1984, pág. 275.

que esas noticias sobre los abaleamientos, golpizas y detenciones de indios no eran muy exageradas que digamos, pues formaban parte de una práctica de dominación y explotación que era común en la zona. En ese sentido, no podía olvidarse que vivía en Puno ni que éste era considerado como uno de los departamentos del Perú donde los terratenientes y los gamonales estaban mejor establecidos y se conservaban en la más segura impunidad.

Por eso, consternado ante la posibilidad de que fuesen ciertos los insistentes rumores sobre las terribles matanzas de indios –como, en efecto, llegará a constatar después– , Chuquihuanca Ayulo le planteó a Zulen que, con el fin de detener el torrente de sangre que amenazaba arrasar a gran parte de las comunidades y parcialidades de Azángaro, la Pro-Indígena debía hacer todo lo posible e imposible para que el gobierno de Pardo y Barreda enviase inmediatamente a Puno una comisión investigadora: «Si las matanzas y prisiones de que se hablan se confirman –escribe sin poder disimular su angustia y preocupación–, estamos obligados a hacer cuanto esfuerzo y labor sea posible para conseguir que venga una comisión especial investigadora, presidida por una persona ilustrada, enérgica y humana e investida con el carácter de prefecto de Puno. Si esta pudiera ser el doctor Maguiña. Merced de la superior, que como delegado fue hace tiempo a Chucuito, creo se habría alcanzado un gran triunfo».[235]

A los pocos días de responderle a Zulen, cuando logró reunir la información que necesitaba sobre los sucesos de San José, Chuquihuanca Ayulo empezó a dar cuenta de aquello que, ante la cruda realidad de los hechos, dejaba de ser un simple rumor para convertirse en un secreto a voces ante el que muchos de los más ilustres representantes del *establishment* peruano de

---

[235] *Ibíd.*, pág. 276.

la década de 1910 paradójicamente preferían cerrar los ojos o taparse los oídos: la salvaje represión de que eran víctimas los indios de las comunidades y parcialidades de Azángaro. Con esa finalidad, haciendo un poco de periodismo de denuncia, Chuquihuanca Ayulo confeccionó una serie de cablegramas, notas e informes, y los envió a los principales diarios de Puno, Arequipa y Lima. La mayoría de estos textos fueron trabajados a partir de fuentes indígenas directas y no pretendían ser más que un resumen de las informaciones que, dado su cargo de presidente de al Pro-Indígena de Puno, había recibido por escrito y, sobre todo, de manera oral.

Por razones de seguridad bastante obvias, Chuquihuanca Ayulo tuvo que escudarse en el anonimato y no firmó algunos de los artículos que preparó para los diarios de Puno, aunque de todas maneras llegó a trascender que él se encontraba detrás de ellos. El más notable de todos fue quizás «Los sucesos de Azángaro», una serie de diez entregas o capítulos que fue publicada en *El Siglo* entre diciembre de 1915 y marzo de 1916.[236] Esta serie, de acuerdo a lo que Augusto Ramos Zambrano sostiene, bien podría formar un libro sobre las causas, la naturaleza de las acciones y las consecuencias de lo ocurrido en San José.[237] En cambio, Chuquihuanca Ayulo sí suscribió los diversos textos que mandó a Lima. Dentro de ellos, se pueden mencionar el cablegrama «La sublevación indígena en Azángaro», que apareció en *El Comercio* del 15 de diciembre de 1915, y, sobre todo, el informe titulado «Relación de los hechos realizados en Azángaro el 1º de diciembre de 1915», que fue publicado en enero de 1916 en *El Deber Pro-Indígena*, el órgano oficial de la Pro-Indígena.

---

[236] Ramos Zambrano, Augusto: *Rumi Maqui. Movimientos campesinos de Azángaro (Puno)*, Puno, IIDSA-UNA, 1985, pág. 72.

[237] *Ibíd.*, pág. 43.

En estos trabajos, por razones que merecen ser explicadas con cierto detenimiento, Chuquihuanca Ayulo sostuvo enfáticamente que fueron los propios gamonales de Azángaro los que, para masacrar a los indios, despojarlos de sus tierras y robarles sus pertenencias, fraguaron las noticias acerca del ataque a la hacienda San José. Simultáneamente, en todo momento, evitó referirse a la cuestión de Rumi Maqui Ccori Zoncco y su plan de un alzamiento general contra el gamonalismo, que fue precisamente el factor que determinó que esta nueva sublevación de indios fuese un tanto diferente de las que anteriormente se habían producido.

De esta manera, presentando «su» versión de lo que había ocurrido en la hacienda San José, Chuquihuanca Ayulo explicó que en la madrugada del primero de diciembre de 1915 un piquete de gendarmes y varios empleados del gamonal Bernardino Arias Echenique, encabezados por el teniente gobernador de San Antón, incursionaron violentamente en las parcialidades o comunidades de la zona, saquearon las chozas y secuestraron a un número indeterminado de indígenas, que fueron llevados a la fuerza a la hacienda San José. Al día siguiente, un grupo de indios se presentó pacíficamente en dicha hacienda para indagar por la suerte de sus parientes y amigos pero fueron recibidos a balazos. Durante los días posteriores, los servidores de Arias Echenique, conjuntamente con los empleados de los terratenientes Sebatián Urquiaga, Carlos A. Sarmiento y Alejandro Choquehuanca, se dedicaron a perseguir y asesinar a los indígenas que lograron escapar de la masacre en la hacienda San José. Además, Chuquihuanca Ayulo presentó una lista con los nombres y apellidos de una parte de los indios que fueron asesinados el dos de diciembre de 1915, hizo una relación de las estancias saqueadas por los ejércitos particulares de los gamonales y dio ejemplos concretos de otras atrocidades que ocurrieron en Phara, Limbani o Potoni. Al final, como resumiendo su posición, Chuquihuanca Ayulo escribió:

«Parece un hecho innegable que, especialmente en los lugares mencionados, y a pretexto de la decantada "sublevación de los indios", se ha desarrollado de parte de los gamonales el más inaudito bandolerismo, apoyado hasta hoy por las autoridades políticas de estas regiones».[238]

Lo cierto fue que en estos textos, por mejor hacer, Chuquihuanca Ayulo manipuló deliberadamente la información que le habían proporcionado los indígenas de las comunidades de San José y San Antón y, por eso, acabó confeccionando una versión bastante diferente sobre lo que realmente había sucedido el dos de diciembre de 1915. Todo parece indicar que su decisión de negar el ataque a la hacienda San José formaba parte de un discurso que buscaba relievar, antes que nada, la forma bárbara y brutal en cómo los indios de Azángaro eran perseguidos y masacrados por los ejércitos particulares del gamonalismo. Desde esta perspectiva, los indios eran eximidos de toda culpa y responsabilidad, pero, al mismo tiempo, eran presentados como si fuesen unos seres sin voluntad. En medio de todo esto, la idea que subyacía era que el indio era tan abúlico, sumiso y timorato que, a diferencia de cualquier hombre común y corriente, ni siquiera era capaz de indignarse y levantarse cuando, a raíz de tanta opresión y prepotencia, era empujado a una situación-límite. Por el contrario, ante un cuadro de tales características, el indio sólo atinaba a hacer dos cosas: huir y, en el mejor de los casos, quejarse.[239]

Además, para que este tipo de discurso sobre el indio pudiese funcionar de manera más o menos eficaz, Chuquihuanca

---

[238] Chuquihuanca Ayulo, Francisco: «Relación de los hechos realizados en Azángaro el 1º de diciembre de 1915», *El Deber Pro-Indígena*, Nº 40, Lima, enero de 1916, pág. 207.

[239] Bustamante, Luis: «Rumi Maqui y la sublevación campesina de 1915 (Azángaro, Puno): Una retrospectiva historiográfica», *Pasado y Presente*, Nº 2-3, Lima, julio de 1989, pág. 142.

Ayulo tuvo que guardar silencio ante la cuestión de Rumi Maqui Ccori Zoncco. No le quedaba otro camino. Reconocer el rol que efectivamente Rumi Maqui Ccori Zoncco había cumplido en el levantamiento de indios de San José era aceptar, en cierta forma, lo que él quería negar: el ataque a la hacienda de Arias Echenique. Por otra parte, sabía que hablar de la presencia de Rumi Maqui Ccori Zoncco en el levantamiento de indígenas de San José podía ocasionar un gran revuelo en Lima y contribuir a que la represión fuese aún mayor y más terrible de lo que ya, de por sí, lo era.

Pero, por encima de todo lo anterior, también hubo otro factor que contribuyó de manera significativa en la decisión de Chuquihuanca Ayulo de guardar mutismo ante la cuestión de Rumi Maqui Ccori Zoncco: el hecho mismo de las vinculaciones o relaciones que Gutiérrez Cuevas, vale decir, Rumi Maqui Ccori Zoncco, llegó a tener con la Pro-Indígena. No olvidemos que Gutiérrez Cuevas participó en algunas de las primeras actividades públicas de la Pro-Indígena ni que en 1910 llegó a formar parte de la junta directiva de esta asociación. Tres años después, en 1913, la Pro-Indígena apareció apoyando decididamente a Gutiérrez Cuevas cuando el gobierno de Guillermo Billinghurst lo envió a Azángaro para que investigue lo que había ocurrido en Samán. En esa ocasión, Chuquihuanca Ayulo, en su condición de presidente de la Pro-Indígena de Puno, tomó la iniciativa de plegarse voluntariamente a la comisión oficial que presidía Gutiérrez Cuevas y se convirtió en uno de sus más valiosos colaboradores.

De esta manera, después de recordar todos estos hechos que pertenecían al campo de la historia política reciente y que los gamonales de Puno seguramente no los habían olvidado, Chuquihuanca Ayulo arribó a la conclusión de que el reconocimiento de la existencia de Rumi Maqui Ccori Zoncco podía acarrear una serie de problemas tanto a la Pro-Indígena como al mismo Gutiérrez Cuevas. Por eso, para no verse envuelto él ni la Pro-Indígena en los sucesos relacionados con el ataque a la hacienda San José y dejar a salvo el nombre de su amigo Gutiérrez Cuevas, Chuquihuanca Ayulo negó que en Azángaro se hubiese producido un levantamiento de indios y prefirió no decir absolutamente nada acerca de Rumi Maqui Ccori Zoncco, que era algo sobre lo que él, seguramente más que ningún otro de sus contemporáneos, estaba muy bien informado.[240]

Poco después, cuando la cuestión de Rumi Maqui Ccori Zoncco rebalsó los marcos de la actualidad política de Puno y se convirtió en un asunto de interés nacional, los principales dirigentes de la Pro-Indígena de Lima, en especial Dora Mayer, se vieron obligados a asumir la versión de Chuquihuanca Ayulo, aunque con algunas variantes y matices fundamentales. Esta situación se percibió de manera bastante clara en el artículo «La trama de la sublevación indígena», que Mayer publicó el tres de enero de 1916 en *El Comercio*. Así, urgida por la necesidad de participar en un debate que empezaba a tomar cierto vuelo, Mayer no tuvo más remedio que apelar a la información suministrada por Chuquihuanca Ayulo y suscribir afirmaciones o, mejor, preguntas, como la que sigue: «¿Sería ese movimiento, como lo sugiere una de las correspondencias de Puno, un ardid forjado por los mismos gamonales, para encubrir un atentado forjado por ellos, contra los comuneros indígenas del departamento...?».[241]

Pero, a diferencia de Chuquihuanca Ayulo, Mayer se mostró menos cautelosa ante el tema de Rumi Maqui Ccori Zoncco y no sólo lo relacionó con Gutiérrez Cuevas, sino hasta intentó

---

[240] *Ibíd.*, pág. 141.

[241] Mayer, Dora: «La trama de la sublevación indígena», *El Comercio*, Lima, 3 de enero de 1916, citado en Bustamante, Luis: «Rumi Maqui y la sublevación campesina de 1915 (Azángaro, Puno): Una retrospectiva historiográfica», *Pasado y Presente*, N° 2-3, pág. 143.

discutir si éste era realmente un servidor de la causa indígena: «Una tentativa subversiva, llevada a cabo por un militar de nuestro ejército –dice–, no suele tomarse tan a la ligera en otros casos, como en éste. Acaso Rumi Maqui no se levanta contra el orden constituido, como Rivero (en Huaraz, agosto), y merece ser considerado por el gobierno como un reo político o es un loco que carece de personalidad jurídica [...] Lo creemos animado en el fondo de una simpatía racial por el pueblo indígena; pero de insuficiente abnegación para luchar por él... Su cautela egoísta por un lado y sus impulsos románticos por otro, harán de este militar una figura oscura y borrosa y lo presentarán en unos momentos como el servidor de la causa indígena y en otros como un peligro para ella».[242]

Posteriormente, Mayer volvió a ocuparse del tema de Rumi Maqui Ccori Zoncco en el trabajo «La masacre de San José (Azángaro)», que apareció en la edición de *El Comercio* correspondiente al 14 de enero de 1916. Esta vez, a partir de la premisa de que en Azángaro no se había producido ninguna sublevación de indios, Mayer arribó a una conclusión que ha dado origen a una serie de confusiones, equívocos y malos entendidos en el campo del estudio de los movimientos campesinos y de resistencia indígena en el Perú: que Gutiérrez Cuevas, o sea, Rumi Maqui Ccori Zoncco, sólo fue un instrumento de las argucias y maquinaciones del gamonal Angelino Lizares Quiñones, quien, de una u otra forma, llegó a utilizarlo en la disputa que desde hace tiempo libraba con Bernardino Arias Echenique por la hegemonía del poder local en la provincia de Azángaro.

Así, para poder fundamentar su conclusión, Mayer tuvo que apelar a una serie de afirmaciones bastante discutibles, como, por ejemplo, que los planes de Rumi Maqui Ccori Zoncco

---

[242] *Ibíd.*, pág. 143.

sobre la restauración del «Estado del Tahuantinsuyo», la reversión de todas las tierras a favor de los indios y la creación de un Estado federal no tenían mucho que ver con la lucha que las comunidades, ayllus y parcialidades libraban contra los hacendados y los gamonales ni con esa oleada revolucionaria que, en cierto modo, se remontaba hasta el siglo XIX o quizás antes: el ciclo del milenarismo andino. Por el contrario, Mayer consideraba que el programa de Rumi Maqui Ccori Zoncco se inspiraba en un proyecto que el 18 de octubre de 1911 Lizares Quiñones había presentado a la Cámara de Diputados con el objetivo que se retomase el Tahuantinsuyo como modelo de un Estado federal que debía instalarse entre los años de 1913 y 1920, con el fin de tenerlo expedito para funcionar en la época de la celebración del centenario de la proclamación de la Independencia, cuando el Perú debía convocar a todas las naciones del continente para erigir una Confederación de América Latina.[243]

Más adelante, continuando con este mismo tipo de razonamiento, Mayer se refirió a otro de los nexos que aparentemente vinculaban a Gutiérrez Cuevas con Lizares Quiñones: el «cacerismo», que, en este contexto, no sólo se reducía a la admiración hacia el general Andrés Avelino Cáceres, el líder de la campaña de la Breña y la resistencia contra la ocupación del ejército chileno, sino también tenía que ver con la identificación con la organización política que éste había creado: el Partido Constitucional. En el caso de Lizares Quiñores,

---

[243] Mayer, Dora: «La masacre de San José (Azángaro)», *El Comercio*, Lima, 14 de enero de 1916, citado en Bustamante, Luis: «Rumi Maqui y la sublevación campesina de 1915 (Azángaro, Puno): Una retrospectiva historiográfica», *Pasado y Presente*, N° 2-3, pág. 144. Ver también Basadre, Jorge: *Introducción a las bases documentales para la Historia de la República del Perú con algunas reflexiones*, Lima, Ediciones P. L. Villanueva, 1971, Tomo II, pág. 652.

esta situación fue bastante obvia y se manifestó a través de diversos gestos y actitudes como, por ejemplo, que la edición de gala de su mencionado proyecto en torno a la creación de un Estado federal apareciese dedicada «al presidente nato del Partido Constitucional general Andrés Avelino Cáceres». En cambio, no podía decirse lo mismo sobre Gutiérrez Cuevas ya su «cacerismo», en el mejor de los casos, sólo se había circunscrito a una etapa de su juventud. Posteriormente, conforme fue madurando, Gutiérrez Cuevas se aproximó a otras causas e ideas que no tenían nada que ver con Cáceres y el Partido Constitucional, como eran el indigenismo, el billinghurismo, el anarquismo o el propio federalismo.

De esta manera, insistiendo en su argumento acerca del supuesto «cacerismo» de Gutiérrez Cuevas, Mayer trató de hacer ver que el verdadero animador o inspirador intelectual del levantamiento de indios de San José había sido Lizares Quiñones: «¿Será –se pregunta Mayer– que el mismo Lizares Quiñones inspira la acción y que nos hallamos enfrente de una contienda de gamonales que sacrifican la sangre de los indios a sus rencillas personales?».[244]

Pero, de cualquier modo, los denodados esfuerzos de Chuquihuanca Ayulo por negar la existencia del levantamiento de indios de San José, o de Mayer por presentar a Gutiérrez Cuevas como si fuese un dócil peón del gamonal Lizares Quiñones, no llegaron a surtir mucho efecto, pues en la opinión pública de Lima terminó imponiéndose el criterio que en Puno se había producido una sublevación indígena de proporciones más o menos considerables. Además, a raíz del temor que provocaron las noticias y los rumores provenientes del Altiplano, se desató una discusión sobre el malestar general que imperaba entre la mayoría de los indios del Perú, donde varios

---

[244] Bustamante, Luis: *Op. cit.*, pág. 144.

observadores, apelando a una especie de examen de consciencia colectivo, empezaron a preguntarse si el levantamiento de Rumi Maqui Ccori Zoncco no era, en realidad, más que una manifestación local de un problema que era –o podía ser– nacional.

Así, por ejemplo, durante los debates que el 15 de enero de 1916 se desarrollaron en la Cámara de Diputados, se registraron intervenciones, como la del diputado puneño Manuel Alberto Zaa, que revelaban cómo algunos parlamentarios habían llegado a percibir que, si las cosas seguían tal como estaban y no se introducía ninguna reforma más o menos seria ni se promulgaba una legislación pro-indígena integral, existía el riesgo que en otros puntos del país pudiesen estallar conflictos similares al de San José: «Si nosotros tratamos esta cuestión con el criterio que tenemos hasta hoy y seguimos empleando estos medios –dice con relación a la ola represiva que se desató tras el levantamiento de indios de San José–, tendremos necesidad de emplear fuertes cantidades de municiones para exterminarlos. Aunque creo que este sería un remedio precario porque la situación creada en Azángaro, por ejemplo, no es sino una manifestación local de una situación general que reina entre todos los individuos indígenas de la República y veo que

---

[245] «Diario de los debates de la Cámara de Diputados (sesión del 15 de enero de 1916)», *La Prensa*, Lima, 21 de enero de 1916, citado en Leibner, Gerardo: *El mito del socialismo indígena. Fuentes y contextos peruanos de Mariátegui*, Lima, PUCP, 1999, págs. 200-201. Se dice que en otra de estas sesiones –la del 2 de agosto de 1916– el diputado Alberto Secada llegó a elogiar a Gutiérrez Cuevas (Basadre, Jorge: *Op. cit.*, Tomo II, pág. 663). Algo similar ocurrió en la sesión del 18 de octubre de 1916, donde el diputado Luis Felipe Luna, basándose en la versión de Mayer sobre los sucesos de San José, defendió a Gutiérrez Cuevas y sostuvo que las acusaciones que pesaban sobre él no eran más que invenciones de los gamonales: «El mayor Gutiérrez –dice– no tuvo más delito que ser espíritu y aliento dentro de un orden estrictamente moral, proclamando y reivindicando

es conveniente tratar de corregir estos procedimientos, porque así como los abusos del coloniaje determinaron la campaña libertadora de principios del pasado siglo, los de la República pueden ocasionar muy serios conflictos de raza, cuyos resultados no se pueden prever».[245]

---

la libertad, la igualdad, los derechos y las garantías perdidas, para esa raza más débil por su ignorancia que es la raza indígena. He allí el delito por el que el mayor Gutiérrez fue arrojado en las cloacas de una cárcel, inventando para ello la fantasía de los terratenientes, la utopía ridícula de un conflicto de razas, de una restauración del imperio incaico y de planes siniestros de cesiones territoriales a la vecina República. Todo inventado, todo supuesto por el poderoso gamonalismo para correr un velo sobre sus enormes crímenes, para atraerse la fuerza moral de la opinión pública e inclinar hacia ella la simpatía y el apoyo de las autoridades» (Basadre, Jorge: *Historia de la República del Perú*, 5° Edición, Lima, Ediciones Historia, 1963, Tomo VIII, págs. 3909-3910).

6. Entre la historia y la imaginación colectiva

Mientras en Lima se debatía acerca de la trascendencia del nuevo levantamiento de indios de Azángaro o se especulaba sobre las serias consecuencias que podían acarrear los «conflictos de raza», en Puno Rumi Maqui Ccori Zoncco era buscado intensamente tanto por las tropas enviadas por el gobierno de José Pardo y Barreda como por los ejércitos particulares del gamonalismo. Resulta que, después del ataque a la hacienda San José y de la lucha desesperada en el cerro de Inampo, Rumi Maqui Ccori Zoncco, conjuntamente con los pocos indígenas que todavía le seguían, se había refugiado en los lugares más escarpados, abruptos e inaccesibles de Puno y, de esta manera, había logrado eludir, durante más de cinco meses, a todos aquellos que trataban de capturarlo vivo o muerto.

Con el tiempo, cuando juzgó que ya se había debilitado el cerco que los terratenientes y las autoridades de Puno le habían tendido, Rumi Maqui Ccori Zoncco abandonó su escóndite y se dirigió a Lampa en busca de su amigo Francisco Chuquihuanca Ayulo, para de allí continuar hasta el departamento de Arequipa y alejarse de Puno por una buena temporada. En estas circunstancias, cuando había logrado internarse en la ciudad de Arequipa y parecía que ya se encontraba completamente a salvo, Rumi Maqui Ccori Zoncco fue apresado por una partida de gendarmes que era comandada por el Prefecto de Puno, Carlos Zapata, e inmediatamente fue sometido a la zona militar, donde se le inició un juicio por traición a la patria, ataque a la fuerza armada y salteamiento.

Para tal efecto, el gobierno de Pardo y Barreda llegó a dictar una Resolución Suprema que el 14 de mayo de 1916 fue publicada en el diario *El Pueblo*, de Arequipa, y, a la letra, decía lo siguiente: «Teniendo en consideración que el Sargento Mayor, don Teodomiro Gutiérrez Cuevas, capturado en la ciudad de Arequipa, resulta responsable de haberse levantado en armas para desmembrar el territorio nacional y construir con algunos departamentos, a los que envió emisarios, el Estado Federal del Tahuantinsuyo, para cuyo objeto agitó a las comunidades de indígenas del departamento de Puno, proclamándose General y Jefe de ellas, con el nombre de Rumi Maqui, las sublevó contra las autoridades, organizándolas en bandas armadas con cabecillas especialmente nombrados que asaltaron repetidas veces la propiedad privada y resistieron a la fuerza pública, desconociendo a la Patria y sus instituciones. Que corresponde al Presidente de la República ordenar la formación de causa, por los delitos de que se tenga noticia, se resuelve: ordénese al General Jefe de la Zona de la III Región que instruya el correspondiente juicio militar contra el Sargento Mayor, don Teodomiro Gutiérrez Cuevas y los que sean sus coautores, cómplices y encubridores por los delitos de traición a la patria, ataque a la fuerza armada, salteamiento...».[246]

Sin embargo, la decisión del gobierno de Pardo y Barreda de juzgar a Rumi Maqui Ccori Zoncco por el delito de traición a la patria no fue vista con buenos ojos por los sectores más autoritarios y conservadores de la sociedad peruana de la década de 1910. Así, en su edición del 13 de mayo de 1916, al

---

[246] «Enjuiciamiento del Mayor Gutiérrez Cuevas», *El Pueblo*, Arequipa, 14 de mayo de 1916, citado en Ramos Zambrano, Augusto: *Rumi Maqui. Movimientos campesinos de Azángaro (Puno)*, Puno, IIDSA-UNA, 1985, págs. 56-57.

momento de referirse a la reciente detención de Rumi Maqui Ccori Zoncco, *Variedades* no sólo volvió a insistir en que hablar de la restauración del Tahuantinsuyo en el siglo XX era una grotesca bellaquería que no debía ser tomada en cuenta, sino también planteó que juzgar a Gutiérrez Cuevas por delito de traición a la patria era darle un lugar que definitivamente no se merecía.[247] En el número siguiente, continuando con el mismo tipo de ataque, *Variedades* llegó a publicar dos caricaturas de Rumi Maqui Ccori Zoncco, donde se le veía coronado con la mascaipacha de los incas. En una de ellas se le hacía dialogar con su padre el Sol, a quien desesperadamente le decía: «Padre mío, no me abandones a la ferocidad de los civilizados». Ante lo que el Sol, apesadumbrado e impotente, le contestaba que ya no podía hacer nada porque había dejado de ser el todopoderoso del Imperio de los Incas y que el que hoy mandaba en el Perú era el cheque circular. La otra caricatura aludía al pedido formulado para alcanzar justicia por haber sido acusado de traición a la patria. Nuevamente el Sol aparecía como el interlocutor de Rumi Maqui Ccori Zoncco, para esta vez decirle que lo escuchaba con pena, pero que también se debería enjuiciar y encarcelar a todos «los reformadores y falsos restauradores de la libertad», vale decir, a los liberales, los anarquistas y los indigenistas.[248] Por su parte, *La Crónica* tampoco se quedó atrás cuando abordó los hechos relacionados con la captura de Rumi Maqui Ccori Zoncco y recurrió al mismo tipo de sátira amarga, malévola y cínica. Detrás de la torpe campaña racista de *Variedades* y *La Cróni-*

---

[247] *Variedades*, Lima, 13 de mayo de 1916, citado en Flores Galindo, Alberto: *Buscando un inca: Identidad y utopía en los Andes*, Lima, Instituto de Apoyo Agrario, 1987, págs. 241-242.

[248] *Variedades*, Lima, 20 de mayo de 1916, citado en Ramos Zambrano, Augusto: *Rumi Maqui. Movimientos campesinos de Azángaro (Puno)*, pág. 58

ca, se encontraba, sin duda alguna, la pluma fácil y elegante de Clemente Palma, que se desempeñaba como el director de ambas publicaciones y se singularizó en la sorna contra Rumi Maqui Ccori Zoncco y, en general, por sus posiciones francamente antiindigenistas.

Lo cierto fue que, cuando se inició el juicio sobre los sucesos de Azángaro, tanto Gutiérrez Cuevas como la mayoría de los indígenas que fueron apresados en diversos lugares de Puno rechazaron rotundamente los cargos que se les imputaban y se ampararon en lo que Chuquihuanca Ayulo había escrito al respecto en los diferentes artículos que publicó en *El Siglo*, *El Comercio* o *El Deber Pro-Indígena*. Así, con relación a los hechos que ocurrieron el dos de diciembre de 1915, los acusados negaron enfáticamente que éstos tuviesen algo que ver con un levantamiento de indios, algún acto de salteamiento u otro hecho parecido. Por el contrario, repitiendo casi al pie de la letra la versión de Chuquihuanca Ayulo, que acabó convirtiéndose en una especie de coartada de uso general, sostuvieron que ese día, cuando se enteraron que el subprefecto de Azángaro había llegado a la hacienda San José, muchos de ellos decidieron ir a buscarlo en forma pacífica para poder entrevistarse con él e indagar por el paradero de sus familiares y amigos que anteriormente habían sido detenidos. Sin embargo, apenas se aproximaron a la hacienda San José, los empleados del terrateniente Bernardino Arias Echenique, sin que existiese motivo alguno, los recibieron a balazos y provocaron una terrible matanza. De este modo, los acusados concluyeron en que fueron los mismos gamonales y sus empleados los que, para justificar ésta y otras masacres, fraguaron la versión de un nuevo levantamiento de indígenas y tejieron la leyenda sobre Rumi Maqui Ccori Zoncco y su proyecto del Estado Federal del Tahuantinsuyo.

Más tarde, en el reportaje que el 22 de junio de 1916 le hicieron los periodistas del diario *El Pueblo*, de Arequipa, Gutiérrez

Cuevas empleó exactamente los mismos argumentos que los indígenas habían utilizado durante el juicio sobre los sucesos de San José y, por extensión, reculó en algunos de los tópicos fundamentales de la versión confeccionada por Chuquihuanca Ayulo. En ese sentido, Gutiérrez Cuevas señaló que la acusación sobre la organización de un levantamiento de indios en Azángaro no era otra cosa que una vil calumnia de los gamonales de Puno: «Todo esto –dice– es absolutamente falso [...] No ha habido levantamiento de indígenas en ninguna de las provincias del interior y todo cuanto se ha dicho a este respecto, desde muchos años hace, es completamente calumnioso, porque los indígenas jamás se han sublevado ni tienen cómo hacerlo».[249]

En otro momento de la entrevista, Gutiérrez Cuevas recordó que varios años atrás, durante los sucesos de Samán, los gamonales, con la finalidad de ocultar sus crímenes y fechorías, recurrieron también a la treta de inventar un levantamiento de indígenas: «En el año de 1913 –agrega– fraguaron también los gamonales una sublevación de indígenas en el distrito de Samán, pretexto con el cual mataron trescientos campesinos con la fuerza pública puesta complacientemente a sus órdenes por el prefecto de Puno. Los indígenas elevaron sus clamores al gobierno, pidiendo castigo para los culpables y amplias garantías, con cuyo motivo fui comisionado por el Jefe de Estado para averiguar lo ocurrido en Samán. Es de pública notoriedad la campaña que hicieron los gamonales para impedir que llevara a cabo mi comisión y lo menos que dijeron al gobierno los gamonales del Congreso fue que yo predicaba la guerra de razas y que había sacado muchos miles de soles de los indios,

---

[249] «Reportaje al mayor Teodomiro Gutiérrez Cuevas», *El Pueblo*, Arequipa, 22 de junio de 1916, citado en Ramos Zambrano, Augusto: *Rumi Maqui. Movimientos campesinos de Azángaro (Puno)*, pág. 58.

pero en el poco tiempo que estuve en Samán, adquirí el convencimiento de que no había habido ninguna sublevación».[250]

Por último, Gutiérrez Cuevas se refirió a su identificación con la causa de la redención social del indio y remarcó que desde hace varios años venía luchando contra los gamonales del Altiplano y sus conocidos métodos de despojos, asaltos y crímenes. Así, al momento de dar algunos ejemplos concretos sobre la manera en cómo continuaba desplegando su labor indigenista, mencionó que había hecho traducir al inglés su informe sobre Samán para poder enviarlo a la Anti-Slavery and Aborigines Protection Society, de Londres, conjuntamente con los que Alejandrino Maguiña y Pedro C. Villena prepararon sobre las provincias de Azángaro y Lampa en 1902 y 1913, en forma respectiva. Por todas estas razones, Gutiérrez Cuevas consideró que no era extraño que los gamonales y las autoridades locales lo odiasen a muerte ni que desde hace tiempo hayasen estado maquinando la forma en cómo sacárselo de encima.[251]

A primera vista, la actitud que Gutiérrez Cuevas asumió durante el juicio que se le siguió por traición a la patria, o las propias declaraciones que hizo ante los periodistas del diario *El Pueblo*, parecen corroborar la hipótesis que él y Rumi Maqui Ccori Zoncco no eran la misma persona, que no se produjo ningún levantamiento de indios en Azángaro y que todo esto, al fin y al cabo, no era sino una simple invención de los mismos gamonales. Pero, al razonar así, se pierde de vista el gran abismo que existe entre lo que fue una coartada de uso general y lo que fueron los hechos históricos propiamente dichos. Además, se pasa por alto la cuestión de las graves consecuencias que para Gutiérrez Cuevas hubiese implicado el hecho de admitir que efectivamente él era Rumi Maqui Ccori Zoncco

---

[250] *Ibíd.*, pág. 24.
[251] *Ibíd.*, pág. 58.

o que los sucesos de San José formaban parte de un plan de insurrección general de los indios de Puno. De repente, no era lo más decoroso o, si se quiere, lo más bizarro, pero sí lo más sensato, pues en ese momento se encontraba en juego no sólo la libertad de Gutiérrez Cuevas, sino la suerte de muchos indígenas que lo había seguido y habían osado levantarse contra los gamonales.

Desde este punto de vista, Augusto Ramos Zambrano no deja de tener razón cuando escribe lo siguiente: «Habría sido –dice– excesivamente ingenua la actitud de Rumi Maqui al aceptar llanamente la acusación de traición a la patria y habría significado comprometer a decenas y hasta centenares de indígenas que estaban involucrados en el alzamiento, varios de los cuales sufrían prisión en las distintas cárceles de Puno. Su rotundo rechazo a los cargos era una táctica ineludible y necesaria frente a un emplazamiento judicial de suma gravedad. De ninguna manera tal procedimiento se puede tomar como una negación al movimiento que él liderara en Azángaro con vastas proyecciones en la zona andina del país».[252]

Posteriormente, cuando el caso sobre el levantamiento de indios de San José parecía que se encontraba definitivamente archivado, Gutiérrez Cuevas volvió a aparecer en la primera plana de los principales diarios y revistas del Perú. Resulta que el dos de enero de 1917 el ex enviado especial del gobierno de Gullermo Billinghurst logró evadirse en forma sorprendente y misteriosa de la cárcel de Arequipa y dejó así en ridículo al gobierno de Pardo y Barreda, que durante más de medio año había hecho lo imposible para apresarlo, juzgarlo y encarcelarlo.

Por ese entonces, el que llegó a captar mejor el efecto que produjo la noticia sobre la fuga de Gutiérrez Cuevas fue quizás

---

[252] Ramos Zambrano, Augusto: *Rumi Maqui. Movimientos campesinos de Azángaro (Puno)*, pág. 59.

el joven José Carlos Mariátegui, que se ocupó de este acontecimiento en una crónica que el 17 de enero de 1917 publicó en el diario *El Tiempo*, de Lima. De esta manera, al momento de referirse a las grimas y zozobras que habían alterado la asfixiante modorra de la «República Aristocrática», Mariátegui registró cómo el hecho de que Rumi Maqui Ccori Zoncco todavía andase suelto por los campos y las serranías de Puno, Cusco y Arequipa, burlándose de los desesperados esfuerzos que el gobierno de Pardo y Barreda desplegaba para poder capturarlo de nuevo, había terminado por provocar una especie de onda telúrica que había llegado hasta Lima. El problema, tal como el joven Mariátegui comentaba con ironía y desenfado, era que esta onda telúrica no sólo remecía la capital, sino también dejaba traslucir la precariedad del civilismo, que era el más alarmado ante todas aquellas cosas tremendas y trascendentales que rápidamente evocaba el nombre de Rumi Maqui Ccori Zoncco: «Ya sabemos –dice– por qué nos ha llegado una onda mala del Sur. Ya sabemos por qué hay un indicio feo en el sismógrafo nuestro y en el sismógrafo del señor Pardo. Anda suelto en los campos y en las serranías de Arequipa, de Puno y del Cusco, el general Rumi Maqui. Anda a salto de mata. Hay gentes del orden público que lo siguen y lo acorralan. Pero que no lo cogen. Nada importa que del gobierno salgan muchas órdenes y muchos apremios. Pero acongoja una zozobra que es la zozobra del león suelto. Y es que el general Rumi Maqui quiere a todo trance la restauración de la dinastía incásica y esto tiene que parecernos muy malo a todos, pero especialmente a otra dinastía».[253]

---

[253] Mariátegui, José Carlos: «Grimas y zozobras», *El Tiempo*, Lima, 17 de enero de 1917, en *Escritos Juveniles (La Edad de Piedra)*, Lima, Biblioteca Amauta, 1992, tomo IV, págs. 171-172.

Pero, como la versión sobre la fuga del dos de enero de 1917 era un poco confusa y llamaba a una serie de dudas y suposiciones, también se empezó a hablar que Rumi Maqui Ccori Zoncco había sido ejecutado en forma secreta. Esta última posición fue asumida por los familiares de Gutiérrez Cuevas, que hasta hoy siguen convencidos que su pariente fue juzgado marcialmente por traición a la patria y fusilado en un cuartel de Arequipa. La sospecha de los familiares de Gutiérrez Cuevas se vio reforzada por otro hecho que no se puede dejar de tomar en cuenta y amerita algún tipo de explicación: que, después de la vorágine de acontecimientos que se desató con el asalto a la hacienda San José, éste nunca volvió a comunicarse con ellos.[254]

No obstante, las dudas sobre la fuga se disiparon cuando el diario *El Pueblo*, de Arequipa, en su edición del seis de febrero de 1917, publicó una carta de Gutiérrez Cuevas, donde éste, después de aclarar una serie de pormenores relativos a cómo había logrado evadirse de la cárcel de Arequipa, rechazó nuevamente las acusaciones que se le imputaban e insistió en que era víctima de los gamonales que lo habían hecho enjuiciar como un monstruo criminal: «Yo –alega esta vez– jamás he tomado parte en ninguna revolución; mis manos no están manchadas con sangre hermana; jamás he cometido un crimen, ni el más leve delito. Dios lo sabe. El lee en el fondo de mi corazón».[255] Al mismo tiempo, sin abdicar en ningún momen-

---

[254] Al menos, éste es el testimonio que en agosto de 1996 Víctor Gutiérrez Saco, nieto de Teodomiro Gutiérrez Cuevas, le proporcionó a Gerardo Leibner. Ver Leibner, Gerardo: *El mito del socialismo indígena. Fuentes y contextos peruanos de Mariátegui*, Lima, PUCP, 1999, pág. 199.

[255] *El Pueblo*, Arequipa, 6 de enero de 1917, citado en Basadre, Jorge: *Introducción a las bases documentales para la Historia de la República del Perú con algunas reflexiones*, Lima, Ediciones P. L. Villanueva, 1971, Tomo II, pág. 669.

to a sus ideales indigenistas, Gutiérrez Cuevas prometió que seguiría combatiendo a los gamonales y, además, se mostró como un convencido partidario de la unión entre Perú y Bolivia: «El Perú –dice– debe destruir el gamonalismo, vincularse estrechamente a Bolivia, su hermana de sangre, borrando las palabras tuyo y mío para llegar a ser muy en breve la confederación o la alianza más poderosa, más rica, más noble y más cristiana de América».[256]

De cualquier forma, la verdad fue que las referencias concretas y específicas sobre Rumi Maqui Ccori Zoncco comenzaron a disminuir en forma bastante sensible después que Gutiérrez Cuevas se fugó de la cárcel de Arequipa. Por eso, recién en mayo de 1917 se informó que Rumi Maqui Ccori Zoncco posiblemente estaría residiendo en Bolivia, pero se sospechaba que tenía algo que ver con una sublevación de indios que por ese entonces estalló en Huancané. En esa oportunidad, acosado por el fantasma de una «guerra de castas» a gran escala, el gobierno de Pardo y Barreda no tuvo más remedio que enviar tropas a Puno.

De allí en adelante, aunque Rumi Maqui Ccori Zoncco no volvió a aparecer de nuevo, la imaginación colectiva no cesó de acrecentar sus hechos y, sobre todo, su leyenda: circuló la supuesta foto de su estado mayor y la tradición oral decía que, en diciembre de 1915, éste había convocado a indios de todo el sur, desde Abancay hasta La Paz, para realizar una gran rebelión contra los mistis y el gamonalismo; años después se habló de un sello y una bandera como emblemas de la restauración del Tahuantinsuyo; y hasta surgieron seguidores suyos en puntos tan alejados del país, como Nazca, en el departamento de Ica, que hablaban de «matar a todos los ricos». De modo que, al final, como decía Alberto Flores Galindo, Rumi

---

[256] *Ibíd.*, pág. 669.

Maqui Ccori Zoncco acabó transformándose en una especie de seudónimo colectivo u otro de esos incas imaginarios que aparecían reiteradamente en la historia del Perú.[257]

Posteriormente, en la década de 1920, cuando parecía que ya se había perdido definitivamente entre las brumas del pasado, Rumi Maqui Ccori Zoncco volvió a aparecer en las páginas de algunos de los principales diarios de Lima, que creyeron verlo cabalgando de nuevo, como una especie de fantasma redentor, al frente de las nuevas sublevaciones de indios que estallaron por ese tiempo. Así, por ejemplo, en *La Crónica* del 26 de mayo de 1921, podía leerse lo siguiente: «En noticias que han llegado, dice que los soldados del orden, precisados por las circunstancias estrecharon el círculo estratégico para no perder el paso al comandante de las fuerzas rebeldes y que en combate cayóse del caballo que cabalgaba posiblemente herido de gravedad, el desbande de los indígenas fue general. Pero lo trágico de la situación está que al llegar los soldados del gobierno al lugar en que creían encontrarlo herido al jefe rebelde para hacerlo prisionero; encontraron el cuerpo decapitado, habiendo desaparecido la cabeza. Se cree que los indios del lugar cargaron la cabeza del cuerpo de Rumi Maqui, para evitar que fuera identificado».[258]

Del mismo modo, tampoco se sabe mucho del Rumi Maqui Ccori Zoncco real, o sea, del Gutiérrez Cuevas de carne y hueso posterior al levantamiento indígena de Azángaro. Todo parece indicar que, luego que se fugó de la cárcel de Arequipa, Gutiérrez Cuevas abandonó el Perú para partir hacia lo que se convertiría en su segundo y definitivo exilio. Así, en un inicio, logró radicarse en Bolivia pero al poco tiempo fue expulsado

---

[257] Flores Galindo, Alberto: *Buscando un inca: Identidad y utopía en los Andes*, pág. 247.

[258] S/a.: «Una trágica sublevación de indios», *La Crónica*, Lima, 26 de mayo de 1921.

por sacar a luz un periódico de defensa de la raza indígena. De allí, Gutiérrez Cuevas tuvo que trasladarse inmediatamente a la Argentina, donde, según la conocida versión de Luis Velasco Aragón, ingresó a «la pléyade de los luchadores anarquistas» y se convirtió en «un convencido ácrata».[259]

Además, durante el tiempo que permaneció en el exterior, Gutiérrez Cuevas vivió aferrado a sus viejos sueños indigenistas y federalistas e hizo todos los esfuerzos posibles para poder relacionarse con sus amigos y compañeros de siempre. Con ese objetivo, en reiteradas oportunidades, no vaciló en ingresar a Puno en forma clandestina, tal como ocurrió sobre todo entre 1926 y 1929. En ese entonces, Gutiérrez Cuevas se reunió y conversó con el cura Fermín Cáceres de la Vega, con algunos de los indígenas que participaron en el asalto a la hacienda San José y, sobre todo, con Francisco Chuquihuanca Ayulo, su amigo de toda la vida. Al respecto, los hijos de Chuquihuanca Ayulo, Reynaldo y Eugenia, aún recuerdan de manera bastante vívida las visitas que por esos años Gutiérrez Cuevas les hizo en Lampa y hasta evocan algunas de sus anécdotas más conocidas, como la vez en que éste, a pesar que todavía se encontraba prófugo, se aventuró a viajar hasta Juliaca únicamente para poder recoger la famosa petaca donde guardaba muchos de sus documentos y recuerdos personales.[260]

Augusto Ramos Zambrano sostiene que desde la Argentina Gutiérrrez Cuevas mantuvo una activa correspondencia con Chuquihuanca Ayulo, pero, lamentablemente, no tiene cómo probar su afirmación porque los originales de estas cartas se

---

[259] Velasco Aragón, Luis: «Comentarios inéditos sobre Teodomiro Gutiérrez Cuevas», en González Prada, Manuel: *Prosa menuda* [1941], en *Obras* [Prólogo y notas de Luis Alberto Sánchez], Lima, Ediciones Copé, 1986, Tomo II, volumen 4, pág. 300.

[260] Ramos Zambrano, Augusto: *Rumi Maqui. Movimientos campesinos de Azángaro (Puno)*, pág. 68.

perdieron durante el incendio que destruyó casi todo el valioso archivo personal del ex-presidente de la Pro-Indígena de Puno. Sin embargo, para compensar el problema de la ausencia de documentos y pruebas, el mismo Ramos Zambrano ha apelado a un importante documento que revela ciertos pasajes inéditos sobre la gran actividad que Gutiérrez Cuevas desplegó durante los últimos años de su vida. Se trata de una misiva que el 30 de julio de 1937, desde la ciudad de Potosí, en Bolivia, le escribió una persona que él no conocía con el objetivo de comunicarle el deceso de Gutiérrez Cuevas –que debe haber ocurrido por esos días– y, simultáneamente, hacerle llegar una copia del programa para la creación de la Gran Confederación Sudamericana del Pacífico que éste, indigenista y federalista hasta el fin, elaboró poco antes de morir.[261] Lo interesante del caso fue que este personaje misterioso y fascinante, que parecía que se había escapado de las páginas de una novela como *La guerra del fin del mundo* (1981), de Mario Vargas Llosa, no sólo empleaba el seudónimo de «General Huayna Cápac», sino también, como queriendo devolvernos al campo de la historia realmente existente, se presentaba como un ferviente seguidor de Rumi Maqui Ccori Zoncco, o sea, de Gutiérrez Cuevas.

---

[261] *Ibíd.*, págs. 62-69.

III. Abraham Valdelomar
y el incaísmo modernista

El gran interés de Abraham Valdelomar (1888-1919) por los temas incaicos suele explicarse, por lo general, en función de las variantes del caleidoscopio modernista o presentarse con una connotación de fuga, que en este caso, a diferencia de las frecuentes huidas en el espacio (japonerías, chinerías, afrancesamiento) de otros modernistas latinoamericanos, sería una suerte de escape en el tiempo.[262] Es común, también, que se estudie el incaísmo modernista de Valdelomar como el producto de la influencia simultánea de algunos narradores europeos que, como Pierre Louys o Gustave Flaubert, fomentaban el exotismo, eran muy dados a las pomposas reconstrucciones históricas y, frente a un Occidente con el que parecían no estar muy a gusto, evocaban antiguas civilizaciones como Bizancio, la Baja Atenas o Cartago.[263] Sin embargo, el incaísmo modernista de Valdelomar también aparece como el resultado de otros fenómenos más amplios y complejos que se confunden con su biografía y terminan remitiéndonos, de manera irre-

---

[262] Xammar, Luis Fabio: *Valdelomar: Signo* [1940], 2º Edición, Lima, INC, 1990, págs. 67-68. Ver también Escajadillo, Tomás G.: *Narradores peruanos del siglo XX*, La Habana, Casa de las Américas, 1986, pág. 11; y *La narrativa indigenista peruana*, Lima, Amaru Editores, 1994, págs. 80-89.

[263] Sánchez, Luis Alberto: *Valdelomar o La Belle Époque*, México, FCE, 1969, págs. 350-351.

versible, a la historia política, social y cultural del Perú de la década de 1910. Entre ellos, se puede mencionar el influjo de Manuel González Prada, la prédica de la Asociación Pro-Indígena y el renacimiento del interés por lo incaico, que fue muy visible sobre todo en el terreno de la música y el teatro peruano de ese entonces.

Al final, gracias al estímulo de todos estos factores, Valdelomar terminó identificándose con algunos de los postulados fundamentales del indigenismo peruano, se planteó la tarea de realizar «obra nacional» y empezó a pergeñar una novela donde pensaba revivir el esplendor del Imperio de los Incas. Pero, pese a que en reiteradas oportunidades se refirió a su «novela incaica» e incluso dio a entender que ya había terminado de escribirla, hasta el día de hoy nadie ha logrado hallar los originales del que posiblemente fue el más ambicioso y querido de todos sus proyectos literarios. Por eso, todavía no se ha podido establecer, a ciencia cierta, si Valdelomar realmente llegó a terminar de escribir su «novela incaica» o si esta obra se ha extraviado y, al igual que *Ideología y política en el Perú*, de José Carlos Mariátegui, o *Verdolaga*, del mismo Valdelomar, pertenece al rubro de los grandes libros perdidos de la literatura peruana.

Simultáneamente, por el mismo período en que enfrentaba el desafío de confeccionar su «novela incaica», Valdelomar comenzó a publicar, en algunos de los principales diarios y revistas de Lima donde trabajaba o colaboraba de manera más o menos habitual, una serie de relatos como «Chaymanta Huayñuy», «El camino hacia el Sol», «Los ojos de los reyes», «El alma de la quena» y «El alfarero», que había pensado reunir en un libro de «cuentos incaicos» que debía llevar el título de *Los hijos del Sol*. Lamentablemente, a raíz de su trágica e inesperada muerte, Valdelomar no alcanzó a ver a *Los hijos del Sol* en letras de imprenta y el libro acabó siendo publicado de manera póstuma, en el año 1921, por Manuel R. Beltroy, de la Editorial Euforión. De esta forma, gracias a la buena iniciativa de Beltroy, el público peruano logró acceder a uno de los últimos libros que Valdelomar llegó a proyectar y pudo percibir cómo éste, no obstante sus poses de dandy cosmopolita y *snob*, también supo cultivar una narrativa que se adecuaba perfectamente a los imperativos de un indigenismo que, como el de Daniel Alomía Robles y sus denominadas «óperas incaicas», necesitaba revivir los tiempos gloriosos del Imperio de los Incas para así poder revalorar al indio peruano que le era contemporáneo.

1. Los incas suben a escena

En la década de 1910 el Perú asistió a un creciente y sostenido reavivamiento del interés por las cosas incaicas que, en su
momento, llegó a ser calificado como una especie de «renacimiento peruano». Este fenómeno cultural reflejó parcialmente
ese cúmulo de influencias, reivindicaciones y situaciones que
más tarde, en la década de 1920, generaría las diversas corrientes y movimientos del indigenismo peruano propiamente
dicho: en primer lugar, la propia lucha del indio peruano que,
como en los casos de los movimientos de Atusparia (1885) o
de Rumi Maqui Ccori Zoncco (1915), comenzó a concitar la
atención de un importante sector de la opinión pública; en
segundo lugar, la prédica a favor de la redención social de los
indios que, desde fines del siglo XIX, impulsó Manuel González Prada al afirmar que ellos formaban el verdadero Perú o
que la cuestión del indio más que pedagógica, era económica y
social;[264] en tercer lugar, los esfuerzos por incorporar a la literatura peruana los temas vinculados al indio que aparecieron
en las baladas incaicas «La cena de Atahualpa» (1871) y «Las
flechas del inca» (1875), de González Prada, en la novela *Aves
sin nido* (1888), de Clorinda Matto de Turner, o en las *Azu-*

---

[264] González Prada, Manuel: «Nuestros indios» [1904], en *Páginas libres/
Horas de lucha* [Edición, notas y prólogo de Luis Alberto Sánchez], Caracas, Biblioteca Ayacucho, 1976, pág. 342.

cenas Quechuas, (1905) de Adolfo Vienrich; y en cuarto lugar, las campañas de denuncias sistemáticas contra el latifundismo y el gamonalismo que, desde 1909, llevó a cabo la Asociación Pro-Indígena de Pedro S. Zulen, Dora Mayer y Joaquín Capelo y que, más allá de sus motivos filantrópicos o sus fórmulas abstractamente humanitarias, resultó promoviendo una corriente proindígena tanto en Lima como en muchas ciudades del interior del Perú.

El renacimiento del interés por lo incaico se vislumbró, antes que nada, en el desarrollo de la música peruana, que por los años diez, gracias sobre todo a las investigaciones de José Castro, Leandro Alviña y Daniel Alomía Robles sobre la gama pentafónica carente de semitonos de las melodías indígenas, experimentó uno de sus momentos más originales. Sin embargo, los antecedentes de este proceso se remontan hasta el 24 de junio de 1897, cuando Castro, un musicólogo que era discípulo del maestro José Francisco Nieto, difundió su hallazgo sobre la gama pentafónica de la música incaica a través del estudio «Sistema pentafónico en la música indígena precolonial del Perú», que fue publicado en un diario de la ciudad del Cusco. Cerca de una década después, en septiembre de 1908, Castro reiteró sus conclusiones en otro trabajo que fue premiado por el Municipio del Cusco. Como artista, Castro dominaba la música europea, compuso algunas piezas de inspiración indígena y hasta llegó a formar una orquesta de cámara, que se hizo muy célebre en el Cusco. Además de sus actividades propiamente musicales, Castro era un crítico literario temible tanto por su acritud como por su sobresaliente cultura. En este terreno, se estimaba enemigo de Ricardo Palma y su *Tradiciones Peruanas*. Muchos de los artículos de Castro fueron publicados en el diario *El Sol*, del Cusco, donde empleaba el seudónimo de «Fra Diavolo». En sus *Memorias* (1981), Luis E. Valcárcel ha recordado que quienes en el Cusco querían iniciarse en la literatura temían mucho las ironías de Castro y que quienes discrepaban con él corrían el riesgo de caer bajo su crítica demoledora.[265]

Simultáneamente, en noviembre de 1908, para obtener el grado de bachiller en la Facultad de Letras de la Universidad del Cusco, Alviña sustentó la tesis *La música incaica*, donde arribó a los mismos resultados y conclusiones de Castro. Aparte de la musicología, Alviña también fue atraido por el arte de la composición y pergeñó piezas musicales de temática y ritmo indígenas, como «Canto a las ñustas».[266] Así, entre 1916 y 1917, siguiendo el dictado de sus inclinaciones artísticas, Alviña se vinculó a Luis Ochoa y la famosa Compañía Dramática Incaica Cusco, donde llegó a desempeñar los cargos de director de orquesta y consejero artístico. En 1919, poco antes de morir, Alviña se doctoró con la tesis *De arte peruano. La música incaica, lo que es y su evolución desde la época de los Incas hasta nuestros días*, donde –en un gesto de autoafirmación– sostuvo que él fue el primero que trató el asunto de la gama pentafónica carente de semitonos de las melodías indígenas. De él se ha dicho que es el artista a quien el renacimiento musical incaico le debe sus bases más inconmovibles.[267]

Mientras tanto, en Lima, por lo menos desde 1883, José María Valle Riestra, seducido por el encanto del *Ollantay*, un antiguo drama en verso quechua cuya primera versión escrita se realizó en la segunda mitad del siglo XVIII, venía trabajando afanosamente para terminar de componer su ópera *Ollanta*, que aparecería como el primer intento por crear una ópera nacional en el Perú. Así, luego de un largo proceso de maduración, la obra se estrenó el 26 de diciembre de 1900, pero,

---

[265] Valcárcel, Luis E.: *Memorias*, Lima, IEP, 1981, pág. 134.

[266] Tamayo Herrera, José: *Historia del indigenismo cusqueño siglos XIX-XX*, Lima, INC, 1980, pág. 271.

[267] Sivirichi, Atilio: «Hacia el nacionalismo musical», *La Sierra*, N° 16-17, Lima, abril-mayo de 1928, pág. 33.

lamentablemente, no causó una buena impresión y tuvo sólo cuatro representaciones.

Posteriormente, el 21 de febrero de 1910, casi una década después del semifracaso de la primera escenificación de *Ollanta*, Robles se presentó en el Salón de actuaciones de la Facultad de Letras de la Universidad Nacional Mayor de San Marcos e interpretó una muestra del folklore que todavía se tocaba o se cantaba en el interior del Perú. En esa ocasión, Felipe Barreda Laos, que hacía poco acababa de sustentar la tesis *La vida intelectual en la Colonia* (1909), leyó un importante discurso que sería publicado con el título de «La música indígena en sus relaciones con la literatura». Poco después, el 30 de julio de 1910, animado por la especie de espaldarazo que acababa de recibir de parte del mundo académico, Robles se presentó en el Teatro Municipal de Lima y prácticamente cautivó al auditorio cuando interpretó por primera vez el *Himno al Sol*, que viene a ser una de las piezas más hermosas de su ópera *Illa Cori* (o *La conquista de Quito por Huayna Cápac*). Dos años después, el dos de enero de 1912, luego que retornó de un viaje que hizo a Argentina, Robles se presentó de nuevo en el Teatro Municipal y, al frente de una orquesta de cincuenta músicos, dio su famoso concierto incaico, que tanto impactó en la sensibilidad del público limeño. En esa oportunidad, los asistentes hicieron repetir a Robles casi todos los números del programa, especialmente el primer *Huayno*, la Danza Guerrera, el Aria del tenor de la ópera *Illa Cori* y el *Himno al Sol* de la misma.[268] Un año más tarde, a fines de 1913, en calidad de responsable musical, Robles compartió con Julio Baudouin la gloria de *El cóndor pasa*, un boceto dramático en un acto

---

[268] J. A. H.: «El concierto incaico», *Variedades*, Nº 201, Lima, 6 de enero de 1912, en Silva-Santisteban, Ricardo (Editor): *Valdelomar por él mismo*, Lima, Fondo Editorial del Congreso del Perú, 2000, Tomo I, págs. 25-26.

y dos cuadros que en un lustro llegó a alcanzar las tres mil funciones.

En la experiencia artística de Robles –que, aparte de compositor, era también integrante de la junta directiva de la Asociación Pro-Indígena– hubo algo más que un simple trabajo de restauración de la música incaica, puesto que, en su obra, la reivindicación de la gama pentafónica carente de semitonos de las melodías indígenas confluyó con el uso de una serie de formas musicales que provenían de lo más avanzado de la modernidad europea y, al final, se convirtió en un verdadero trabajo de creación artística. Un buen ejemplo de la forma tan creadora en cómo Robles utilizó el folklore peruano fue la hermosa y conocida cashua de *El cóndor pasa*, la pieza musical que prácticamente lo ha inmortalizado y que hace poco, en un acto de justicia necesario pero un tanto tardío, acaba de ser reconocida como patrimonio cultural de la nación del Perú.[269] Resulta que los tres primeros compases de esta cashua son idénticos a los de un antiguo canto de amor quechua de la zona de Jauja –«Huk urpicatam uywararkani»– que los esposos R. y M. D'Harcourt recogieron en el libro *La musique des Incas et ses survivances* (1925), pero luego la melodía cambia totalmente y, sin perder su raíz indígena, asume la forma, los tonos y el fasto con que hoy se le conoce y se le interpreta en diversos países del mundo.[270]

Además, al incluir instrumentos musicales andinos y convertir lo exótico –lo inca o lo indio, en este caso– en un elemento dramático central, Robles subvirtió también el sentido mismo de la ópera, que era una de las formas occidentales que

---

[269] Escribano, Pedro: «*El cóndor pasa* patrimonio cultural de la nación», *La República*, Lima, 13 de abril de 2004.

[270] Pinilla, Enrique: «La música en la República. Siglo XX», en *La música en el Perú*, Lima, Patronato Popular y Porvenir Pro-Música Clásica, 1985, págs. 139-140.

más le atraía. Como es más o menos conocido, desde fines del siglo XVIII, el teatro europeo empezó a favorecer el uso del exotismo pero dentro de límites sumamente precisos. Así, por ejemplo, en 1755, Francesco Algarotti recomendó el uso de temas exóticos para darle una mayor extensión a la soberanía del drama musical, mediante escenas en las que hubiese espléndidos banquetes, embajadas magníficas, embarcaciones, coros, batallas, conflagraciones, etcétera. La idea era que lo exótico permitía que los compositores pudiesen destacar las virtuosidades de la orquesta, mientras que los directores podían esmerarse en el diseño de escenas fastuosas. Sin embargo, en las composiciones de Robles, lo exótico adquirió otra función. Así, bajo la influencia del indigenismo, al que el autor de *Illa Cori* (o *La conquista de Quito por Huayna Cápac*) estaba bastante ligado, lo exótico dejó de ser algo marginal y se convirtió en un elemento dramático central, puesto que el motivo principal de las óperas incaicas era la evocación de un pasado lleno de pompa y majestad. No obstante, Robles mantuvo algunos requisitos básicos de la ópera «seria», tales como la distancia temporal que debe mediar entre el público y los eventos del drama, ya que esta condición se adaptaba perfectamente a los imperativos de un indigenismo –como el suyo– que necesitaba de la arqueología para revalorar al indio que le era contemporáneo.[271]

Durante la década de 1910, gracias al influjo de los aires de renovación del folklorismo incaico, el teatro peruano también vivió uno de sus mejores momentos. El epicentro de este fenómeno se registró en la ciudad del Cusco, donde, a partir del ejemplo paradigmático del *Ollantay,* se desarrolló la valiosa

---

[271] Podestá, Guido A.: *Desde Lutecia. Anacronismo y modernidad en los escritos teatrales de César Vallejo*, Berkeley, Latinoamericana Editores, 1994, págs. 211-212.

y original experiencia de un teatro que no sólo abundaba en personajes, temas y motivos incaicos, sino era escrito y representado en la misma lengua melodiosa y fuerte de los incas: el quechua o runasimi.[272] Este impulso se inició a fines del siglo XIX, cuando en la ciudad del Cusco se empezó a presentar una versión nueva del *Ollantay* que incluía poemas en quechua de Rafael Paredes y canciones indígenas (harawis y cashuas) compuestas por Marcelino Ponce de León. Estas representaciones se hacían todos los años, celebrando las Fiestas Patrias, en el antiguo salón de la Iglesia de San Juan de Dios (antiguo Colegio de Educandas), adonde acudían los estratos de la sociedad blanca o misti del Cusco tradicional que gustaban de las excelencias poéticas y las posibilidades dramáticas del quechua literario y elaborado.[273] En 1896 y 1899, gracias al entusiasmo que había despertado la escenificación del *Ollantay*, se presentaron también otras obras como *El desgraciado inca Huáscar*, de José Lucas Caparó Muñiz, y *Sumaqt'ika*, de Nicanor Jara y Barrionuevo, que fueron los primeros dramas modernos en quechua. Pero, pese al relativo éxito de *Sumaqt'ika*, tuvieron que transcurrir prácticamente siete años para que en el Cusco se volviese a representar otro drama quechua. Eso ocurrió recién en julio y diciembre de 1906, cuando tres diferentes asociaciones teatrales decidieron presentar el *Ollantay*. Posteriormente, se tuvo que esperar hasta 1910 para que un drama en quechua subiese otra vez al escenario cusqueño. En esa ocasión, la pieza elegida fue nuevamente el *Ollantay*, que tuvo mucha acogida tanto por su tono épico como por sus escenas sobre el homenaje ritual al inca.[274]

---

[272] Sivirichi, Atilio: *Op. cit.*, pág. 33.

[273] Tamayo Herrera, José: *Op. cit.*, págs. 150-151.

[274] Itier, César: *El teatro quechua en el Cusco. Tomo II. Indigenismo, lengua y literatura en el Perú moderno*, Cusco, Instituto Francés de Estudios Andinos/ Centro Bartolomé de las Casas, 2000, pág. 35.

Debido a la poca acogida que por ese entonces todavía tenían este tipo de representaciones teatrales, José de la Riva-Agüero, que en 1912 visitó el Cusco, llegó a pensar que el teatro incaico en quechua se encontraba en franca decadencia y hasta sostuvo que era necesario ensayar algunas medidas urgentes para impedir que éste desapareciese. De allí que, en uno de los textos que después conformarían sus memorables *Paisajes Peruanos* (1955), escribiese lo siguiente: «La literatura dramática quechua, refundición de temas tradicionales, cantares y aun verdaderas tragedias anteriores a la Conquista –dice–, fue predominantemente obra eclesiástica, de los misioneros y curas que arreglaban tales piezas para las representaciones escénicas acostumbradas por los indios en las grandes festividades. Hoy se halla en compleja decadencia, perdidas o en ignorado paradero sus producciones antiguas (a excepción del *Ollantay* y del *Uska Pawqar*); y escasísima de continuadores, reducidos según mis noticias al señor Caparó Muñiz, cuyo repertorio está inédito, al canónigo Rodríguez, y a D. Nicanor Jara, redactor de *Sumaqt'ika*. Podría reanimarse con el establecimiento de una cátedra de filología quechua en la Universidad del Cusco, que a más de la gramática y la onomástica, estudiara el *folklore* indígena, explicara los textos del *Ollantay* y el *Uska Pawqar*, los sermones de Avendaño y las composiciones del Lunarejo (Espinosa Medrano), documentos literarios cuyos términos y giros van haciéndose arcaicos y requieren interpretación especial; y procurara en fin rastrear, a través de la prosa española de Betanzos, Pachacuti Salcamayhua, Guamán Poma de Ayala y otros analistas, los fragmentos épicos que compendiaron o vertieron».[275]

Sin embargo, en 1913, el teatro incaico en quechua experimentó un brusco incremento en sus actividades y demostró

---

[275] Riva-Agüero, José de la: *Paisajes Peruanos* [1955], Lima, PUCP/ Instituto Riva-Agüero, 1995, pág. 31.

que no atravesaba por ese proceso de decadencia sobre el que hablaba Riva-Agüero. Resulta que el 30 de agosto de ese año J. Genaro Gutiérrez, cura de Ollantaytambo, hizo representar el *Ollantay* en la propia fortaleza donde se situaba la acción de la segunda jornada de esta antigua pieza teatral. El mismo día, en la ciudad del Cusco, el Comité Clorinda Matto de Turner, que era dirigido por Luis Ochoa y José Félix Silva, montó la misma obra en el Teatro San Juan de Dios, repitiéndola el cinco de septiembre. Al día siguiente, el *Ollantay* subió nuevamente a las tablas, esta vez por iniciativa de otra compañía, la Sociedad Juventud Progreso, integrada, entre otros, por Julio Rouvirós y Ernesto Corvacho. En esa ocasión, la Orquesta Filarmónica del Cusco, recientemente creada, interpretó la música que servía como fondo para la representación teatral. Luego de dos semanas, el 20 de septiembre, La Juventud Progreso, en cooperación con el Comité Clorinda Matto de Turner, repitió el *Ollantay*. Finalmente, en ese mismo año de 1913, el *Ollantay* volvió a representarse otras dos veces: el 24 de septiembre, por la Asociación Universitaria; y, en el mes de noviembre, en honor a los delegados del Congreso Médico, que tuvo lugar ese año en el Cusco. Así, pues, sólo en el año de 1913 se llevaron a cabo seis representaciones del *Ollantay* en total, que fueron apreciadas por un mínimo de mil quinientos asistentes, es decir, casi el diez por ciento de la población de la ciudad del Cusco.[276]

De modo que, para ese entonces, el *Ollantay* –y el teatro incaico en quechua en general– ya había dejado de atraer sólo a los estratos de la sociedad blanca o misti del Cusco tradicional que gustaban de las excelencias poéticas y las posibilidades dramáticas del quechua literario y elaborado; y contaba con un público que se había diversificado en forma notable,

---

[276] Itier, César: *Op. cit.*, pág. 38.

al extremo que dentro de él figuraban también los sectores populares que, a fin de cuentas, eran los que más hablaban el quechua o runasimi. Por eso, en una parte de sus *Memorias*, Valcárcel no pudo dejar de referirse a la presencia de «la gente humilde» cuando evocó cuáles eran las actividades culturales que se desarrollaban en el Cusco de comienzos del siglo XX: «Aparte de los toros, los gallos y el cinema –recuerda– había un buen número de actividades culturales, como las veladas teatrales, literarias o musicales que continuamente se organizaban, sobre todo en el antiguo claustro de la Iglesia de San Juan de Dios, un gran salón que sirvió de teatro hasta hace unos cuarenta años. Ahí se programaban espectáculos como la escenificación del drama *Ollantay*, con buena asistencia de público de todo tipo, porque las entradas eran baratas. También fueron llevados a escena algunos dramas del canónigo Rodríguez y de un autor cusqueño llamado Nicanor Jara. El hecho de que hubiese obras en quechua atraía también a la gente humilde. Recuerdo que la Sociedad Unión Letras, formada por alumnos de la Facultad de Letras, representó el *Uska Pawqar* con motivo del centenario de Pumacahua».[277]

Como era previsible, el enorme éxito de las representaciones del *Ollantay* incitó a las compañías dramáticas del Cusco a ampliar su repertorio. Pero, como éste no era muy numeroso que digamos, la Unión Letras, que era conformada por alumnos de la Universidad del Cusco, optó por montar otra obra clásica, *Uska Pawqar*, una comedia colonial inédita que circulaba en ese entonces en forma manuscrita. Así, el 30 de julio de 1914, probablemente por primera vez desde el siglo XVIII, *Uska Pawqar* subió al escenario. Lamentablemente, por una serie de factores que ameritan algún tipo de estudio, la obra obtuvo un éxito más moderado que el del *Ollantay*. Luego del

---

[277] Valcárcel, Luis E.: *Op cit.*, págs. 46-47.

semifracaso de *Uska Pawqar*, los dirigentes de la Asociación Universitaria, en su afán de continuar con el experimento del teatro incaico en quechua, volcaron la mirada hacia Mariano Rodríguez y San Pedro, que era uno de los quechuistas más prestigiosos del Cusco de ese entonces, y consiguieron que éste les entregase el libreto de *Utqha Mayta*. Después de una serie de trabajos, la obra se estrenó el ocho de agosto de 1914 y, debido a la buena acogida que encontró, fue repetida en varias ocasiones. Simultáneamente, el éxito de *Utqha Mayta* motivó a la Unión Letras a poner en escena otro drama en quechua de Rodríguez, *Wiraqucha*, el 16 de octubre de 1915. Más tarde, a mediados de 1916, la Compañía Huáscar y la Asociación Universitaria volvieron a representar *Sumaqt'ika*, de Jara, y *El desgraciado inca Huáscar*, de Caparó Muñiz.

Por esos mismos años, en Lima se presentaron también algunas obras teatrales en español que abordaban motivos indígenas e incaicos, como *La canción del Indio*, de Carlos Guzmán y Vera, o *El cóndor pasa* y *La cosecha*, de Julio Baudouin. De estas piezas dramáticas, la que logró un éxito verdaderamente rotundo fue *El cóndor pasa* ya que su estreno en diciembre de 1913, en el popular Teatro Mazzi, que estaba ubicado en las inmediaciones de la Plaza Italia, en el distrito de Barrios Altos, constituyó todo un suceso y, con el tiempo, se convirtió en la obra de teatro nacional que ha alcanzado el mayor número de representaciones en el país.[278] Al respecto, Jorge Basadre llegó a considerar que gran parte del singular éxito de *El cóndor*

---

[278] Sánchez, Luis Alberto: *La literatura peruana. Derrotero para una historia cultural del Perú*, 5º Edición, Lima, Editorial Juan Mejía Baca, 1981, Tomo IV, pág. 1202. En ese sentido, resulta muy extraño que *El cóndor pasa* no figure entre las obras teatrales que han sido recogidas en el *Tomo V: Teatro republicano - Siglo XX* (Lima, Banco Continental/ PUCP, 2002) de la monumental *Antología general del teatro peruano* que se viene publicando bajo la dirección de Ricardo Silva-Santisteban.

pasa se debió particularmente a la magia de la música de Robles, pues el coro inicial, el yaraví, el dúo amoroso y la danza impresionaban muchísimo al auditorio.[279] Pero, si las cosas se miran con un poco más de detenimiento, se descubre que, aparte de la magia de la música de Robles, el libreto escrito por Baudouin también contribuyó en forma significativa a la buena estrella de este boceto dramático en la medida en que, para su época, éste resultó muy novedoso y hasta «revolucionario».

Ocurre que el argumento de *El cóndor pasa* —que parece inspirarse en la campaña que por ese entonces la Asociación Pro-Indígena impulsaba contra el sistema de enganche y los desmanes de la Cerro de Pasco Mining Company en los asientos metalíferos y carboníferos del centro del Perú— se desarrolla en una región minera de la sierra peruana, donde los trabajadores indígenas libraban una pertinaz lucha contra los explotadores extranjeros. Por un momento, cuando el odiado Mister King, que encarna lo más negativo y cruel del capitalismo yanqui, muere horriblemente aplastado por una enorme piedra que es arrojada por Higinio, uno tiene la impresión que las cosas ya se han solucionado. Sin embargo, no es así, ya que, tras la eliminación de Mister King, viene otro patrón todavía más prepotente, Mister Cup, y la maquinaria del sistema de explotación, como si nada serio hubiese ocurrido, continúa funcionando y oprimiendo a los indios. Entonces, lejos de desanimarse o amilanarse con el nuevo rumbo de los acontecimientos, los trabajadores indígenas deciden lanzarse otra vez a a la lucha, mientras que en lo alto del cielo aparece un cóndor gigantesco que los anima a no rendirse y que, con su vuelo majestuoso y desafiante, trata de simbolizar lo que es o debe ser la libertad. De esta manera, gracias al artificio de la

---

[279] Basadre, Jorge: *Historia de la República del Perú.*, 5° Edición, Lima, Ediciones Historia, 1964, Tomo X, págs. 4649-4650.

prosa de Baudouin, *El cóndor pasa* terminó representando un serio esfuerzo por llevar al teatro peruano el ambiente aborigen y serrano; pero no el que yacía dormido en sus tradiciones sino el de una zona minera explotada por el capital norteamericano.[280]

A mediados de 1914, después del triunfo de *El cóndor pasa*, Baudouin presentó una nueva obra teatral de corte indianista o, si se quiere, indigenista, *La cosecha*. En realidad, se trata de una especie de «sencillo poema campesino» donde aparecía no sólo el retrato valiente y vigoroso de «un estado social» –en este caso, la vida miserable y rústica del indio peruano–, sino también la tristeza de las serranías y la dolorosa aflicción de sus pobladores.[281] Pero, no obstante su tono más lírico, *La cosecha* no alcanzó a tener el mismo éxito de *El cóndor pasa*, lo cual irritó muchísimo a José Carlos Mariátegui, que por ese entonces era un ferviente admirador de Baudouin. Por ese motivo, en una apasionado comentario que publicó por esos días, Mariátegui no vaciló en proclamar que, en términos literarios, *La cosecha* estaba mejor lograda que *El cóndor pasa*: «A nuestro juicio –dice–, *La cosecha* es superior a *El cóndor pasa* que tan enorme éxito alcanzara. Hay mayor ambiente, mayor armonía, mayor originalidad y hasta, tal vez, mayor fuerza dramática. Serán muchos los que no piensen de este modo, pero serán únicamente los que necesitan escenas patéticas de sangre y de muerte para conmoverse; los que sólo sientan la autenticidad de un drama de pasión y violencia, a quienes no alcanza la belleza y armonía de tan robusto poema».[282]

---

[280] *Ibíd.*, pág. 4649.

[281] Mariátegui, José Carlos: «La cosecha», *La Prensa*, Lima, 18 de junio de 1914, en *Escritos Juveniles* [Prólogo, compilación y notas de Alberto Tauro], Lima, Biblioteca Amauta, 1991, Tomo III, pág. 170.

[282] *Ibíd.*, pág. 171.

Varios meses después, en el trabajo «Nuestro teatro y su actual período de resurgimiento», que el tres de enero de 1915 apareció en *La Prensa*, Mariátegui insistió en mostrar su predilección por obras teatrales como *La cosecha*, que eran más líricas que épicas, pero, al mismo tiempo, reconoció que *El cóndor pasa*, también de Baudouin, debido a su iniciativa de explotar temas particularmente nacionales, era no sólo el suceso de la temporada correspondiente a 1913 y 1914, sino también la obra que marcaba un hito fundamental en el proceso de formación del teatro peruano: «El estreno de *El cóndor pasa*, de Julio Baudouin (Julio de la Paz) –escribe–, ha constituido evidentemente el suceso de mayor significación durante este bienio [1913-1914], por la orientación que ha marcado en el sentido de explotar temas especialmente nacionales que son, sin que pueda discutirse, aquellos que nuestros escritores pueden tratar con mayor acierto y con mayor éxito en el público. Si *El cóndor pasa*, no fuera como es una obra de innegable valor artístico, bastaría el enunciado beneficio que a ella se debe, para que mereciera el mayor elogio y tuviera remarcable trascendencia literaria. Pero [, ya lo he dicho,] no es así. Sin considerar su principal mérito, es una obra de teatro llena de vida, colorido y sentimiento, en que el autor ha puesto todo el calor de su temperamento artístico y ha revelado condiciones extraordinarias de dramaturgo».[283]

Más tarde, entre 1917 y 1920, cuando parecía que ya se había agotado el impulso cultural del incaísmo, varias compañías dramáticas cusqueñas realizaron giras fuera de la región, tanto hacia Puno y Bolivia como hacia Arequipa, Lima y otras ciudades del Perú, norte de Chile y Ecuador, convirtiendo al

---

[283] Mariátegui, José Carlos: «Nuestro teatro y su actual período de resurgimiento», *La Prensa*, Lima, 3 de enero de 1915, en *Escritos Juveniles*, Tomo III, pág. 254.

teatro incaico en quechua en un fenómeno nacional e, incluso, panandino.[284] La más importante de ellas fue, sin duda alguna, la Compañía Dramática Incaica Cusco, que tenía a Leandro Alviña como director de orquesta y era dirigida por Luis Ochoa, quien, además de ser el más formidable recitador y actor en lengua quechua de su tiempo, era autor de obras teatrales como *Manco II, Choqueilla* y *Atahuallpa*.[285] Así, con el fin de representar dramas incaicos en Bolivia, la Compañía Dramática Incaica Cusco tomó el tren para La Paz; y, haciendo un alto en su camino, escenificó el *Ollantay* en la ciudad de Puno. Poco después, el 23 de enero, en medio de cálidas ovaciones, representó la misma obra en La Paz. De la capital de Bolivia, la Compañía Dramática Incaica Cusco pasó a Arequipa, donde puso en escena el *Ollantay* con un éxito igualmente abrumador. A raíz del tremendo impacto que causó esta representación, un grupo de empresarios arequipeños decidió conversar con Alviña y Ochoa con el fin de llevar el teatro incaico en quechua a Lima, adonde, por cierto, ya habían llegado las noticias sobre las exitosas representaciones del *Ollantay* en las ciudades del sur del Perú y se había empezado a hablar de manera favorable acerca del adelanto cultural que significaba la organización de una compañía teatral que podía representar dramas indígenas escritos en quechua.

De esta forma, el 27 de febrero de 1917 la Compañía Dramática Incaica Cusco debutó en el Teatro Municipal de Lima, que por ese entonces era el escenario más importante de la capital, y presentó el *Ollantay* con bastante éxito. El hecho que la mayor parte de los limeños que habían colmado el *paraíso* y las galerías del teatro hablase solamente español y no entendiese la lengua en la que se representaba la obra no mer-

---

[284] Itier, César: *Op. cit.*, pág. 11.
[285] Tamayo Herrera, José: *Op. cit*, pág. 151.

mó, en lo más mínimo, su identificación con ella, ni impidió que pudiese vibrar con las melodías y las danzas incaicas del fondo musical. Por eso, debido a las delirantes ovaciones del público, la cashua final, que era danzada ante el Inca, tuvo que ser repetida tres veces.[286] Inmediatamente después, el 28 de febrero y el primero de marzo de 1917, la Compañía subió de nuevo al escenario del Teatro Municipal de Lima y representó *Sumaqt'ika*, de Nicanor Jara, y *Utqha Mayta*, de Mariano Rodríguez, en forma respectiva. Posteriormente, el tres de marzo de 1917, el *Ollantay* subió por segunda vez al escenario y la representación fue calurosamente ovacionada por una nutrida concurrencia, donde se encontraban José de la Riva-Agüero, Óscar Miró Quesada, Julio Málaga Grenet, Javier Prado y Ugarteche, Carlos Wiesse y otros distinguidos intelectuales de la capital.[287]

Pero las representaciones de la Compañía Dramática Incaica Cusco no sólo agradaron al *jet-set* de la intelectualidad limeña, sino también atrajeron a los grupos de vanguardia de los artesanos y obreros de la capital. Por eso, el cinco de marzo de 1917, después de una nueva presentación del *Ollantay*, Luis Ochoa recibió la visita de una comisión de delegados obreros de la Asamblea de Sociedades Unidas, que le manifestó que esta organización «miraba con vivo interés el que un grupo de respetables patriotas se ocupen de hacer revivir la historia de nuestra raza y en recordar las grandezas de nuestro suelo en los días del Imperio Incaico».[288] Contestando el saludo de los

---

[286] Valdelomar, Abraham: «¡El triunfo de la raza!», *La Prensa*, Lima, 28 de febrero de 1917, en Valdelomar, Abraham: *Obras Completas* [Edición, prólogo, cronología, iconografía y notas de Ricardo Silva-Santisteban], Lima, Ediciones Copé, 2001, Tomo IV, pág. 313.

[287] Itier, César: *Op. cit.*, págs. 50-51.

[288] *La Prensa*, Lima, 6 de marzo de 1917, citado en Itier, César: *Op. cit.*, pág. 50.

obreros de Lima, Ochoa agradeció en nombre de sus compañeros de trabajo esta muestra de gentileza y después departió «sobre tópicos sociales relacionados con los trabajadores del Cusco».[289] Refiriéndose a este gesto de la Asamblea de Sociedades Unidas, César Itier, que es uno de los autores que más ha investigado sobre la experiencia del teatro incaico en quechua del Cusco, considera que no deja de ser significativo que los representantes de los artesanos y los obreros de la capital viesen a la Compañía Dramática Incaica Cusco como una especie de aliada que también los reivindicaba a ellos, que, a fin de cuentas, eran los que más se parecían a los personajes y actores del teatro incaico en quechua; ni que esto ocurriese en un momento de gran tensión, como el que en ese entonces se vivía, entre los sindicatos y el gobierno civilista de José Pardo y Barreda.[290]

Otra de las personas que se pudo percatar de la gran importancia de la experiencia de la Compañía Dramática Incaica Cusco fue Mariátegui, quien, en abril de 1917, en una crónica que publicó en el diario *El Tiempo*, de Lima, llegó a ver con suma claridad cuál era la parte del león que al teatro incaico en quechua le correspondía en el advenimiento de esa especie de «renacimiento peruano» que representaba el auge del incaísmo: «La vida nacional –dice– llega indudablemente a una etapa interesantísima. Se diría que asistimos a un renacimiento peruano. Tenemos arte incaico. Teatro incaico. Música incaica. Y para que nada nos falte nos ha sobrevenido una revolución incaica. Si ponemos los ojos en una vidriera nos encontramos con una momia. Si ponemos los ojos en un periódico nos encontramos con una artículo del doctor Kimmich sobre las ruinas del Tiahuanaco. Si ponemos los ojos en un

---

[289] Itier, César: *Op. cit.*, pág. 50.
[290] *Ibíd.*, pág. 51.

escenario, nos encontramos con Ollantay y Súmacc Tica. Y si ponemos los ojos en otro escenario nos encontramos con el señor Daniel Alomía Robles y con el folklore aborigen. Todas estas circunstancias se confabulan para dictar una sola conclusión: éste es el renacimiento peruano. Se abren las huacas para que surjan las sombras de los emperadores del Tahuantinsuyo. Estamos en un minuto solemne. Y si dirigimos la mirada al mapa nos encontramos con que los indios que, por virtud de la palabra del general Rumimaqui, sueñan con la restauración de su dinastía y de su mascaipacha simbólica, se han levantado en armas y les muestran los puños agresivos a los osados mestizos que les sojuzgan y oprimen».[291]

A principios de junio de 1917, después de la exitosa temporada que había realizado en Lima, la Compañía Dramática Incaica Cusco volvió a su ciudad de origen, donde nuevamente representó *Ollantay* y *Sumaqt'ika* y, además, llevó a la escena *El desgraciado Inca Huáscar*, de José Caparó Muñiz. Al poco tiempo, bajo la presunción que el reconocimiento alcanzado en la capital le había dado al arte incaico un rasgo casi oficial, la Compañía Dramática Incaica Cusco fue rebautizada con el nombre de Compañía Nacional Dramática Incaica.[292] Al año siguiente, debido seguramente al mismo auge del incaísmo, las autoridades locales del Cusco decidieron incluir por primera vez el teatro incaico en un acto público. Así, para las fiestas patrias de 1918, el teatro incaico se convirtió en el principal ingrediente de las celebraciones organizadas por la Municipalidad del Cusco en la fortaleza de Sacsayhuamán, donde, a la par que otros importantes números artísticos −entre los que figura-

---

[291] Mariátegui, José Carlos: «Minuto solemne», *El Tiempo*, Lima, 25 de abril de 1917, en *Escritos Juveniles (La Edad de Piedra* [Prólogo, compilación y notas de Alberto Tauro], Lima, Biblioteca Amauta, 1992, Tomo V, pág. 347.

[292] Itier, César: *Op. cit.*, pág. 53.

ban la fiesta incaica de Waraq'u, la representación del suicidio de Cahuide, el monólogo de Rumiñahui y una parodia de la muerte de Atahuallpa por los indios de Maras–, se escenificaron algunos de los pasajes más impactantes del *Ollantay*, como la denominada «imprecación al Cusco» y el diálogo entre Pachacútec y Cusi Ccoillor del primer acto de la obra.[293]

Otra de las compañías dramáticas cusqueñas que se mostró muy activa e hizo también una gira por otras regiones fue la Compañía Lírica Incaica Ccorillacta, que era dirigida por el músico José Calixto Pacheco Porras y estaba integrada, entre otros, por José Félix Silva. Así, a fines de abril de 1917, después de haber escenificado con relativo éxito el drama incaico *Wiraqucha*, de Gavino Pacheco Zegarra, en el nuevo Teatro Excelsior del Cusco, la Compañía Lírica Incaica Ccorillacta viajó a Sicuani, donde presentó *Yawarwaqaq*, de José Félix Silva, y *Wayna Qhapaq*, de Pacheco Zegarra. El nueve de mayo, luego de arribar a la ciudad de Arequipa, la Compañía Lírica Incaica Ccorillacta escenificó *Yawarwaqaq* y *Wiraqucha*; y, más tarde, el 20 de mayo, se trasladó a La Paz, en Bolivia, donde también representó *Yawarwaqaq* y *Wiraqucha*. Finalmente, a comienzos de septiembre, la Compañía Lírica Incaica Ccorillacta viajó hasta Antofagasta y Valparaíso, en Chile, donde presentó fragmentos de diversos dramas en quechua. Se dice que en la temporada que permaneció en Antofagasta dio veinte funciones con buen éxito y obtuvo como cien mil pesos por concepto de entradas.[294] Al lado de la Compañía Dramática Incaica Cusco y la Compañía Lírica Incaica Ccorillacta no se puede dejar de mencionar el caso de la compañía incaica dirigida por Nemesio Zúñiga Cazorla, que a comienzos de 1917 realizó una gira por Bolivia. Además de desempeñarse como párroco

---

[293] *Ibíd.*, pág. 54.
[294] *Ibíd.*, págs. 52-53.

de Urubamba, en Cusco, Zúñiga Cazorla fue autor de dramas como *Pitusira* y se caracterizó porque, en sus representaciones, hacía actuar a personas de estratos sociales modestos, que, por lo general, carecían de preparación artística.[295]

Después de su exitosa gira a Lima entre fines febrero y comienzos de marzo de 1917, la Compañía Nacional Dramática Incaica, o Compañía Dramática Incaica Cusco (como también se le continuó llamando), siguió funcionando por varios años más, escenificó nuevas obras teatrales, como *Chuqui-illa*, de Luis Ochoa, y hasta hizo una segunda visita a la capital a mediados de 1920. Esta vez, fue el mismo presidente de la República, Augusto B. Leguía, que por ese entonces se mostraba permeable a cierto tipo de indigenismo, el que invitó a la Compañía Dramática Incaica Cusco, que ahora era dirigida por Julio Rouvirós, para que se presentase de nuevo en Lima. Para tal efecto, Leguía mandó los pasajes de tren y barco que Rouvirós y su grupo necesitaban para poder llegar hasta el puerto del Callao. Por su parte, la Compañía Dramática Incaica Cusco, seguramente con la esperanza de conseguir una subvención del gobierno para poder hacer una gira por los Estados Unidos, aceptó gustosa la invitación.[296] Así, luego de hacer algunas presentaciones en la ciudad de Arequipa, la Compañía Dramática Incaica Cusco arribó al Callao el 10 de junio de 1920. Poco después, el 16 de junio, debutó en el Teatro Municipal del Callao, también conocido como Teatro Badell, con *Yawarwaqaq o el espectro indio*, de José Félix Silva. Al día siguiente, tuvo lugar su primera representación en Lima, en el Teatro Municipal, con el mismo *Yawarwaqaq*. Posteriormente, entre el 23 y el 27 de junio, se presentó en los teatros Colón y Mazzi, donde escenificó el celebrado *Ollantay* y otras obras teatrales co-

---

[295] *Ibíd.*, págs. 53-54

[296] *Ibíd.*, pág. 58.

mo *Yawarwaqaq*, *Chuqui-illa* y *Waraq'u*, de Luis Ochoa. Por esos mismos días, en un gesto de deferencia, Leguía invitó a la Compañía Dramática Incaica Cusco para que presentase algunos de los mejores trozos de sus representaciones en los salones del Palacio de Gobierno, ante él y un grupo de allegados.[297]

Sin embargo, cuando ya se aprestaba a dejar Lima y todo parecía que era dicha y felicidad, la Compañía Dramática Incaica Cusco fue objeto de un feroz e inexplicable ataque por parte del semanario *Mundial*, que estaba vinculado al gobierno de Leguía. Resulta que, en su edición del dos de julio de 1920, esta publicación se refirió a la escenificación de *Chuqui-illa* y *Waraq'u*, que la Compañía acababa de presentar en el Teatro Colón, como si fuese un acto de «apachería indígena» o algún otro tipo de salvajada: «El Colón –se lee allí– ha arrastrado una vida lánguida acogiendo a esa apachería indígena, reclutada en las regiones trasandinas ignorantes de lo que es arte, historia y teatro con el objeto de explotar indignamente al público y de conseguir del gobierno un apoyo, que si llegara a conseguirse sería la deshonra mayor que el Perú podría hacerse en el extranjero. Creemos que haya la suficiente cordura para no hacerlo, porque ello sería una verdadera vergüenza, desde el punto de vista artístico y patriótico».[298]

A raíz de esta nota tan torva e insidiosa, José Ignacio Ferro, empresario de la Compañía Dramática Incaica Cusco, retó a duelo a Carlos Aramburú, director de *Mundial*. Pero, afortunadamente, la sangre no llegó al río porque Aramburú, haciendo de tripas corazón, se disculpó ante el empresario cusqueño y en el número siguiente de *Mundial* publicó una nota aclaratoria donde afirmaba que él y su revista no compartían

---

[297] *Ibíd.*, pág. 58.
[298] *Mundial*, Lima, 2 de julio de 1920, citado en Itier, César: *Op. cit.*, pág. 59.

los términos ofensivos que uno de sus redactores había empleado para referirse a la actuación de la Compañía Dramática Incaica Cusco. No obstante, el mal ya estaba hecho puesto que este incidente terminó empañando el éxito de la segunda visita de la Compañía Dramática Incaica Cusco a Lima e influyó mucho en la decisión del gobierno de Leguía de no concederle la subvención que ésta necesitaba para poder hacer una gira por los Estados Unidos.

A principios de julio de 1920, poco después que la Compañía Dramática Incaica Cusco había terminado su segunda gira a Lima, el gobierno de Leguía se puso en contacto con otra compañía dramática cusqueña, la Compañía Huáscar, que era dirigida por Nicanor Jara, y le envío pasajes de primera clase para que ésta pueda trasladarse en tren y barco hasta el Callao. Pero, a diferencia de lo que había ocurrido con la Compañía Dramática Incaica Cusco, la Compañía Huáscar no actuó en la capital, sino hizo una gira por las principales ciudades del norte del Perú e incluso llegó hasta Ecuador, donde presentó *Sumaqt'ika*, del mismo Jara, y otros conocidos dramas incaicos en quechua.[299]

Por esta misma época, animado acaso por el gran éxito que a fines de 1913 obtuvo *El cóndor pasa*, de Baudouin y Robles, y por la gran acogida que Lima acababa de brindarle a la Compañía Dramática Incaica Cusco, Valle Riestra modificó radicalmente algunos de los actos de su ópera *Ollanta* y decidió presentarla de nuevo. Así, después de una serie de avatares y dificultades, la obra se reestrenó en el Teatro Forero el 22 de septiembre de 1920. Esta vez, a diferencia de lo que había ocurrido en diciembre de 1900, la representación tuvo un éxito rotundo y Valle Riestra, ya en el ocaso de su vida, encontró el reconocimiento que tanto necesitaba y siempre había estado buscando.

---

[299] Itier, César: *Op. cit.*, págs. 61-62.

2. VALDELOMAR Y EL RENACIMIENTO DEL INTERÉS POR LO INCAICO

Desde un principio, el incaísmo logró atraer a Abraham Valdelomar, que se entusiasmó muchísimo con este tipo de impulso cultural y se obsesionó con la idea de hacer en la literatura lo mismo que Daniel Alomía Robles había hecho con su *Himno al Sol* y sus otras composiciones musicales. Así, cuando todavía era un escritor que como toda la joven generación de su tiempo se impresionaba con los decadentistas franceses y pergeñaba versos henchidos de un exotismo gratuito o cuentos típicamente modernistas, Valdelomar fue deslumbrado por el encanto de las «óperas incaicas» de Robles y vio que éstas representaban el inicio de un arte auténticamente peruano. Este acontecimiento ocurrió el 30 de julio de 1910, cuando Valdelomar asistió a una de las primeras presentaciones que Robles dio en el Teatro Municipal de Lima y resultó gratamente impactado con la magia de una de las piezas musicales más hermosas de la ópera *Illa Cori* (o *La conquista de Quito por Huayna Cápac*). «Nadie de los que concurrieron, habrá olvidado, seguramente, la sensación de arte de la noche del 30 de julio [de 1910], en la que Robles, en el Teatro Municipal, hizo oír por primera vez su *Himno al Sol*», escribirá después.[300]

---

[300] Valdelomar, Abraham: «Los peruanos triunfan», *La Prensa*, Lima, 21 de mayo de 1911, en *Obras Completas* [Edición, prólogo, cronología, iconografía y notas de Ricardo Silva-Santisteban], Lima, Ediciones Copé, 2001, Tomo I, pág. 266.

Al poco tiempo, Valdelomar se hizo muy amigo de Robles, se familiarizó con su obra y se mantuvo al tanto de sus planes y proyectos artísticos. Gracias a este tipo de vínculo, pudo escribir el artículo «Los peruanos triunfan», que fue publicado en *La Prensa*, de Lima, el 21 de mayo de 1911. Aunque el punto de partida de este comentario fue un hecho contingente y puntual –el viaje de Robles a la Argentina con el fin de estrenar una de sus «óperas incaicas»–, Valdelomar no desperdició la ocasión para alabar al *musicien* (que era como solía llamar a su amigo); proclamar que *Illa Cori*, debido a que aparecía como una especie de redescubrimiento de la música incaica, representaba el inicio de un arte auténticamente peruano; y, finalmente, vaticinar que, de estas «óperas incaicas», lo que sobreviviría al rigor del tiempo sería la música, ya que allí era donde, a fin de cuentas, todavía latía el espíritu noble y fuerte del Imperio de los Incas: «Para nosostros –afirma Valdelomar– la ópera de Robles significa el punto de partida de un arte nuestro. Si bien es cierto que antes el espíritu cultísimo y selecto de un gran maestro, Valle Riestra, había marcado el camino, hay que creer, ateniéndose a lo que dicen los que con más derecho pueden juzgar estas cosas, que la música de Robles es casi un descubrimiento, puesto que todo lo que a ella se refiere estaba perdido. Ha sido precisa una labor de más de veinte años de continuo estudio y pacientes trabajos, durante los cuales Robles ha visto casi todo el Perú, ha ido de cabaña en cabaña, de pueblo en pueblo, de comunidad en comunidad, para sorprender una nueva nota, para corregir un nuevo tono, para depurar una canción cogida antes; y tomando siempre apuntes y observando siempre sonidos, ha concluido por darnos una ópera que puede ser –que hablen los críticos– buena o mala, pero cuya música es auténtica, propia, original, verdadera. Puede pasar y olvidarse la factura de la ópera, su técnica puede ser mala –que hablen los críticos–; puede discutirse todo eso, pero lo que no se discutirá nunca, porque es indiscutible, porque es el alma de una raza, es la música que él ha fijado para siempre».[301]

Más adelante, en los días previos a la presentación del famoso concierto incaico del dos de enero de 1912, Valdelomar volvió a ocuparse de la obra de Robles en una breve nota que envió a *La Opinión Nacional*. Pese a la objetividad que se exigía (y se exige todavía) para la confección de este tipo de notas y a su título un tanto lacónico –«Se anuncia gran concierto incaico para el dos de enero»–, Valdelomar no pudo disimular la gran simpatía y admiración que sentía por el compositor de «música incaica» más importante del Perú de ese entonces y terminó confeccionando esta especie de panegírico: «La aplaudida música incaica –escribe ahora– va a sonar en el nuevo Municipal. Con la asistencia de críticos, amigos y periodistas, Robles va a hacer ejecutar, en breve, algo de lo más notable de su música incaica. En muchas ocasiones, desde estas mismas columnas, hemos hablado de tan bella música y de tan distinguido cual modesto *musicien*, de manera que no tenemos grandes cosas que decir. El programa íntegro de la fiesta, que, según se susurra, la tomará bajo su palio el Instituto Histórico del Perú, lo daremos oportunamente. Hoy podemos asegurar que entre los números está el *Himno al Sol* que la raza cantaba a su divinidad, la *Danza macaha*, verdadera, genial y originalísima obra, varias canciones y el aria del tenor de la ópera *Illa Cori*, escrita por Robles y que se estrenará en Nueva York. Habrá un discurso de un miembro del instituto y una descripción de la música que hará uno de nuestros jóvenes intelectuales más prestigiosos. Auguramos un nuevo triunfo al notable compositor y modesto compatriota».[302]

---

[301] *Ibíd.*, pág. 266.

[302] Valdelomar, Abraham: «Se anuncia gran concierto incaico para el dos de enero», *La Opinión Nacional*, Lima, 29 de diciembre de 1911, en *Obras Completas*, Tomo I, págs. 184-185.

Al final, el concierto incaico del dos de enero de 1912 fue un éxito completo y Valdelomar tuvo la dicha de presenciar, en vivo y en directo, la consagración definitiva de su amigo Robles, entre otras cosas, porque él fue el que se encargó de pronunciar el discurso sobre música incaica que se había programado para esa noche tan especial. Lo raro del caso fue que, durante su intervención, que a los pocos días fue publicada en *La Opinión Nacional* con el título de «El espíritu de la raza moribunda», Valdelomar no se contrajo alrededor del tema de la obra de Robles –como en esa noche seguramente esperaban muchos de los asistentes al Teatro Municipal de Lima–, sino, más bien, trató de reflexionar sobre un problema que inquietaba su vigilia de literato esteticista y decadente y, por momentos, parecía desplazarlo hasta los recónditos y extraños terrenos de la metafísica: ¿por qué ningún dolor del mundo era comparable al que palpitaba en la música incaica?

Para abordar este tema tan complejo y difícil, Valdelomar apeló a una vieja leyenda indígena llamada «Rumi Yuyaymanak» («El pensativo de piedra») y a unos versos de Renato Morales de Rivera, que, más que un vate modernista propiamente dicho, era –para usar la misma frase de Federico More– «el último poeta romántico de la romántica Arequipa».[303] Después de comentar estos dos textos literarios, Valdelomar desarrolló su idea de que el pueblo del antiguo Perú, no obstante la situación de bonanza que había alcanzado con los incas, era muy melancólico y doliente, al extremo que se preocupaba mucho por lo desconocido, vivía prácticamente atormentado por el presentimiento infinito de lo inexplicable y, tal como ocurría con «El pensativo de piedra», se desgarraba queriendo tratar de entender lo que decían las aguas del río, la lluvia o el viento. Finalmente, después de realizar una exposición donde prácti-

---

[303] More, Federico: *Andanzas*, Lima, Editorial Navarrete, 1989, pág. 36.

camente reivindicaba los fueros de la imaginación y la creación literarias como medios con los que también se podían estudiar las realidades históricas, Valdelomar arribó a la conclusión que el incomparable tono de dolor de la música incaica no era sino una admirable sublimación de esa especie de trágico cotidiano que siempre habría perseguido al espíritu indígena.

Fue justo en este momento que las divagaciones de Valdelomar en torno a un tema aparentemente tan alejado de todo tipo de preocupación social –a saber, ¿por qué ningún dolor del mundo era comparable al que palpitaba en la música incaica?– terminaron transformándose en una denuncia franca y abierta contra la brutal opresión que pesaba sobre el indio peruano: «Ningún dolor –dice– es comparable al dolor de la música incaica. Allí revive, como lo vais a sentir, todo el pasado de oro y de luz, la pompa de los templos y de los palacios, el ritmo de sus danzas y de las naciones ancestrales. Allí en la flauta del pobre indio estalla el dolor inolvidable de la conquista, el llanto por la heredad perdida, por la familia asesinada y por los dioses ofendidos; allí, en esa música que vais a escuchar, los indios habían presentido la esclavitud de cuatro siglos y su vida errante y angustiosa. Y parece escucharse en estas armonías dolorosas, la voz del pobre indio desheredado que nos dice: Yo era el único dueño de este imperio; yo soy el último de los que levantaron fortalezas contra el tiempo; yo soy uno de aquellos que llenaron de oro los templos, los jardines y las ambiciones de los monarcas y los conquistadores; yo os he dado patria y os pido ley; os he dado mi imperio y os pido albergue; os di el río y el valle; el surco, la semilla y el músculo: ¡yo os pido un pedazo de pan!... Pensad señores en la pobre raza moribunda. Pensad en la miseria, en la humillación, en el hambre y en el frío de los últimos hijos del Sol, en que cada medio día oculta un nuevo crimen, en las tragedias de esos pobres seres olvidados a manos torturantes; y, asistiendo al renacimiento de su espíritu, en la música de esta noche memorable, entonad un salmo íntimo por la vieja raza que se muere, por el pueblo abandonado que desaparece, por todas esas almas anónimas que lloran en las quenas el abandono de los peruanos más fieros aún que los conquistadores».[304]

No obstante, en las pocas oportunidades que se refirió al asunto concreto de la obra artística de Robles, Valdelomar habló sobre todo del *Himno al Sol* y hasta presentó una rápida y original interpretación sobre esta conmovedora pieza musical: «Estamos –dice– en presencia de una maravillosa creación de la raza peruana. Podría decirse que en ninguna de las piezas ejecutadas vibra mejor el espíritu de los ancestrales [...] Es un salmo a la naturaleza. Las notas dicen la noche. La tierra está envuelta en las tinieblas hace muchas horas. La ciudad imperial del Cusco duerme tranquila, pero ya al amanecer, los grandes sacerdotes vigilan el horizonte. La tierra desde el Coricancha está muy fría y la naturaleza se lamenta del abandono en que la deja el Padre Sol. De pronto el pueblo empieza a desperezarse, la población se despierta. Todo es silencio y esperanza. Se va acercando la gran hora triunfal. Una súbita alegría se anuncia en la música. Un débil rayo ha dejado una dudosa luz en un pico lejano de las montañas. ¡El Padre Sol va a venir! ¡El rey no ha abandonado a su pueblo! Una claridad se anuncia. La tierra vibra alegremente, entona una ovación de bienhechor. Aparece ahora la humanidad. Un nuevo lamento se anuncia con una cadenciosa armonía en la música [...] Tal se recibía la luz del sol en la antigua raza, hace siglos, cuando los templos aún no estaban profanados ni los dioses en desgracia...».[305]

---

[304] Valdelomar, Abraham: «El espíritu de una raza moribunda. Párrafos de la conferencia leída en el Teatro Municipal, en la noche del concierto de música incaica del señor Daniel Alomía Robles, por Abraham Valdelomar», *La Opinión Nacional*, Lima, 7 de enero de 1912, en *Obras Completas*, Tomo I, pág. 292.

[305] *Ibíd*, págs. 293-294.

Cerca de un lustro después del famoso concierto incaico del dos de enero de 1912, cuando la Compañía Dramática Incaica Cusco hizo su primera gira por Lima y el teatro incaico en quechua se comenzó a convertir en un fenómeno nacional e, incluso, panandino, Valdelomar se sintió cautivado por este tipo de experiencia cultural, sobre todo por la representación del *Ollantay*, y terminó de entusiasmarse con las posibilidades artísticas del incaísmo. Además, a partir del nuevo estímulo que representaba el teatro incaico en quechua, Valdelomar empezó a reflexionar sobre una serie de cuestiones que pertenecían a la agenda de lo nacional en la literatura, como eran las causas que habían contribuido a que en el Perú todavía subsistiese la pesada carga de la herencia colonial, la forma en cómo en la literatura peruana se reflejaban los problemas de la falta de integración nacional y, finalmente, cómo el incaísmo se podía convertir en el punto de confluencia de los elementos todavía dispersos de la nacionalidad peruana.

Así, el 26 de febrero de 1917, cuando la Compañía Dramática Incaica Cusco estaba a punto de debutar en la capital, Valdelomar publicó en el diario *La Prensa*, de Lima, un breve artículo que llevaba el título bastante significativo de «¡Por la gloria de la raza!», donde, sin poder contener la gran emoción que lo embargaba, prácticamente conminó a sus lectores para que asistiesen a esta importante presentación teatral: «Suponemos –dice– que mañana el Teatro Municipal esté invadido totalmente por el público. Se estrena una compañía dramática nacional, que viene desde la ciudad sagrada de los emperadores, a derramar sobre la apatía artística metropolitana, su encantado cofre de leyendas áureas; a hacer revivir por un instante el glorioso espíritu de la raza aborigen; a exhumar cuanto de maravilloso y estupendo hay en la historia del pueblo predilecto del Sol; a pintarnos los anhelos, los ideales, las pasiones y los ritos de una sociedad cortada en flor por el acero sangriento, viril y burdo de los conquistadores [...] La pétrea ciudad del Cusco, los templos vacíos, las fortalezas hieráticas, las leyendas que aún esperan el soplo artístico que las cristalice, el noble idioma de los emperadores y de los sumos pontífices, todo esto, envuelto en fastuosos trajes y entre solemnes decorados, aparecerá mañana en el escenario del Teatro Municipal, que ha de estar rebosante, porque si fue estrecho para contener al público que acudía a las representaciones del teatro argentino, y a aplaudir las pueriles vulgaridades grotescas del señor Martens, hoy, que viene por primera vez una compañía de actores nacionales a sentarnos las bases de un teatro trascendental y de una estética nacionalista, esperamos ver allí a todos los que estimen en algo a su país, tengan claro concepto de lo que este esfuerzo representa y sientan un gran orgullo de su raza, de su historia, de sus grandezas divinas y de su helial origen divino».[306]

El 27 de febrero de 1917, conforme habían anunciado los principales diarios de la capital, la Compañía Dramática Incaica Cusco debutó en el Teatro Municipal de Lima con la más aplaudida de todas sus escenificaciones: el *Ollantay*. Como era previsible, la presentación fue todo un éxito y así se encargó de proclamarlo el mismo Valdelomar, quien, un día después, en el diario *La Prensa*, publicó el artículo «¡El triunfo de la raza!», donde, entre otras cuestiones, informaba lo siguiente: «La propiedad de los trajes, la corrección de los actores, y el hecho de ser ellos mismos de la más pura sangre incaica –dice–, dieron a la obra un tan intenso sabor nacional, una tan completa sensación de verismo, que el público, desde el comienzo hasta el fin de la obra entusiasmado y conmovido, prorrumpió en exclamaciones y tributó los más calurosos aplausos a los distinguidos jóvenes cusqueños que forman la compañía. [...]

---

[306] Valdelomar, Abraham: «¡Por la gloria de la raza!», *La Prensa*, Lima, 26 de febrero de 1917, en *Obras Completas*, Tomo IV, pág. 312.

La música merece un capítulo especial, que nos reservamos, y lo merece también el director de orquesta, doctor Leandro Alviña. La cashua final, danzada ante el inca, fue repetida tres veces, ante las delirantes ovaciones del público».[307]

Posteriormente, accediendo a una cordial invitación que le habían hecho Luis Ochoa y Leandro Alviña, directores de la Compañía Dramática Incaica Cusco, Valdelomar, que por ese entonces se encontraba en el mejor momento de su carrera artística, subió al escenario del Teatro Municipal de Lima y, antes que se presentase por segunda vez el *Ollantay*, dictó una importante conferencia sobre el origen y la naturaleza de este antiguo drama en verso quechua. Durante su intervención, que el cinco de marzo de 1917 fue publicada en el diario *La Prensa*, Valdelomar expuso cuáles eran las conclusiones que, gracias a sus lecturas y a sus mismas conversaciones con el historiador José de la Riva-Agüero, había podido extraer de la polémica que existía en torno a los orígenes y la naturaleza del *Ollantay*. Así, a diferencia de Bartolomé Mitre, que se afanaba en probar la total procedencia española del *Ollantay*, o de Gabino Pacheco Zegarra, que defendía la tesis sobre el origen incaico de este antiguo drama en verso quechua, Valdelomar trató de matizar las cosas y, al igual que Riva-Agüero en «Sobre la autenticidad del *Ollantay* y la poesía anterior a la Conquista»,[308] sostuvo que la circunstancia que su adaptación teatral se realizara en tiempos de la Colonia por un español o criollo que conocía muy bien tanto el castellano como el quechua, o el hecho de haber sido escrita en un verso quechua que estaba sujeto a las exigencias de la métrica, el ritmo y la cadencia españolas de mediados del siglo XVIII, no había logrado alterar, para nada,

---

[307] Valdelomar, Abraham: «¡El triunfo de la raza!», *La Prensa*, Lima, 28 de febrero de 1917, en *Obras Completas*, Tomo IV, pág. 313.

[308] Ver Riva-Agüero, José de la: *Paisajes Peruanos* [1955], Lima, PUCP/ Instituto Riva-Agüero, 1995, especialmente págs. 243-244.

su indiscutible genealogía autóctona: «Se ha discutido mucho –dice– sobre el autor y la obra *Ollantay*. Quiénes hablan del cura Valdez, quiénes del Lunarejo, quiénes suponen que se representaba ya en tiempos de la gentilidad. Parece indudable que la obra fue puesta en técnica teatral durante la colonia y por un español o criollo, que manejaba con igual destreza los idiomas de conquistados y conquistadores. *Ollantay* está escrito en verso quechua, sujeto a la métrica transatlántica. Pero así como se nota la cadencia armoniosa y el ritmo de la lírica hispana en cuanto a la forma atañe, basta traducir un solo verso para darse cuenta de que la idea y la frase son absolutamente quechuas. Hay metáforas que no pudieron ser fruto de la ideología íbera o criolla. El soplo de grandeza que corre por la obra, el temblor lírico, ingenuo y veraz que estremece el fondo del drama, las escenas mismas, oras cortas y concisas, oras largas y complicadas; la música, hermana de nacimiento del drama, acusan, fundadamente, que el que escribió el libreto no hizo más que poner en caracteres gráficos una leyenda que los viejos patriarcas le dictaron. Es por esto que *Ollantay* quizás, si no la única, es una de las obras de indiscutible genealogía autóctona, y es por ello que tiene tanta grandeza y fastuosidad, tan nobles expresiones, tan candorosas escenas, tan ingenuos episodios y tan intensas bellezas».[309]

Pero, en esta importante conferencia, Valdelomar no sólo se limitó a exponer cuáles eran sus conclusiones sobre la naturaleza del *Ollantay*, sino también llegó a otear, con un sentido de lo nacional que resultaba muy parecido al que Manuel González Prada siempre había propugnado, que la falta de integración nacional que existía en el Perú se debía básica-

---

[309] Valdelomar, Abraham: «El drama *Ollantay*. Conferencia leída por Abraham Valdelomar, en el Teatro Municipal, la noche del sábado último», *La Prensa*, Lima, 5 de marzo de 1917, en *Obras Completas*, Tomo IV, págs. 309-310.

mente al hecho que muchos de sus habitantes, influenciados por los viejos prejuicios racistas de los conquistadores españoles, habían olvidado y hasta negado que el indio era la base de la nación: «Por haber olvidado a los ancestrales; por haber tenido en menos lo que en más estaba en nuestra estirpe, por no haber querido escuchar el grito de la sangre solar que por nuestras venas corre en abundancia como por nuestro país el desbordado río legendario, por no haber querido volver los ojos a la historia, madre de pueblos viejos y educadora de jóvenes sociedades –dice–, hemos sido hasta hoy un pueblo sin orgullo, una sociedad dispersa, heterogénea y desorientada, en la cual ha podido aparecer, en siniestras horas muertas, no sólo el espectro despreciable de nuestras criollas tiranías, sino hasta la pavorosa sombra insultante de una invasión extranjera».[310]

Sin embargo, en su reflexión sobre la falta de integración nacional que existía en el Perú, Valdelomar no partió de una preocupación básicamente política o social, sino de una motivación artístico-literario que se fundaba en la convicción bastante generalizada entre un sector de los escritores de su tiempo que la literatura podía y debía contribuir decididamente a la solución del problema nacional, gracias, más que nada, a las imágenes socializadas que era capaz de proyectar sobre lo que había sido o debía ser el Perú. De allí que, durante su conferencia sobre el *Ollantay*, Valdelomar tratase de ver cómo la falta de integración nacional también había alcanzado a repercutir en el débil y mediocre desarrollo de la literatura peruana, donde muchos de sus cultores, en vez de voltear la mirada hacia el terruño o la historia nacional, preferían las cosas exóticas y lo que tenía que ver con la sicología de otros pueblos: «Nuestros artistas –afirma– fueron casi siempre a inspirarse en ajenos paisajes, nuestros poetas cantaron a las

---

[310] *Ibíd.*, pág. 308.

frágiles figuras de civilizaciones exóticas, nuestros pensadores estudiaron con frecuencia la sicología de otros pueblos. Apenas unos pocos de entre los viejos y unos muy pocos de entre los jóvenes, han tenido el claro concepto de su misión en este país que comienza a despertarse de un largo sueño pesado y sin visiones».[311]

Frente a esa literatura exotista, anémica y sin raíces nacionales que en algún momento de su vida él mismo había cultivado con esmero y fruición, Valdelomar apelaba ahora a modelos como el *Ollantay* y afirmaba que el incaísmo podía contribuir decididamente al desarrollo de la literatura peruana, particularmente en lo referente a la construcción de una imagen de la nación que restituyese a los indios el importante lugar que siempre les había correspondido, primero, por el hecho de ser los descendientes directos del Imperio de los Incas y, segundo, por constituir la mayoría de la población del país. Por eso, en una de las notas que preparó a raíz del debut en Lima de la Compañía Dramática Incaica Cusco, Valdelomar —pensando acaso en la «novela incaica» en la que trabajaba o en los «cuentos incaicos» que ya había empezado a publicar,— sostuvo que, para poder inmortalizarse, había que escribir una obra de arte que se inspirase en lo que, para él, venía a ser el punto de unión de la nacionalidad peruana: la época del Imperio de los Incas. He aquí lo que en esa oportunidad escribió: «Feliz y afortunada pluma —dice— la que consiga un día realizar el arte inspirándose en el mundo fantástico y dorado de los tiempos incaicos, porque esa pluma se inmortalizará. Allí reside el verdadero espíritu de la raza, allí habremos de recurrir para buscar el punto de unión de la nacionalidad».[312]

---

[311] *Ibíd.*, pág. 308.

[312] Valdelomar, Abraham: «¡Por la gloria de la raza!», *La Prensa*, Lima, 28 de febrero de 1917, en *Obras Completas*, Tomo IV, pág. 312.

Finalmente, a mediados de 1919, cuando se encontraba de gira por el sur del país, Valdelomar se refirió por última vez al tema del teatro incaico en quechua. Resulta que, por ese entonces, Leandro Alviña, el ex director musical de la famosa Compañía Dramática Incaica Cusco, le hizo llegar una copia de la tesis con que se acababa de doctorar en la Universidad San Antonio de Abad del Cusco: *De arte peruano. La música incaica, lo que es y su evolución desde la época de los Incas hasta nuestros días.* Conmovido por el gesto de Alviña y por todos los gratos recuerdos que su nombre evocaba, Valdelomar se puso a trabajar en el texto «Una tesis brillante de Leandro Alviña, descubridor de la gama pentafónica incaica», que pensó leer en una conferencia que planeaba dar en la ciudad del Cusco, pero que, por motivos desconocidos, no llegó a dictar. Así, casi al final de su breve pero fecunda existencia, Valdelomar pudo escribir una especie de guión donde no sólo desatacó los méritos y aportes de Alviña, a quien prácticamente llegó a presentar como el verdadero descubridor de la gama pentafónica carente de semitonos de las melodías indígenas; sino también evocó cómo, en algunos fulgurantes momentos de su carrera artística, él, no obstante su fama de dandy cosmopolita y *snob*, había sabido involucrarse con la experiencia de las «óperas incaicas» de Daniel Alomía Robles y, sobre todo, con las representaciones teatrales de la Compañía Dramática Incaica Cusco: «Uno de los intelectuales cusqueños más laboriosos y mejor preparados –escribe Valdelomar–, es el doctor Leandro Alviña, espíritu recto, idealista, enamorado de su arte. Alviña es, ante todo, un artista y un artista de la música aborigen. Cuando Robles, nuestro querido y admirable luchador, dio en Lima la primera campanada de sus estudios del folklore, ya Alviña había descubierto la gama incaica de las cinco notas; con tan valioso fruto de su labor silenciosa y asidua, este trabajador analítico, se dedicó con mayor ahínco a su empeño. Recordarían en Lima, quienes a estas cosas dedican tiempo y atención, la primera compañía incaica que se presentó en el escenario del Municipal. Aquella compañía llevaba como director de orquesta y consejero artístico, a Leandro Alviña».[313]

---

[313] Valdelomar, Abraham: «Una tesis brillante de Leandro Alviña, descubridor de la gama pentafónica incaica» [1919], en *Obras Completas*, Tomo IV, pág. 168.

3. Valdelomar en clave indigenista

La gran receptibilidad que Abraham Valdelomar mostró frente a las «óperas incaicas» de Daniel Alomía Robles y las representaciones teatrales de la Compañía Dramática Incaica Cusco, así como su convicción de que el incaísmo podía ser el punto de unión de la nacionalidad peruana, tuvo mucho que ver con el influjo de Manuel González Prada, la prédica de la Asociación Pro-Indígena, sus viajes por el interior del país y su progresiva identificación con algunos de los postulados fundamentales del indigenismo peruano.

Hasta donde se conoce, Valdelomar comenzó a frecuentar la casa de González Prada y su familia, que estaba ubicada en la calle Puerta Falsa del Teatro, en pleno centro de la ciudad de Lima, a partir de 1909. Valdelomar solía visitar a González Prada, por lo general, en compañía de Enrique Bustamante y Ballivián, Julio Hernández y José María Eguren, quienes formaban parte del cenáculo literario que animaba la revista *Contemporáneos*, que tanto tuvo que ver con la difusión del modernismo en el Perú.[314] Por ese entonces, debido a la gran admiración que sentía por González Prada, Valdelomar llegó

---

[314] De González Prada, Adriana: *Mi Manuel*, Lima, Editorial Cultura Antártica, 1947, págs. 380-381. La viuda de González Prada rememora este hecho, pero, a diferencia de su hijo Alfredo, no menciona a Valdelomar entre los intelectuales y escritores que acostumbraban visitar a su ilustre esposo.

a escribir un artículo sobre la reciente aparición del libro *Horas de lucha* (1908), que envió a *Fray K. Bezón*, una publicación satírica y anticlerical donde colaboraban algunos de los más conspicuos representantes del anarquismo peruano.[315] El comentario de Valdelomar –que, lamentablemente, por razones desconocidas, todavía no ha sido incorporado en sus *Obras Completas*– fue muy apreciado por González Prada y, sobre todo, por su hijo Alfredo, quien, desde ese entonces, tal como escribirá después, comenzó a simpatizar con el joven escritor iqueño: «Recuerdo –dice– un artículo [de Valdelomar] sobre *Horas de lucha* publicado en julio de 1909. Yo entonces comencé a tenerle simpatía. Había visitado a mi padre, como "admirador"; no como amigo mío. Nuestra verdadera amistad nació en los días de una famosa excursión universitaria, en 1910, organizada por el doctor Curletti para visitar los departamentos del Sur».[316]

Así, gracias a la lectura de *Horas de lucha* y a su misma vinculación con González Prada, Valdelomar se pudo familiarizar con sus denuncias acerca de cómo, desde los primeros albores de la Conquista, los blancos habían convertido al indio en una casta ínfima de donde, no obstante la proclamación de la Independencia y el advenimiento de la República, seguían extrayendo el buey de las haciendas, el topo de las minas y la carnaza de los cuarteles. Otra de las cosas que le impresionaron muchísimo a Valdelomar fue la manera en cómo, al momento de polemizar con todos aquellos que todavía creían en las monsergas colonialistas sobre las «razas inferiores» o se ufanaban en hablar acerca de la «decadencia» irreparable y fatal de los indígenas, González Prada prácticamente se regodeaba

---

[315] Valdelomar, Abraham: *Fray K. Bezón*, Lima, 28 de julio de 1909.

[316] González Prada, Alfredo: «Carta a Luis Alberto Sánchez, Nueva York, 26 de noviembre de 1940», en *Colónida. Edición Facsimilar*, Lima, Ediciones Copé, 1981, pág. 208.

recordando que en el Perú casi todos los hombres de algún valor intelectual habían sido indios, cholos o zambos. A lo anterior hay que agregar, también, la forma en cómo Valdelomar llegó a asimilar la propuesta de González Prada acerca de que el indio era o debía ser la base de la nación.[317]

Posteriormente, en agosto de 1910, cuando se matriculó por segunda vez en la Universidad Nacional Mayor de San Marcos, Valdelomar se inscribió en la denominada Expedición Científica Sanmarquina que dirigía el catedrático Lauro F. Curletti y, con más de ochenta estudiantes, entre los que se encontraban Alfredo González Prada y Ladislao Meza, tuvo la oportunidad de viajar durante cerca de tres semanas por los departamentos de Arequipa, Cusco y Puno. Así, durante su recorrido por el sur del Perú, que era una de las regiones donde los gamonales estaban mejor establecidos y se conservaban en la más segura impunidad, Valdelomar se encontró con un cuadro social que le impactó tremendamente y le pareció que incluso era peor al que González Prada había denunciado en los diferentes trabajos que reunió en *Horas de lucha* o *Páginas libres*: la oprobiosa servidumbre en que, a pesar de la revolución de la Independencia y la fundación de la República, aún vivía el indio peruano. Por eso, más de un año después, en diciembre de 1911, Valdelomar todavía va a recordar vívidamente la experiencia de su periplo por los departamentos andinos de Arequipa, Cusco y Puno y va a denunciar las indignantes escenas de servidumbre y feudalidad que nunca dejaron de lacerar su espíritu de hombre bueno y sensible. Además, a partir de ese momento, Valdelomar también va a recurrir a lo que se convertirá en uno de los principales recursos discursivos a

---

[317] González Prada, Manuel: «Los partidos y la Unión Nacional» [1898], en *Páginas libres/ Horas de lucha* [Edición, notas y prólogo de Luis Alberto Sánchez], Caracas, Biblioteca Ayacucho, 1976, págs. 210-211.

los que apelará cuando se le presente la oportunidad de alzar su voz de protesta contra la semifeudalidad y el gamonalismo: la figura de su condición de testigo ocular de la opresión que pesaba sobre el indio peruano. He aquí lo que dijo en esa oportunidad: «Quien estas líneas escribe –explica– conoce la sierra sur del Perú y ha visto latente, palpable, indiscutible y clamorosa la esclavitud del indio peruano. El indio está a merced de cualquiera. El no tiene casa ni hacienda, ni ropa ni sembrío. Su mujer no es el fruto de un amor cultivado. Para eso está el patrón que ha de celebrar los ritos matrimoniales antes que el marido; sus hijos pertenecen a los hijos del patrón; su ganado es de la hacienda del patrón; y, cuando quiera rebelarse, su cuerpo será de la bala del patrón. Póngase la mano en el pecho cada ciudadano del Perú, aquellos que conozcan la vida del pobre indio, y responda, pensando en sí, si la vida de los indios es vida, y si se semejan más a los hombres que a los animales».[318]

Simultáneamente, debido al influjo de González Prada y su misma confrontación personal y directa con el drama que vivía el indio peruano, Valdelomar se sintió atraido por la prédica de la Asociación Pro-Indígena, que se mostró muy activa particularmente durante la primera mitad de la década de 1910 y contribuyó decididamente a la formación de una corriente proindígena tanto en Lima como en muchas ciudades del interior del Perú. Uno de los que contribuyó a esta feliz aproximación entre Valdelomar y la Pro-Indígena fue, sin duda alguna, Daniel Alomía Robles, que compartía sus actividades de músico con las tareas que se derivaban de su condición de miembro del Comité Central de esta importante organi-

---

[318] Valdelomar, Abraham: «Un documento interesante», *La Opinión Nacional*, Lima, 3 de diciembre de 1911, [Edición, prólogo, cronología, iconografía y notas de Ricardo Silva-Santisteban], Lima, Ediciones Copé, 2001, Tomo I, págs. 143-144.

zación indigenista. Además, Robles era muy estimado por Valdelomar, que siempre lo vió como un alma artísticamente sensitiva. Así, gracias a este notable *musicien*, Valdelomar se pudo familiarizar con los avances del incaísmo y se interesó en la lectura de obras como las *Azucenas Quechuas* (1905), de Adolfo Vienrich, el más entusiasta y apasionado de los folkloristas peruanos del siglo XIX.[319] No hay que descartar tampoco la posible intermediación del propio Secretario General de la Pro-Indígena, Pedro S. Zulen, que, por el mismo hecho que le gustaba escribir poemas y hacer algo de crítica literaria, mantenía una serie de vínculos con algunos de los cenáculos que Valdelomar solía frecuentar, en especial con el que era conformado por Enrique Bustamante y Ballivián, Julio Hernández, José María Eguren y su selecto círculo de amigos barranquinos; y, además, era el que acostumbraba visitar las salas de redacción de los principales diarios y revistas de Lima con el fin de dejar alguna denuncia contra el gamonalismo o un comunicado sobre una eventual campaña indigenista. Con el tiempo, Zulen llegó a cultivar una cordialísima amistad con Valdelomar e influyó mucho en su subsiguiente proclividad a la filosofía o, mejor, en sus tanteos de esteta filosofante.[320]

Pero lo más interesante de todo fue cómo, en virtud a su amistad con Robles y Zulen, Valdelomar logró mantenerse al tanto de las diversas campañas que libraba la Pro-Indígena. Esta última situación es la que explica que, a fines de 1911, Valdelomar terminase solidarizándose con Francisco Mostajo, delegado de la Pro-Indígena de Arequipa, quien por ese

---

[319] Valdelomar, Abraham: «Carta a Enrique Bustamante y Ballivián» [Viarregio, 29 de agosto de 1913], en Silva-Santisteban, Ricardo (Editor): *Valdelomar por él mismo*, Lima, Fondo Editorial del Congreso del Perú, 2000, Tomo I, pág. 98.

[320] Sánchez, Luis Alberto: *Valdelomar o La Belle Époque*, México, FCE, 1969, pág. 243.

entonces, en una carta-documento que envió a los principales diarios y revistas del Perú, formuló una serie de graves denuncias contra el gamonalismo. Para tal efecto, Valdelomar escribió un interesante artículo que vio la luz en *La Opinión Nacional*, de Lima, donde se refería a Mostajo con términos sumamente elogiosos y, además, manifestaba que estaba de acuerdo con todo lo que éste había dicho: «La exposición que don Francisco Mostajo, hombre honrado a todas veras y cerebro jugoso y sano, hace del gamonalismo –afirma–, es un documento para la historia. Qué importa que quien lo firme sea del partido A o del partido B, que sea joven o viejo, un iluso, un desengañado o un soñador. Quien lea esta carta sabrá que quien es capaz de firmarla, es un soldado de las buenas causas, de esas luchas ideales que están muy por encima de las vanas luchas mortales, porque siembran lo que se cosechará mañana».[321]

Sin embargo, en este artículo, Valdelomar no sólo se limitó a mostrar su afinidad con Mostajo y sus críticas contra el gamonalismo, sino también reflexionó sobre cómo las élites dominantes del Perú republicano, al empeñarse en seguir explotando y despreciando al indio, no habían sabido acabar con el peor de los estigmas que había dejado el coloniaje español. Para desarrollar este tipo de razonamiento, Valdelomar apeló al uso de una autoinculpatoria primera persona en plural con la que trató de disimular cómo ya había empezado a identificarse con algunos de los postulados fundamentales del indigenismo peruano: «Un viejo pecado de antiguos chapetones que duerme en nuestra sangre –dice– es el odio, la repugnancia y el desdén que sentimos por la raza indígena. Nada hicimos al proclamarse la independencia por elevarla y cultivarla. Nada

---

[321] Valdelomar, Abraham: «Un documento interesante», *La Opinión Nacional*, Lima, 3 de diciembre de 1911, en *Obras Completas*, Tomo I, pág. 143.

hicieron nuestros libertadores por tornar en ciudadanos a esos infelices. Nada hacemos hoy, nosotros, porque el nivel moral se eleve y porque la luz de la nueva vida ilumine esos millones de cerebros abandonados a nuestro desprecio. A través de tres siglos de coloniaje y un siglo de república, los de hoy somos los conquistadores y usurpadores de ayer. A través de cuatro siglos, los indios continúan confundiéndose con las llamas y las mulas. Hoy, después de cuatro siglos, los que perdieron su hogar y su sembrío por la rapacidad de los españoles, no han podido reconquistarlos, y hoy, como ayer, la usurpación se realiza. El indio es comprado y es vendido, es azotado y es asesinado, sin responsabilidad para sus mercaderes ni para sus asesinos. Los de hoy somos los conquistadores de ayer. Todas las razas que pisan el territorio nacional tienen derechos y garantías, leyes que los amparan y hombres que las defiendan. Los negros fueron libertados por Castilla y su libertad fue desde entonces un hecho palpable. Los chinos gozan hoy más que nunca del respeto de nuestras sociedades; los sajones que invaden la república tienen fortuna y honores, y por último, los peruanos de la costa y de la sierra, expuestos a los vaivenes de la política nacional, tienen un gobierno representativo. Pero estos parias, sin Dios y sin ley, sin hogar y sin pan, sin esperanzas y sin recuerdos, embrutecidos por nosotros mismos, explotados por quienes deben defenderlos y ampararlos, esas bestias humanas humilladas y vencidas, ¿no son una afrenta para la civilización y una acusación fría, cruel, sangrienta para la patria».[322]

Más tarde, entre 1918 y 1919, cuando se convirtió en una especie de conferencista itinerante y tuvo la oportunidad de visitar casi todas las ciudades del interior del país, Valdelomar volvió a ocuparse del problema de la opresión y la explotación

---

[322] *Ibíd.*, págs. 142-143.

que desde hace cerca de cuatro siglos pesaba sobre el indio, denunció abiertamente que el gamonalismo era uno de los principales obstáculos que impedía que en el Perú pudiese florecer la democracia, intentó reflexionar acerca de las virtudes sociológicas de los habitantes de la sierra, se refirió nuevamente al asunto de las grandes potencialidades artísticas del incaísmo y hasta llegó a otear, con una clarividencia única, que la vida del indio peruano contemporáneo también podía servir de base para realizar «obra nacional».

La forma en cómo Valdelomar nunca dejó de interesarse por la suerte del indio peruano se reflejó de manera bastante nítida en el texto que preparó para una conferencia que pensó dictar en la ciudad de Cajamarca. Se trata de «La verdadera democracia», donde, acaso mejor que en ninguno de sus otros trabajos, supo demostrar cómo había llegado a familiarizarse con gran parte de los postulados fundamentales del indigenismo peruano, incluyendo la crítica contra la trinidad embrutecedora del indio (el terrateniente, la autoridad política y el cura) que Clorinda Matto de Turner alcanzó a estigmatizar, para siempre, en su novela *Aves sin nido* (1888). El borrador de este discurso Valdelomar debió ya traerlo bien meditado desde antes de dejar Lima y se inspiraba tanto en las enseñanzas de González Prada como en la prédica de la Asociación Pro-Indígena, sobre todo en lo que se refería a sus críticas contra el gamonalismo y la forma en cómo éste impedía que la libertad y la democracia pudiesen florecer en el Perú. Pero, tal como ha podido establecer Waldemar Espinoza Soriano, fue en Cajamarca donde Valdelomar perfeccionó y agrandó el texto de «La verdadera democracia», colocando ejemplos y experiencias de lo que vió y escuchó durante su viaje desde la estación de tren de Chilete hasta la pequeña ciudad de Cumbe, particularmente acerca de cómo en pleno siglo XX, en las serranías del Perú, los indios aún eran utilizados como bestias de carga, mientras que los grandes terratenientes todavía continuaban ejerciendo el bárbaro derecho de pernada.[323]

De esta manera, evocando una serie de hechos que se le quedaron pegados en la retina, Valdelomar pudo lanzar un dramático alegato a favor de la redención social del indio peruano, aunque con un tono que –como muy bien observó Manuel Miguel de Priego–[324], demandaba más compasión que rebeldía: «Piedad, señores –implora Valdelomar–, para nuestros indios, para esa raza esclavizada, envilecida, ignorante, humillada, bestializada por la rapacidad del gamonal, primer enemigo de la democracia y la libertad; piedad señores, para nuestros indios que allá en los rincones apartados de nuestras serranías sufren el látigo del patrón, el despojo del gobernador, la rapacidad del cura inmoral, del subprefecto analfabeto y del diputado servil. Piedad, señores, para el indio que sirve de acémila en la sierra de Cajamarca, en cuyas espaldas de bestia de carga, crece el parásito, se multiplica el gusano y se alimenta el piojo, cosas que yo he visto con mis ojos y he denunciado a todo el Perú. Piedad para el indio que en la tristeza trágica de la puna, a la caída de la tarde, ve llevarse su ganado por el gobernador voraz, por el compadre del diputado, por el paniagudo del subprefecto o por el costeño cruel, analfabeto, aventurero y ladrón. Pensad en el indio asesinado, pensad en el indio incestuoso por propia ignorancia, pensad en el indio proscrito, en el que vende, por ignorancia, a sus hijos a cambio de un asno, de una llama o de un cerdo. Pensad en esos tres millones de habitantes del Perú que hace cuatro siglos van agonizando en los estertores de una angustia espantosa y a quienes se arrebata no sólo la propiedad y el ganado sino el honor de sus madres,

---

[323] Espinoza Soriano, Waldemar: *Abraham Valdelomar en Cajamarca*, Lima, Universidad Ricardo Palma, 2003, pág. 39.

[324] Miguel de Priego, Manuel: *El conde plebeyo. Biografía de Abraham Valdelomar*, Lima, Fondo Editorial del Congreso del Perú, 2000, pág. 373.

de sus mujeres, de sus hijas o de sus novias. Vosotros no podéis ignorar que en ciertos lugares de la sierra del Perú, que yo he visitado, hay indios que sirven de bestias de carga. Para trasladar de la costa hasta Cajamarca un piano para que se divierta una familia de gamonales, ochenta indios son ocupados y han de llevar tan pesada carga a través de cerros y de abismos que aún ni la civilización ha podido salvar. El piano llega a los salones de sus dueños, pero diez o doce indios han dejado la vida en el abismo, en los ríos o en los desfiladeros. Hay indios que eligen una novia, una flor de amor porque ese sentimiento es universal, eligen una novia para que los acompañe en el duro camino de su trágica vida, pero el patrón arrebata a la novia en la noche de bodas y la entrega al día siguiente al enamorado como una flor marchita. El pobre indio envilecido agradece al patrón tan alto honor. Hay más aún, hay familias de indios a las que se toma de rehenes a sus hembras cuando la comunidad no ha podido pagar una contribución».[325]

Al final, Valdelomar no llegó a utilizar el borrador de «La verdadera democracia» en ninguna de las charlas que en junio de 1918 dictó en la ciudad de Cajamarca, debido, posiblemente, a que trató de evitar conflictos o cualquier otro tipo de problemas con los representantes de la oligarquía terrateniente local, que eran los que solían acudir a este tipo de actos y formaban parte del público que pagaba sus propias entradas.[326] Fue más tarde, a mediados de 1919, durante su gira por los departamentos del sur del Perú, que Valdelomar logró superar sus dudas e inhibiciones y se atrevió a usar este importante documento en las diversas conferencias que en esa ocasión pronunció. Por ejemplo, eso fue lo que ocurrió cuando visitó

---

[325] Valdelomar, Abraham: «La verdadera democracia» [Cajamarca, junio de 1918], en Valdelomar, Abraham: *Obras* [Edición y prólogo de Luis Alberto Sánchez], Lima, Edubanco, 1988, Tomo II, págs. 547-548.

[326] Espinoza Soriano, Waldemar: *Op. cit.,* págs. 114-115.

la monumental ciudad del Cusco y dictó la charla «El verdadero patriotismo», donde prácticamente empleó algunos de los párrafos más importantes de «La verdadera democracia»: «Piedad, señores –dice aquí Valdelomar–, para nuestros indios, para la raza esclavizada, envilecida, ignorante, humillada, bestializada por la rapacidad cruel del gamonal, primer enemigo de la democracia y de la libertad; piedad, señores, para nuestros indios, que allá en los rincones apartados de ciertos departamentos del Perú, sufren el látigo del patrón, el despojo del gobernador y la rapacidad del cura ignorante e inmoral. Piedad, señores, para el indio que sirve de acémila en la sierra de Cajamarca, y en cuyas espaldas crecen las llagas donde se multiplican el gusano y el piojo, cosas que yo he visto con mis ojos y que he denunciado en todo el Perú; piedad para el indio que en la tristeza trágica de la puna, a la caída de la tarde, ve llevarse su ganado al voraz gobernador, por el compadre del diputado o por el costeño analfabeto, aventurero y ladrón. Pensad en el indio asesinado, en el indio proscrito, en esa humanidad que se debate, hace ya cuatro siglos, en los estertores de una angustia espantosa».[327]

Además, en otra de las conferencias que por ese entonces pronunció en la ciudad del Cusco, Valdelomar volvió a explayarse en el asunto del gamonalismo y lo calificó como un crimen de lesa humanidad. En esa oportunidad, con un fraseo que parecía que había sido tomado de los encendidos artículos que Pedro S. Zulen, Joaquín Capelo y Dora Mayer solían publicar en *El Deber Pro-Indígena*, Valdelomar sostuvo que el gamonalismo era como una especie de gangrena social que, después de haber hecho con los indios lo que ningún pueblo hizo con ninguna otra raza del mundo, venía carcomiendo e

---

[327] Valdelomar, Abraham: «El verdadero patriotismo» [Cusco, junio de 1919], en *Obras Completas*, Tomo IV, pág. 446.

infectando a todo el país, al extremo que ahora podían encontrarse gamonales por doquier: «La juventud que represento –dice– condena solemnemente el crimen de lesa humanidad que se llama el gamonalismo, ese maldito gamonalismo que permite que los indios se alcoholicen, que la raza haya degenerado hasta el punto en que la vemos hoy; ese maldito gamonalismo que ha hecho en el Perú lo que ningún pueblo hizo con ninguna raza del mundo, que ha convertido al hombre en una especie [que] fluctúa entre el esclavo y la llama; ese maldito gamonalismo que tiene en la cárcel a los hombres honrados y que deja sueltos a los ladrones; ese gamonalismo que es la inversión de la humanidad, que es un paso atrás, un retroceso hacia la barbarie; el gamonalismo que es la esclavitud en el siglo XX; el gamonalismo que es una mancha para el universo, después que se acaban de sacrificar en Europa más de diez millones de hombres por la libertad del universo. El Perú, señores, es el reino de los gamonales; no sólo es gamonal el que en la sierra mata, roba, asesina y embrutece; también son gamonales los políticos que se creen dueños del Estado y que consideran al Perú como un feudo; en nuestra patria el gamonalismo es una institución nacional; hay gamonales entre los indios de las serranías y hay gamonales entre los que gobiernan; hay gamonales no sólo en los pueblos serranos sino en las escuelas y universidades, en los cuarteles y en el parlamento, en el comercio y en la política...».[328]

Pero Valdelomar no sólo se limitó a clamar por la redención social del indio o se empeñó en condenar abiertamente al gamonalismo, sino también trató de participar en la discusión acerca de lo que el denominado «factor indio» podía aportar en la formación de la nacionalidad peruana. Con ese fin, bo-

---

[328] Valdelomar, Abraham: «Ideales nacionales» [Cusco, junio de 1919], en *Obras Completas*, Tomo IV, pág. 439.

rroneó una especie de guión o borrador que pensó utilizar en la charla «El valor aborigen en la vida nacional», que, al parecer, nunca llegó a dictar. Lo importante del caso fue que aquí Valdelomar trató de reflexionar por primera vez sobre un tema que, de una u otra forma, iba va más allá de los límites que le imponía su propio discurso indigenista, que, por un lado, insistía mucho en la defensa del indio, pero, por el otro, compartía la creencia o, mejor, el prejuicio, que éste, a raíz de los cuatro siglos de opresión y explotación que soportaba, había «degenerado», vivía en el peor de los primitivismos y hacía gala de una abulia increíble. Así, gracias a que trató de privilegiar el aspecto de las «virtudes sociológicas» del hombre de la sierra, Valdelomar pudo comenzar a romper con esa visión un tanto negativa y hasta pesimista que tenía sobre el indio: «Los hombres de la costa –dice ahora– lamentan siempre la falta de condiciones sociológicas del serrano. Al tomar en consideración el elemento aborigen, veamos qué ventajas ofrece a la nacionalidad el factor indio. En orden intelectual y moral, el indio tiene virtudes especialísimas. Recordemos su contracción en el trabajo, su pertinancia en las empresas, su altivo orgullo en las sociedades, su austeridad en la vida. Veamos cuáles son los resultados del indio en la vida nacional. Nuestro ejército está formado de indios, como lo está el de Bolivia, que son los dos ejércitos quizás más resistentes de América».[329]

Otro de los tópicos que por esa época Valdelomar volvió a tocar fue la necesidad de realizar «obra nacional». El mismo hecho que acababa de publicar su libro de cuentos *El Caballero Carmelo* (1918) y aparecía como uno de los iniciadores de la gentil literatura del terruño, le llevó a insistir, antes que nada, en la cuestión del «criollismo». Por eso, en mayo de 1918,

---

[329] Valdelomar, Abraham: «El valor aborigen en la vida nacional» [1919], en *Obras Completas*, Tomo IV, pág. 524.

durante la visita que hizo a la ciudad de Trujillo, dictó la conferencia «El criollismo en la literatura», donde se contrajo alrededor del tema de la obra de un puñado de escritores a los que consideraba como los iniciadores del nacionalismo literario en el Perú: Felipe Pardo y Aliaga, Manuel Ascencio Segura, Ricardo Palma y Leonidas Yerovi.[330] Simultáneamente, Valdelomar, que hasta el final de su vida siguió hablando tanto de su «novela incaica» como de su libro de «cuentos incaicos», no desperdició la oportunidad para insistir en lo que para él era la forma más importante de hacer «obra nacional»: el incaísmo. De ahí que, a fines de 1918, en un hermoso artículo que preparó cuando retornó de su gira por el norte del Perú, afirmase que si alguna magia tenían los pequeños valles de La Libertad, las viejas ruinas de la cultura Chimú, los arrozales de Chiclayo, los Andes escalonados de Cajamarca, los Baños del Inca, los lagos misteriosos de Mañuela, los templos abandonados de Zaña, los algarrobales de Piura o los limpios arenales de Sechura era, sin duda, la de evocar la época del Imperio de los Incas.[331]

Por último, ya en los tramos finales de su periplo por el sur del Perú, Valdelomar descubrió una veta artística que también podía servir de base para hacer «obra nacional», pero que, desgraciadamente, debido a los pocos meses de vida que le quedaban, no tuvo tiempo de explotar: la vida del indio contemporáneo. Por lo menos, ese fue la especie de programa literario que Valdelomar esbozó en junio de 1919, cuando, en una de las conferencias que dictó en la ciudad del Cusco, se

---

[330] De esta importante conferencia, desgraciadamente, no se ha conservado ningún guión o borrador y sólo se ha podido encontrar una que otra referencia bastante genérica. Ver Angeles Caballero, César A.: *Valdelomar: Vida y obra*, Lima, P.L. Villanueva, 1964, pág. 43.

[331] Valdelomar, Abraham: «Acción de gracia a los paisajes peruanos», *Sudamérica*, N° 51, Lima, 7 de diciembre de 1918, en *Obras Completas*, Tomo IV, págs. 382-383.

dirigió a los estudiantes universitarios, los profesionales y los intelectuales que le escuchaban y, como pensando en voz alta, exclamó lo siguiente: «Qué hermoso sería pintar a nuestros indios, a nuestros tristes y trágicos indios que sobre los yermos de nuestra puna, bajo los cielos claros y límpidos, apacientan sus rebaños, mientras la quena derrama su tristeza sobre la tierra verde y monótona, en el frío penetrante, en el silencio solemne de la naturaleza. La quena, aquel divino y sencillo instrumento incomparable en cuyas notas vive todo el dolor de una raza sentimental y tierna, humillada y doliente, la quena, incomparable instrumento en cuyas notas que parecen recuerdos musicales, los indios descargan todas sus amarguras añorando los felices días en que el sol era el padre de la raza y que en la felicidad abría sus blancas alas sobre la paz del mundo. Y las trillas, aquellas fiestas campesinas donde el trigo arroja sus granos de oro, al golpe firme y rítmico de los caballos, a los gritos guturales de los mozos y las mozas, a ruido del tamboril y al penetrante silbar de los cornetonas largas y agudas. Y los pequeños valles apacibles y dorados, verdaderos mares de oro, donde danzan las espigas una danza reposada y mavillosa, mientras la brisa canta su canción sobre los tallos rendidos, bajo el azul divino, en cuyos límites las nubes asoman sus múltiples cabezas de algodón, como ancianos que quisieran contemplar la belleza infinita. Qué hermosa sería la obra que pintara la tristeza, la pensativa y solemmne tristeza de nuestra sierra, de estos pueblos tan sencillos y encantadores que se duermen amodorrados a la falda de un cerro, mientras que a sus pies la quebrada abre sus muslos donde corre el agua cristalina y fría de los ríos que van, en su lento caminar, hacia las costas a besar los mares después de haber fecundado los mundos y después de haber dado el pan a los hombres».[332]

---

[332] Valdelomar, Abraham: «Ideales nacionales» [Cusco, junio de 1919], en *Obras Completas*, Tomo IV, págs. 441-442.

4. Los proyectos incaístas de Valdelomar

Abraham Valdelomar se empezó a interesar en los temas prehispánicos casi desde el primer momento en que abandonó su antigua ocupación de ilustrador y caricaturista de revistas y decidió dedicarse de lleno a lo que sería la pasión de toda su vida: el periodismo y la literatura. Todo parece indicar que en 1910, después de la visita que hizo a la monumental e histórica ciudad del Cusco, Valdelomar comenzó a pensar seriamente en la posibilidad de realizar «obra nacional» y, con el fin de poder revivir artísticamente el esplendor de la época del Imperio de los Incas, concibió la idea de escribir una «novela incaica». Este importante dato fue revelado por el propio Valdelomar en un documento que, a guisa de introducción para su gran tragedia pastoril, *Verdolaga*, preparó en 1916: «Hace cinco años, visitando la capital de los incas, la majestuosa ciudad de piedra, en la cual, si se ha extinguido la magnificencia de los emperadores, vive aun el espíritu de la raza —escribe allí—, concebí la idea, de escribir una novela incaica para resucitar aunque fuese pálidamente en la vida fugaz y breve de un libro, el esplendor del extinguido imperio, la sabiduría de los padres sepultos, la prudencia de sus legisladores, la honestidad de las costumbres, la honda melancolía de sus artistas, la deslumbradora pompa de sus templos y palacios, y la hermética solemnidad de sus ritos. Aquel ensueño audaz concebido en un momento de fervor patriótico y de orgullo de mi raza, pasó cuando quise poner en las carillas mi propósito. Dime cuenta de la magnitud de la obra; encontré vallas insalvables en mi propia ignorancia sobre la vida de los incas; y a medida que más ahondaba en el estudio de los cronistas, complicado y ameno, contradictorio a veces e incompleto siempre, más me afianzaba en la convicción de mi debilidad para tal obra y desistí de mi empeño. Pero si aquellos escollos hiciéronme desistir de la novela no cambiaron mi convencimiento respecto a la necesidad de estudiar a fondo el alma de la raza ni cejar en mi deseo de realizar en forma más modesta y accesible a mis disposiciones, obra nacional».[333]

Pero no fue sino hasta mediados de 1913, durante su breve estancia en la ciudad de Roma, adonde viajó en calidad de Secretario de Segunda Clase de la Legación del Perú en Italia, que Valdelomar recién pudo comenzar a redactar la «novela incaica» que tanto le angustiaba y hasta llegó a sostener, en una de sus típicas explosiones de júbilo, que estaba a punto de terminarla y que pensaba publicarla en Francia o en España. «Creo que mi novela incaica será un triunfo, pero sólo la principiaré a imprimir en diciembre pues tengo que concluirla», le escribió Valdelomar a su madre, doña María Pinto de Valdelomar, en una carta del 12 de agosto de 1913.[334] Poco después, en una misiva que por esos días le envió a uno de sus mejores amigos, Enrique Bustamante y Ballivián, Valdelomar volvió a referirse al asunto de su «novela incaica» en la que, por lo visto, había cifrado muchas expectativas. «Mi novela incaica avanza

---

[333] Valdelomar, Abraham: «Al lector», Introducción a *Verdolaga* [1916], reproducido en Cabel, Jesús: «El último acto de *Verdolaga*», en *Valdelomar. Memoria y leyenda* [Prólogo, selección, bibliografía y notas de Jesús Cabel], Lima, Editorial San Marcos/ INC, 2003, págs. 291-292.

[334] Valdelomar, Abraham: «Carta a su madre» [Roma, 12 de agosto de 1913], en Silva-Santisteban, Ricardo (Editor): *Valdelomar por él mismo*, Lima, Fondo Editorial del Congreso del Perú, 2000, Tomo I, pág. 82.

cada día. No se imagina cuánto se interesan aquí por el Perú», dijo esta vez.[335]

Tras su retorno al Perú, en abril de 1914, Valdelomar continuó hablando de algunos de los libros que había concebido en Roma, como, por ejemplo, *La aldea encantada*, que era descrito como un «un libro de cuentos de sabor peruano» o una «colección de novelas cortas que se deslizaban [deslizan] en Pisco». Pero, en cambio, no dijo nada acerca de la «novela incaica» que había comenzado a escribir en Roma y, supuestamente, estaba a punto de terminar y entregar a la imprenta. Fue recién en 1916, en el documento anteriormente citado, que Valdelomar volvió a mencionar nuevamente a su «novela incaica», aunque sólo para referirse a la suerte de frustración que había sentido cuando, después de haber redactado las primeras cuartillas, descubrió que carecía de los conocimientos que necesitaba para poder revivir artísticamente la extinguida magnificencia del Tahuantinsuyo.

Sin embargo, en los años siguientes, a despecho de lo que había sostenido en la introducción de *Verdolaga*, Valdelomar siguió hablando de su «novela incaica» y hasta dejo entrever que ya había terminado de escribirla. En ese sentido, existen una serie de indicios que muestran cómo, gracias a su amistad con Daniel Alomía Robles, su trabajo como lector y secretario privado del historiador José de la Riva-Agüero y sus mismas vinculaciones con la Compañía Dramática Incaica Cusco, Valdelomar se interesó por obras como las *Azucenas Quechuas*, (1905) de Adolfo Vienrich; tuvo la oportunidad de leer a una serie de cronistas de la época de la Conquista y la Colonia, como el Inca Garcilaso de la Vega, Pedro Cieza

---

[335] Valdelomar, Abraham: «Carta a Enrique Bustamante y Ballivián» [Viarreggio, 29 de agosto de 1913], en *Valdelomar por él mismo*, Tomo I, pág. 97.

de León, Pedro Pizarro, Cristóbal de Molina o Juan Polo de Ondengardo; y, finalmente, se familiarizó con el estudio del *Ollantay* y se mantuvo al tanto del gran debate que existía en torno a los orígenes y la naturaleza de este clásico drama incaico en quechua. De este modo, conforme fueron aumentando sus conocimientos acerca de la vida en el tiempo de los incas, Valdelomar se sintió más seguro de sí mismo y tuvo los bríos que requería para retomar el proyecto de su «novela incaica» y, quizás, hasta para terminar de escribirla.

Por lo menos, eso fue lo que el mismo Valdelomar dio a entender en la especie de carta-testamento que a comienzos de 1918 le envió a sus amigos Enrique Bustamante y Ballivián, José María Eguren, Percy Gibson y Alberto Ibarra con el fin de darles algunas instrucciones concretas sobre lo que debía hacerse con sus «papeles literarios» en caso que le sucediese algo malo en el lance de honor que iba a tener con Glicerio Tassara, el director del diario *La Prensa*. Lo interesante del caso fue que, en esta misiva, Valdelomar no sólo dio por sentado que su «novela incaica» ya estaba lista para ser editada, sino también llegó a sostener que, de todo lo que hasta ese momento había escrito, ésta era una de las obras que más quería: «Si acaso tengo la mala o buena suerte de morir en el duelo al cual voy a asistir –dice–, me felicitaré por ello, que ya es algo morir de plomo en esta tierra donde todos mueren o están condenados a morir de "pisotón". Dejo a todos ustedes los originales de mis papeles literarios para que los arreglen, coordinen y editen. Pero, ¿con qué? Vendan todo lo que pueda venderse de mis muebles y, si algo falta, pídanlo a mi hermano Anfiloquio. Quiero mucho mis papeles, me cuestan mucho trabajo y son muy sinceros. Sé que los tratarán con cariño. Sobre todo mi novela incaica, que es lo primero y lo único que se ha escrito con base de verdad al respecto. No tengo tiempo para extenderme y sean ustedes los portadores al público de mi último tributo, si esto es tributo».[336]

Casi por la misma época en que comenzó a pensar seriamente en la posibilidad de realizar «obra nacional» y concibió la idea de escribir una «novela incaica», Valdelomar empezó también a fraguar los primeros apuntes o bosquejos de sus «cuentos incaicos». Al respecto, Manuel R. Beltroy ha recordado cómo ya en 1910, por la época en que estudiaba con Valdelomar en la Universidad Nacional Mayor de San Marcos, le oyó leer las primeras versiones de sus «cuentos incaicos», que, más de una década después, por esas cosas tan raras que a veces tiene la vida, él se encargaría de reunir y publicar en *Los hijos del Sol* (1921): «Los cuentos que tenemos el agrado de ofrecer al público bajo el título de *Los hijos del Sol* y en el segundo volumen de nuestra Biblioteca –explica Beltroy en la "Advertencia editorial" a este libro póstumo de Valdelomar–, figuran entre las primeras producciones de nuestro admirado amigo, el malogrado literato Abraham Valdelomar, cuya dolorosa y prematura muerte fue grave luto para las Musas nacionales. Efectivamente, en el año de 1910, cuando en los claustros de San Marcos fuimos condiscípulos del Primer año de Letras con Valdelomar, tuvimos el placer de escucharle la lectura que de tres o cuatro de los más escogidos de aquéllos nos hizo, en las pequeñas cuartillas satinadas en que se alineaba su inteligente escritura, en la que ponía lo mismo que en todos los actos de su vida, aquella destinación artística que muy luego lo iba a singularizar. Desde aquella fecha, algo lejana ya, el escritor había concebido un plan concreto de un libro de leyendas o cuentos incaicos, llevado por el entusiasmo de sus ávidas lecturas de los cronistas coloniales, que dieron pábulo

---

[336] Valdelomar, Abraham: «Carta a Enrique Bustamante y Ballivián, José María Eguren, Percy Gibson y Alberto Ibarra» [Lima, enero de 1918], en *Valdelomar por él mismo*, Tomo II, pág. 321.

a su innato y profundo amor por la raza, fundamental sostén de nuestra nación».[337]

Para poder terminar de confeccionar las primeras versiones o esbozos de los tres o cuatro «cuentos incaicos» que en 1910 le leyó a Beltroy y los otros relatos de esta misma serie que posteriormente comenzaría a preparar, Valdelomar tuvo que hacer las veces de un orfebre y embarcarse durante varios años en una ardua y prolongada labor de creación artística que incluía no sólo la fabulación y la escritura narrativa propiamente dicha, sino también la corrección, reelaboración y depuración de los textos que no encajaban muy bien con sus exigencias de literato esteticista y hasta preciosista. Desde este punto de vista, no tiene nada de extraño que recién a mediados de 1913, por la época en que todavía residía en Roma y andaba afanado en su misión de realizar «obra nacional», Valdelomar comenzase a hablar de los «cuentos incaicos» que ya tenía listos, pero que, en ese momento, todavía no había pensado publicarlos –como más tarde decidiría– en un volumen independiente, sino como parte de *La aldea encantada*: su proyectado «libro de cuentos de sabor peruano». Así, por esos días, en una carta que le envió a Enrique Bustamante y Ballivián, Valdelomar se refirió al hecho de cómo, en su mencionado «libro de cuentos de sabor peruano», había previsto incluir también «El ciego», que es el primero de sus «cuentos incaicos» sobre el que se tiene noticias concretas y específicas, por lo menos, en términos de obra lista o acabada.[338]

---

[337] Beltroy, Manuel: «Advertencia editorial», en Valdelomar, Abraham: *Los hijos del Sol*, Lima, Euforión, 1921, reproducido en Valdelomar, Abraham: *Obras* [Edición y prólogo de Luis Alberto Sánchez], Lima, Edubanco, 1988, Tomo I, pág. 205.

[338] Valdelomar, Abraham: «Carta a Enrique Bustamante y Ballivián» [Viarreggio, 29 de agosto de 1913], en *Valdelomar por él mismo*, Tomo I, pág. 97.

Sin embargo, fue sólo a partir de 1915, por los días en que entró a trabajar en *La Prensa*, que era uno de los diarios independientes más importantes de Lima, que Valdelomar se animó a publicar los «cuentos incaicos» que desde hace tiempo venía fraguando y comenzó a anunciar, en todas las oportunidades que tuvo, que éstos formaban parte de un «libro de leyendas incaicas» que próximamente pensaba lanzar a la venta: *Intipa-Churincuna, Los hijos del Sol*.[339] Los «cuentos incaicos» que por ese entonces Valdelomar dio a conocer fueron los siguientes: «El ciego», que el 28 de julio de 1915 apareció en *La Prensa* con el nombre provisional de «El hombre maldito» y después fue incluido en su libro de cuentos *El Caballero Carmelo* (1918), pero con el título definitivo de «Chaymanta Huayñuy»; «El camino hacia el Sol», que fue publicado en el número de *La Revista* correspondiente a septiembre de 1915 y posteriormente fue reproducido con una serie de correcciones fundamentales en *La Prensa* del 28 de julio de 1916; «Chaymanta Huayñuy. Más allá de la muerte», que vio la luz en *La Prensa* del 11 de enero de 1916 y más tarde fue reproducido con la supresión de la primera sección y el título con que hoy se le conoce («Los ojos de los reyes») en *La Crónica* del 11 de enero de 1919; «El alma de la quena», que apareció en *La Prensa* del 8 de marzo de 1917 y fue dedicado a los directores y artistas de la Compañía Dramática Incaica Cusco, que por

---

[339] Esta información apareció en la nota de presentación al cuento «El camino hacia el Sol», de Valdelomar, en la edición de *La Revista* correspondiente a septiembre de 1915. El mismo aviso se repitió en *La Prensa* del 11 de enero de 1916 con motivo de la publicación del cuento «Chaymanta Huayñuy. Más allá de la muerte», también de Valdelomar. Para mayores detalles, se puede consultar Silva-Santisteban, Ricardo: «Historia y problemas textuales de *Los hijos del Sol* de Abraham Valdelomar. (Con una propuesta para su ordenamiento)», *Boletín de la Academia Peruana de la Lengua*, N° 28, Lima, 1996, págs. 67-88.

esos días se encontraban de gira en Lima; y «La arcilla del alfarero» (o, simplemente, «El alfarero»), que fue publicado en la edición de *Variedades* correspondiente al 26 de mayo de 1917.

Entre los «cuentos incaicos» que Valdelomar publicó entre 1915 y 1919 figuraban algunos que habían pasado por un largo y complicado proceso de maduración artística y cuyo origen posiblemente se remontaba hasta la época que Beltroy señaló, esto es, al año de 1910. Tal era el caso de «Chaymanta Huayñuy», que, como antes se ha visto, ya estaba listo para ser entregado a la imprenta, por lo menos, desde mediados de 1913, aunque con el título provisional de «El ciego». Otro tanto se puede decir de «El camino hacia el Sol», que, al parecer, Valdelomar terminó de escribir por la época en que aún vivía en Roma y, con el tiempo, gracias a su grandeza y su despliegue de colores y fuerzas anímicas verdaderamente impresionantes, se convirtió en el más suntuoso y ambicioso de todos sus relatos o, un poco refraseando a Luis Alberto Sánchez, en el embrión de una tragedia que no tenía parangón en la historia de la literatura hispanoamericana.[340] En cambio, «Los ojos de los reyes», «El alma de la quena» y «El alfarero» eran menos antiguos que «Chaymanta Huayñuy» y «El camino hacia el Sol», pero esta circunstancia no impidió que ellos también fueran objeto de una serie de correcciones, supresiones y añadidos por un Valdelomar que, en este terreno, tal como ocurría con Apamarcu –uno de los personajes más cautivadores de sus «cuentos incaicos»–, era dominado por el afán de alcanzar la cima de la perfección estética.

Simultáneamente, Valdelomar llegó prácticamente a obsesionarse con la idea de la publicación de su libro *Los hijos del Sol* y, con ese fin, realizó una serie de gestiones que, desgraciadamente, por una u otra razón, nunca llegaron a prosperar. Por

---

[340] Sánchez, Luis Alberto: *Valdelomar o La Belle Époque*, México, FCE, 1969, pág. 358.

eso, a mediados de 1916, Valdelomar entró en conversaciones con doña Mercedes Rateri de Rosay, que dirigía la famosa Librería Científica Francesa Rosay y acababa de hacerse cargo de la edición de un par de libros que, en cierto modo, se vinculaban a la experiencia de la revista *Colónida*: *La Medusa* (1916), de Augusto Aguirre Morales, y, sobre todo, *Las voces múltiples* (1916), que era una antología de poemas escritos por Valdelomar, Pablo Abril de Vivero, Hernán Bellido, Antonio Garland, Federico More, Alberto Ulloa Sotomayor, Félix del Valle y Alfredo González Prada. Lamentablemente, más por consideraciones de tipo fenicias que intelectuales o literarias, la señora Rosay no pudo asumir la responsabilidad de publicar *Los hijos del Sol* y, sin quererlo, dejó a Valdelomar en una situación un poco embarazosa, ya que éste no sólo había dado por hecho la pronta aparición de su libro, sino también se había encargado de difundir la noticia entre sus amigos y conocidos que, por lo general, se dedicaban al periodismo y andaban a la caza de este tipo de «primicias». Fue así cómo el rumor llegó a filtrarse en las salas de redacción de algunos de los principales diarios de Lima que erróneamente informaron que la Librería Científica Francesa Rosay, en consonancia con un vasto plan editorial que pensaba implementar, iba a publicar dentro de poco *Los hijos del Sol*. Por lo menos, eso es lo que puede leerse en una parte de la edición del diario *El Tiempo* del 22 de julio de 1916: «La casa Rosay –se informa allí–, prepara actualmente un libro de Abraham Valdelomar, exquisito novelista, delicado poeta y sutil *chroniqueur* que ha hecho popularísimo el pseudónimo de El Conde Lemos. Valdelomar posee, sobre todo, y bien acreditado lo tiene, admirables condiciones de escritor que dice y pinta lo que siente y lo que ve; es especialmente un escritor naturalista, fino y acentuado en la observación; pero es también un escritor de gran imaginación, en el cual se unen, de este modo, la belleza y originalidad de la concepción con la riqueza, verdad y colorido del detalle [...] Estas leyendas incaicas son las que

Abraham Valdelomar ha reunido en el libro *Los hijos del Sol*, que, editado por la casa Rosay, aparecerán dentro de breves días [...] La casa Rosay, a juzgar por la publicación de *La Medusa* de Augusto Aguirre Morales, de *Los hijos del Sol* de Valdelomar y de *Las voces múltiples*, parece iniciar una serie de ediciones de obras de literatos nacionales, empresa digna del mejor elogio sobre todo cuando las obras sean elegidas con acierto».[341]

Pese a este pequeño traspié, Valdelomar jamás perdió la esperanza de ver a *Los hijos del Sol* en letras de imprenta. Por eso, mientras continuaba buscando el editor que tanto necesitaba, siguió anunciando que su libro aparecería de un momento a otro. Esta es la explicación de por qué, en una obra de la magnitud del *Diccionario biográfico de peruanos contemporáneos* (1917), de Juan Pedro Paz-Soldán, la persona que hizo la entrada sobre Valdelomar, al referirse a los aspectos más sobresalientes de su obra literaria, hablase de *Los hijos del Sol* como si fuese un libro que prácticamente ya estaba terminado: «La faz más interesante de Valdelomar, es sin duda alguna —se lee allí—, la de literato nacionalista. Ha escrito admirables cuentos criollos. Uno de ellos "El Caballero Carmelo", ganó el primer premio en el concurso de *La Nación* el año 1913. Ha escrito asimismo *Los hijos del Sol*, colección de leyendas incaicas, que tienen la virtud de ser el primer ensayo que se ha hecho en el Perú tendente a crear una literatura de la época incaica».[342]

Más tarde, en mayo de 1918, durante una entrevista que Antenor Orrego le hizo para el diario *La Reforma*, de Trujillo, Valdelomar volvió a referirse a *Los hijos del Sol* cuando se

---

[341] *El Tiempo*, Lima, 22 de julio de 1916, citado en Silva Santisteban, Ricardo: «Historia y problemas textuales de *Los hijos del Sol* de Abraham Valdelomar. (Con una propuesta para su ordenamiento)», pág. 74.

[342] Paz-Soldán, Juan Pedro (Director): «Abraham Valdelomar», en *Diccionario biográfico de peruanos contemporáneos*, Lima, Librería e Imprenta Gil, 1917, pág. 390.

explayó en el asunto de los libros que próximamente pensaba entregar a la imprenta: «Tengo en prensa –dice– *Belmonte, el trágico, Neuronas,* libro de filosofía, y *Fuegos fatuos,* colección de ensayos de *humour.* Y listos para entregarlos, un libro de leyendas incaicas, *Los hijos del Sol,* una colección de novelas cortas *La ciudad de los tísicos,* un libro de crónicas *Decoraciones de ánfora,* prologado por José Vasconcelos, el insigne esteta mexicano, mi tragedia Verdolaga y mis tres últimas novelas: "El Príncipe Durazno", "El extraño caso del señor Huamán" y una cuyo título, como usted ve, es intraducible y que es lo mejor de mis últimos trabajos».[343]

Pero, más allá de sus entusiastas declaraciones sobre los diversos libros que quería publicar, lo cierto era que Valdelomar todavía no había logrado resolver la cuestión de cómo editar *Los hijos del Sol.* La ocasión propicia para que tratase de solucionar este problema que tanto le agobiaba, se presentó recién a mediados de 1919, cuando, a raíz de sus actividades como conferencista itinerante, Valdelomar tuvo la oportunidad de viajar por segunda vez a la ciudad del Cusco y se encontró con un viejo amigo suyo, Augusto Aguirre Morales, que, no obstante su gran apego por el decadentismo y el modernismo en general, era también un apasionado cultor del incaísmo modernista y acababa de publicar, nada menos que en España, el pequeño librito *La justicia de Huayna Cápac* (1918).

Resulta que Valdelomar y Aguirre Morales no sólo estaban unidos por la cuestión que ambos eran eximios cultores del incaísmo modernista, sino también por la amistad que habían sabido cultivar a lo largo de muchos años. Hasta donde se sabe, Valdelomar y Aguirre Morales se conocían desde co-

---

[343] Orrego, Antenor: «Hablando con el señor Valdelomar», *La Reforma,* Trujillo, 26 de mayo de 1918, en *Valdelomar por él mismo,* Tomo II, pág. 369.

mienzos de 1910, cuando, a raíz del conflicto fronterizo con el Ecuador, ambos se alistaron como soldados de reserva en el Batallón Universitario y estuvieron alojados en los cuarteles de la Escuela Militar de Chorrillos. La amistad entre estos dos escritores se afianzó aún más a mediados de 1910, cuando, en su condición de integrante de la denominada Expedición Científica Sanmarquina, Valdelomar visitó la ciudad de Arequipa, de donde era oriundo Aguirre Morales, y ambos, en compañía de otros intelectuales como Percy Gibson, Renato Morales o Federico More, se dieron tiempo para leer sus obras artísticas, conversar mucho sobre literatura y hacer algo de bohemia de chichería. Valdelomar y Aguirre Morales continuaron frecuentándose a partir de 1915, cuando el segundo de ellos abandonó su ciudad natal y se instaló en Lima. Poco después, gracias a su amistad con Valdelomar, Aguirre Morales se vinculó al movimiento que animó la experiencia de la revista *Colónida* (1916) y publicó dos libros que terminaron de lanzarlo a la fama: el *Devocionario* y *La Medusa* (ambos de 1916). No obstante, Valdelomar y Aguirre Morales dejaron de verse desde mediados de 1917, cuando el segundo de ellos, por motivos laborales, dejó Lima y se trasladó a la ciudad del Cusco.

Por todas estas circunstancias, antes de su partida fatal al departamento de Ayacucho, adonde tenía que viajar para poder participar en la instalación del Congreso Regional del Centro, Valdelomar no dudó en pedirle a Aguirre Morales que se hiciese cargo de la edición de *Los hijos del Sol* y, para facilitarle las cosas, le entregó las copias de los «cuentos incaicos» que ya había publicado, cuatro de los cuales –según ha trascendido– estaban «en recortes de periódicos».[344] Sin embargo, fue

---

[344] Beltroy, Manuel: «Advertencia editorial», en Valdelomar, Abraham: *Los hijos del Sol*, reproducido en Valdelomar, Abraham: *Obras*, Tomo I, pág. 206.

recién en 1921, dos años después de la trágica e inesperada muerte de Valdelomar, que *Los hijos del Sol* pudieron ver la luz. Este acontecimiento se debió a la feliz y oportuna iniciativa de otro de los grandes amigos que tuvo el famoso escritor iqueño, Manuel R. Beltroy, que a la sazón dirigía una flamante casa editora, la Editorial Euforión, que acababa de inaugurar una serie cuyos primeros volúmenes fueron *Los poetas de la Colonia* (1921), de Luis Alberto Sánchez, y *Las cien mejores poesías peruanas* (1921), del mismo Beltroy.

Para tal efecto, Beltroy procedió a recopilar los «cuentos incaicos» que entre 1915 y 1919 Valdelomar había publicado en diversos períodos y revistas del Perú. Pero, en contra de lo que se había imaginado, esta tarea resultó muy complicada ya que estos relatos, a pesar del vivo interés de Valdelomar por agruparlos en un libro, no estaban debidamente ordenados y se encontraban dispersos aquí y allá. Además, existía otra circunstancia que, en cierta forma, también conspiraba contra la tarea que el propio Beltroy se había impuesto. Ocurre que, en sus ansias de refinamiento, Valdelomar había refundido sin cesar sus «cuentos incaicos», llegando, en algunos casos, a publicar hasta dos versiones de un mismo relato, sin contar, naturalmente, el hecho no menos engorroso y complicado de los títulos diferentes.

Así, para poder salir de la especie de laberinto en que se había metido, Beltroy optó por lo más expeditivo y buscó a Aguirre Morales para que le entregase –como, en efecto, ocurrió– los «cuentos incaicos» que a mediados de 1919 Valdelomar le había dejado. Paralelamente, Beltroy se puso en contacto con la familia del ilustre difunto y, después de hurgar pacientemente entre el mar de papeles literarios que éste había dejado, descubrió la existencia de los originales de tres «cuentos incaicos» inéditos: «Los hermanos Ayar», que era una recreación personal, moderna y un tanto teatralizada de la ancestral y conocidísima leyenda sobre la fundación del Imperio de los Incas;

«El pastor y el rebaño de nieve», que era una versión preliminar de «Chaymanta Huayñuy», sobre todo de la parte en que Karchis, desesperado por la muerte de su amada Munanaya, decide vergarse del Sol e intenta ultrajar las nieves sagradas; y «El cantor errante», que tampoco era muy original que digamos ya que su personaje central –Llaktan Manay, el flautista cuyas notas hacían enfermar el alma– era prácticamente una réplica de Yactan Naj, el divino errante, del cuento «El alma de la quena».

Fue de esta manera cómo Beltroy llegó a editar un volumen de ocho «cuentos incaicos» que, tal como había sido la última voluntad de Valdelomar, llevó el título de *Los hijos del Sol*. Pero, desgraciadamente, pese a los grandes esfuerzos que desplegó, Beltroy no logró superar los problemas textuales y editó un libro que dejaba mucho que desear desde el punto de vista filológico. Así, al momento de publicar *Los hijos del Sol*, Beltroy cometió el error de no incluir –como era lo correcto– las versiones finales de algunos de los «cuentos incaicos» que, en su afán de pulimento, el propio Valdelomar había dejado. Además, sin dar ningún tipo de justificación, Beltroy suprimió los vocabularios explicativos de las palabras en quechua que aparecían al final de estos relatos; y, salvo en el caso de «El camino hacia el Sol», eliminó los hermosos epígrafes que adornaban a varios de los «cuentos incaicos». [345]

Durante la búsqueda que realizó en el archivo que celosamente custodiaba la familia de Valdelomar, aparte de los tres «cuentos incaicos» inéditos que ya han sido mencionados,

---

[345] Para una discusión de los problemas textuales de *Los hijos del Sol*, se puede ver el ensayo de Silva-Santisteban anteriormente citado, quien, además de estudiar estas cuestiones, se ha tomado el trabajo de llevar a la práctica sus criterios y entregar a los lectores una pulcra y valiosa edición de este libro en las *Obras Completas* de Valdelomar, que en el 2001 él mismo editó y anotó.

Beltroy sólo halló algunos «fragmentos incompletos» de otros relatos similares que, a juzgar por el estilo y la composición, no eran manifiestamente del autor; y unas «poesías de corte indígena», también truncas, que, dado su carácter de versificadas, no tenían cabida en un libro como *Los hijos del Sol,* que, como es obvio, era de cuentos.[346] Pero, en cambio, no descubrió ningún rastro –un borrador, un esquema o, por lo menos, un fragmento– sobre la «novela incaica» de que tanto hablaba Valdelomar.

Esta circunstancia, como no podía ser de otra manera, ha contribuido a sembrar la duda acerca de la existencia de la «novela incaica» de Valdelomar y ha dado pábulo a una serie de explicaciones bastante discutibles. Así, por ejemplo, Luis Alberto Sánchez defendió siempre la versión sobre la existencia de la «novela incaica» de Valdelomar, aunque con el objetivo nada santo de acusar a Aguirre Morales de haberse aprovechado «ilícitamente» de esta obra: «La novela incaica que al parecer estaba terminada desde 1913 –dice–, nunca se publicó; ni siquiera hay un esquema de ella entre los papeles de "El Conde de Lemos". Y él no solía mentir en este tipo de cosas. Después se ha sabido que gran parte de los cuentos incaicos había sido confiada a Augusto Aguirre Morales, quien publicó en 1916 [*sic*: 1918] un relato incaísta de "grande alture", *La justicia de Huayna Cápac,* muy elaborado, con puntillismo decadentista. Varios años más tarde Aguirre Morales editó una novela de tema incaico, *El pueblo del Sol* (1924). ¿Se inspiraría ésta en la desconocida novela incaica de Valdelomar, de la que no nos queda rastro alguno? ¿Influyeron en aquélla las contagiosas y prudentes conversaciones con "El Conde de Lemos"?».[347]

---

[346] Beltroy, Manuel: «Advertencia editorial», en Valdelomar, Abraham: *Los hijos del Sol,* reproducido en Valdelomar, Abraham: *Obras,* Tomo I, pág. 206.

[347] Sánchez, Luis Alberto: *Ob. cit.,* págs. 347-348.

Lamentablemente, con este tipo de afirmaciones, lo único que hizo Sánchez fue pasar por alto el hecho de las gruesas diferencias que existían entre Valdelomar y Aguirre Morales en lo que respecta al tipo de incaísmo que cada uno de ellos patrocinaba. Ocurre que, ya desde la época en que publicó *La justicia de Huayna Cápac*, Aguirre Morales adoptó un tono medio épico y se interesó por algunas cuestiones que luego recrearía y desarrollaría, de manera mucho más profunda, en su novela *El pueblo del Sol* (1924 y 1927): el ambiente de tragedia que se vivía en las postrimerías del gobierno de Huayna Cápac, la férrea tiranía de los incas, los amores prohibidos entre la ñusta inca y el príncipe vencido por los señores del Cusco, etcétera, etcétera. Más tarde, cuando se abocó a trabajar en la confección de su «novela incaica», Aguirre Morales terminó de alejarse de aquella visión romántica sobre el Imperio de los Incas que subyacía en los «cuentos incaicos» de Valdelomar, proclamó que estaba más cerca del cronista Pedro Cieza de León que del Inca Garcilaso de la Vega y asumió una actitud que consideraba novedosa, original y, hasta cierto punto, contestataria. Así, antes que incidir en el lugar común de que en el Perú prehispánico todo se encontraba completamente de acuerdo hasta el momento en que se produjo la Conquista, Aguirre Morales se esforzó en destacar, antes que nada, los grandes odios, las fuertes pasiones y todos los rudos sentimientos que agitaban el alma de la raza directora del Imperio de los Incas. Al final, esta actitud le llevó, por un lado, a negar la existencia del difundido «comunismo incaico» y, por el otro, a revelar lo que él llamaba «la tiranía de los señores del Cusco».[348] Como es natural, todo esto contribuyó a que Aguirre Morales acabase escribiendo una obra narrativa de la

---

[348] Arroyo Reyes, Carlos: *El incaísmo peruano. El caso de Augusto Aguirre Morales*, Lima, Mosca Azul Editores, 1996, págs. 67-100.

dimensión y las características de *El pueblo del sol*, que, pese a que hacía gala de los recursos formales que tanto le gustaban a Valdelomar –la descripción en *grand tableau*, el puntillismo decadentista y la prosa preciosista, por ejemplo–, fue la otra cara, realista y social, de la moneda de *Los hijos del Sol*.[349]

A diferencia de Sánchez, Ricardo Silva- Santisteban no se muestra muy convencido acerca de la existencia de la «novela incaica» de Valdelomar y considera que es muy probable que cuando éste hablaba de ella, en realidad, se estaba refiriendo a «El camino hacia el Sol», que es el más logrado de sus «cuentos incaicos»: «Respecto a la "novela incaica" –dice–, parece tratarse también, con bastante probabilidad, de "El camino hacia el Sol", el cuento más suntuoso y de mayor aliento entre todos los de Valdelomar. Debemos recordar que el escritor iqueño designa como "novelas" a varios de sus cuentos y ello se debe a su vacilación para caracterizar sus relatos».[350] Pero, aunque no deja de ser sugerente, sobre todo en la parte en que incide en cómo Valdelomar llamaba «novelas» a sus narraciones que excedían las ocho o diez páginas, la hipótesis de Silva-Santisteban no tiene mucho sustento empírico y no resiste el peso de una simple confrontación cronológica. En ese sentido, el mismo hecho que en enero de 1918 Valdelomar haya vuelto a mencionar a su «novela incaica» y afirmase que era lo primero y lo único que había escrito con base de verdad, demuestra que cuando él hablaba de ella no se estaba refiriendo, para nada, a su relato «El camino hacia el Sol», en la medida en que éste, como anteriormente se ha visto, ya había sido publicado en *La Revista* de septiembre de 1915 y en *La Prensa* del 28 de julio de 1916.

---

[349] Lauer, Mirko: *Andes imaginarios. Discursos del indigenismo 2*, Lima, CBC/ Sur, 1997, pág. 102.

[350] Silva-Santisteban, Ricardo: *Op. cit.*, pág. 71.

Siendo así las cosas, resulta evidente que cuando Valdelomar hablaba de su «novela incaica» no se estaba refiriendo, en modo alguno, a ninguno de sus cuentos incaicos», sino a otra obra: a la que quizás era la más ambiciosa y querida de todas las que llegó a fraguar. Pero, como esta «novela incaica» continúa sin aparecer y todavía no ha culminado la labor de búsqueda de los trabajos que dejó regados casi por todo el país, todavía no se ha podido establecer, a ciencia cierta, si Valdelomar llegó realmente a terminar de escribirla; o si ésta, en caso de haber sido culminada, se ha extraviado y, al igual que *Ideología y política en el Perú*, de José Carlos Mariátegui, o *Verdolaga*, del mismo Valdelomar, pertenece al rubro de los grandes libros perdidos de la literatura peruana. Se trata, en fin, de algo que sólo el tiempo lo dirá, pero que no deja de iluminar un hecho que a estas alturas resulta evidente: la gran fascinación que Valdelomar siempre sintió por lo incaico.

5. LUCES Y SOMBRAS DE *LOS HIJOS DEL SOL*

Cuando Abraham Valdelomar empezó a escribir y publicar sus «cuentos incaicos», que después de su muerte serían reunidos en el libro *Los hijos del Sol* (1921), eran muy pocos los que realmente creían que lo incaico podía suscitar una buena obra literaria o tener alguna chance artística. Resulta que, no obstante la gran importancia que los incas siempre han tenido dentro del imaginario de los habitantes del Perú, sobre todo a nivel de búsqueda de soluciones a los problemas de la identidad nacional,[351] la verdad es que, hasta ese momento, casi nadie se había tomado la molestia de evocarlos desde el campo de la poesía o la narrativa o había propugnado una estética que reivindicaba los fueros de lo incaico.

Es cierto que, en los años inmediatamente posteriores a la proclamación de la Independencia, aparecieron un conjunto de textos poéticos, dramáticos y oratorios, con frecuencia anónimos, como *La sombra de Atahualpa a los hijos del sol, Proclama de Huáscar Inca en su prisión* o *El pronóstico de Wi-*

---

[351] Ver Flores Galindo, Alberto: *Buscando un Inca: Identidad y utopía en los Andes*, Lima, Instituto de Apoyo Agrario, 1987; Burga, Manuel: *Nacimiento de una utopía. Muerte y resurrección de los incas,* Lima, Instituto de Apoyo Agrario, 1988; Sarkinsyanz, Manuel: *Temblor en los Andes. Profetas del resurgimiento indio en el Perú*, Quito, Ediciones Abya-Yala, 1992; y Kapsoli, Wilfredo: *El retorno del inca*, Lima, Universidad Ricardo Palma, 2001.

racocha, que, al momento de celebrar la gesta de las guerras separatistas, el arribo de la expedición libertadora de José de San Martín, la proclamación de la Independencia, las victorias obtenidas en las batallas de Junín y Ayacucho o el genio del Libertador Simón Bolívar, postulaban, por lo menos retóricamente, que la naciente república peruana era heredera –y vengadora– del Imperio de los Incas. De ella, por lo general, sólo se recuerda el *Diálogo entre Atahualpa y Fernando VII en los Campos Elíseos* (1809), de Bernardo Monteagudo; y, sobre todo, *La victoria de Junín* (1825), de José Joaquín de Olmedo, al que, con toda justicia, debido a la forma en cómo en sus versos se conjugan artísticamente memorias del mundo clásico, evocaciones incaicas y expresiones de la geografía peruana, se le considera como el grande y único poema épico de la revolución emancipadora. Pero, desgraciadamente, la presencia de esta escuela –que expresó el primer imaginario republicano sobre el pasado incaico– fue pequeña y efímera ya que, en cierta forma, tergiversaba demasiado artificiosamente la dinámica y el sentido del proceso de fundación y consolidación de una república que, no obstante sus grandes promesas liberales y anticolonialistas, no supo ni quiso erradicar el orden feudal que habían dejado los españoles y, por ende, siguió oprimiendo y explotando a los indios, vale decir, a los descendientes directos de los incas. En ese sentido, no fue casual que al propio Bolívar le incomodase muchísimo el hecho que, en la oda de Olmedo, el personaje que vaticinaba la victoria sobre los españoles fuese Huayna Cápac ya que consideraba que los ejércitos libertadores, aunque vengadores de la sangre del inca, eran descendientes de los que aniquilaron su imperio.[352]

---

[352] Wettstein, Germán: «Lenguaje alegórico e ironía pedagógica en el quehacer político de Bolívar», *Casa de las Américas*, Año XXI, Nº 143, La Habana, marzo-abril de 1984, pág. 31. Al respecto, se puede consultar

Otro cultor del incaísmo fue Ricardo Palma, quien, a comienzos de la década de 1850, cuando todavía profesaba el romanticismo y aún no había encontrado su propio estilo ni había creado el género que lo inmortalizaría –las tradiciones–, escribió un puñado de trabajos en prosa, como «La muerte en un beso», «Palla-Huarcuna», «La gruta de las maravillas», «El hermano de Atahualpa» o «La achirana del inca», que se ambientaban en la época de los incas pero no eran exactamente tradiciones, sino leyendas románticas de evocación histórica. Varios lustros después, Palma llegó a incluir estas leyendas incaicas en la serie de sus *Tradiciones peruanas* que comenzó a publicar a partir de 1872. Sin embargo, estos textos aparecieron como la excepción a la regla de la obra de un autor que nunca se interesó mucho por las cosas incaicas y, más bien, siempre demostró preferencias por la Lima virreinal e insistió en los temas de origen colonial (especialmente los del refinado y borbónico siglo XVIII).[353]

Algo de incaísmo se puede igualmente hallar en las *Baladas peruanas* de Manuel González Prada, particularmente en «La cena de Atahualpa» y en «Las flechas del Inca» (1871 y 1875, en forma respectiva), donde su empeño por incorporar a la literatura peruana los temas vinculados al indio –con toda la carga de redención social que ello naturalmente implicaba– acabó mezclándose con cierta evocación de tipo incaísta que

---

también Cornejo Polar, Antonio: «El incaísmo», en *La formación de la tradición literaria en el Perú*, Lima, CEP, 1989, págs. 31-35; y de De la Puente Candamo, José A.: «Lo andino y lo criollo en la Independencia», en *La Independencia en el Perú*, Madrid, Editorial Mapfre, 1992, págs. 261-268

[353] Oviedo, José Miguel: *Historia de la literatura hispanoamericana. 2. Del Romanticismo al Modernismo*. Madrid, Alianza Editorial, 1997, pág. 125. Oviedo es también autor de un libro sobre Palma que no ha perdido actualidad: *Genio y figura de Ricardo Palma*, Buenos Aires, Editorial Universitaria, 1965.

se inspiraba, más que nada, en la visión un tanto idílica sobre la vida en los tiempos del Tahuantinsuyo de los *Comentarios Reales de los Incas* (1609), del Inca Garcilaso de la Vega.[354]

El incaísmo también fue cultivado, de manera vehemente pero insular, por Antonio Nicanor Della Rocca Vergalo, un poeta peruano, hijo de padres genoveses, que, en la década del setenta del siglo XIX, escribió versos en francés sobre los incas, como los que aparecieron en sus libros *La mort d'Atahoualpa* (Lima, 1870) y *Le livre des incas* (París, 1879). En París, adonde tuvo que emigrar posiblemente por razones políticas, Della Rocca Vergalo vivió en condiciones sumamente precarias pero, gracias a su talento artístico y a sus mismas cualidades personales, logró hacerse de un espacio intelectual y llegó a ser muy estimado por Théodore de Banville, Stéphane Mallarmé y otros connotados poetas franceses. No obstante, en el Perú, que a fin de cuentas era su patria o su lugar de origen, Della Rocca Vergalo no tuvo el reconocimiento que se merecía, primero, porque su obra no fue traducida al español; y, segundo, porque fue ninguneado por una de las figuras más representativas de la llamada Generación del Novecientos, José de la Riva-Agüero, quien, después de prácticamente mofarse de algunos de sus poemas «incaicos» («Las imprecaciones de Inca Roca» y «Pachacamac», sobre todo), no vaciló en injuriarlo y colgarle el epíteto de «pobre loco grafómano».[355] En ese sentido, la reivindicación de Della Rocca Vergalo recién se produjo en 1916 y se debió a la iniciativa de los intelectuales y artistas que se agruparon alrededor de la revista *Colónida*, quienes reimpulsaron la tarea de exhumación artística que, por cierto, ya habían iniciado tanto Enrique Gómez Carrillo, el afamado

---

[354] Lauer, Mirko: *Andes imaginarios. Discursos del indigenismo 2*, Lima, CBC/ Sur, 1997, pág. 93.

[355] Riva-Agüero, José de la: *Carácter de la literatura del Perú independiente* [1905], en *Obras Completas*, Lima, PUCP, 1962, Tomo I, pág. 228.

cronista modernista guatemalteco, como los escritores peruanos Clemente Palma y José Gálvez.[356]

Por último, en *Alma América. Poemas indo-españoles* (1906), en consonancia con su obsesión de convertirse en el «Poeta de América», José Santos Chocano se dedicó a cantarle no sólo a la América de las cataratas, los grandes ríos, las pampas, las punas y las selvas que tanto amaba, sino también a las magnificencias incaicas que el paso inclemente del tiempo no había podido borrar. Esta última situación se puede descubrir especialmente en poemas como «El amor de los andes», «La tierra del sol», «Avatar», «Tríptico heroico», «Cahuide, «La ñusta», «La tristeza del inca», «La última coya», «Momia incaica» y «El tesoro de los incas»; y, de manera más tangencial, pero no menos significativa, en «Blasón», donde, en uno de sus típicos arranques de megalomanía, llegó a sostener que, de no haber sido vate, quizás hubiera sido «un blanco aventurero» o «un inca emperador».[357] Pero, en este caso, la evocación de los incas fue hecha en términos aristocráticos e imperiales y se inspiraba, por encima de todo, en el estereotipo de nación que Chocano tenía, quien, de acuerdo a Antonio Cornejo Polar, consideraba que lo peruano aparecía como la síntesis de dos abolengos (la nobleza hispánica y la nobleza incaica) y no guardaba mucha relación con el indio peruano contemporáneo.[358]

La casi virtual inexistencia del tema de los incas en la literatura peruana del siglo XIX y la de principios del XX tuvo

---

[356] Ulloa Sotomayor, Alberto: «Una gloriosa página de la literatura nacional. Della Roca Vergalo y los inmortales», *Colónida*, Año I, Nº 1, Lima, 15 de enero de 1916, págs. 5-9.

[357] Santos Chocano, José: *Alma América. Poemas indo-españoles* [1906], en *Obras completas* [Compilación, prólogo y notas de Luis Alberto Sánchez], México, Aguilar, 1954, pág. 381.

[358] Cornejo Polar, Antonio: *La formación de la tradición literaria en el Perú*, págs. 84-85.

mucho que ver con el mismo tipo de ambiente cultural e intelectual que por ese entonces predominaba. Ocurre que por esos años, con el fin de poder preservar un orden social que se fundaba en la subsistencia de la feudalidad y la servidumbre, la vieja aristocracia terrateniente difundió una serie de ideas y prejuicios racistas sobre la supuesta «decadencia irreparable y fatal de los indígenas» y hasta dio por sentado –como si fuese una cosa natural e, incluso, divina– la cuestión de que éstos eran «inferiores». Simultáneamente, con el fin de que sus ideas racistas tuviesen cierta consistencia histórica, especialmente aquella que insistía en la patraña de que «el indio era orgánicamente cobarde», la vieja aristocracia terrateniente se empeñó en desvalorizar al Tahuantinsuyo y, como hurgando en los orígenes de la presunta «degeneración» de los antiguos habitantes del Perú, trató de presentar como un hecho real lo que siempre no fue otra cosa que una leyenda falaz y ruin: que «bastó» un puñado de españoles para realizar la conquista de uno de los imperios más grandes de la América precolombina. Fue este último tópico el que precisamente alcanzó a difundirse de tal manera en el ambiente cultural e intelectual del Perú republicano que llegó a filtrarse hasta en los entresijos del sentido común de muchos intelectuales y escritores que hacían gala de cierto liberalismo y, hasta cierta punto, se encontraban fuera de la férula de la feudalidad y el gamonalismo.

Por ejemplo, ése fue el caso de Ricardo Palma, quien, en las postrimerías del siglo XIX, en una carta que le dirigió a Nicolás de Piérola, después de lamentarse por el hecho que la mayoría del Perú estaba compuesta por «una raza abyecta y desagradable» o sostener que el indio no tenía «sentido de patria», llegó a afirmar lo siguiente: «Los antecedentes históricos –afirma– nos dicen con sobrada elocuencia que el indio es orgánicamente cobarde. Bastaron 172 aventureros españoles para aprisionar a Atahualpa, que iba escoltado por cincuenta mil hombres, y realizar la conquista de un imperio cuyos habitantes contaban por millones».[359]

Otro tanto se puede decir de José de la Riva-Agüero, que, en el *Carácter de la literatura del Perú independiente* (1905), se opuso tajantemente a la idea de que a través de la reconstrucción literaria de las antiguas civilizaciones inca o azteca se podía contribuir decididamente a la tarea de «americanizar» a la literatura hispanoamericana. Todo esto tuvo mucho que ver con la posición que Riva-Agüero asumió al momento de confrontarse con la literatura peruana, ya que el hecho de que él mismo se identificase como un «criollo de raza española» terminó empujándolo, de manera casi irreversible, a que se sintiese completamente extraño a todo lo que tenía que ver con el indio o con lo quechua y le pareciese extravagante la idea de revivir literariamente una civilización, como la incaica, que, a fin de cuentas, le resultaba extranjera, peregrina y hasta hostil. Además, como estaba muy influenciado por el positivismo y creía erróneamente que la literatura se identificaba sólo con la escritura, Riva-Agüero consideraba que la tarea de revivir literariamente la vida de los incas era, de por sí, muy difícil ya que éstos, por el mismo hecho que no llegaron a conocer la escritura y crearon una cultura que privilegiaba lo oral y tenía otra forma de mnemotecnia, no habían dejado literatura. De allí que, repitiendo casi al pie de la letra lo que por ese entonces sostenían muchos de los escritores y eruditos españoles, especialmente Marcelino Menéndez Pelayo —a quien consideraba como su maestro o guía—, Riva-Agüero afirmase que a todo esto no se le debía llamar «americanismo» sino, simple y llanamente, «exotismo»: «El sistema que para americanizar la literatura se remonta hasta los tiempos anteriores a la Conquista, y

---

[359] Palma, Ricardo: *Cartas a Piérola*, Lima, Editorial Milla Batres, 1979, pág. 20.

trata de hacer revivir políticamente las civilizaciones quechua y azteca, y las ideas y los sentimentos de los aborígenes –dice–, me parece el más estrecho e infecundo. No debe llamársele *americanismo* sino *exotismo*. Ya lo han dicho Menéndez Pelayo, Rubió y Lluch y Juan Valera; aquellas civilizaciones o semicivilizaciones ante-hispanas murieron, se extinguieron, y no hay modo de reanudar su tradición, puesto que no dejaron literatura. Para los criollos de raza española, son extranjeras y peregrinas; y nada nos liga a ellas; y extranjeras y peregrinas son también para los mestizos y los indios cultos, porque la educación que han recibido los ha europeizado por completo».[360]

El problema se volvió todavía más complejo cuando, en otro acápite del *Carácter de la literatura del Perú independiente*, Riva-Agüero trató de abordar la cuestión de por qué, en sus *Tradiciones peruanas*, Palma había incursionado tan poco en el tema de lo incaico. En esta ocasión, en vez de explicar qué era lo que realmente había sucedido con Palma, Riva-Agüero recurrió al artificio del juego del espejo invertido y se dedicó a hablar de él mismo. Fue así cómo Riva-Agüero arribó a la conclusión que la actitud de Palma se justificaba por el simple hecho que a él, en cierta forma, también le ocurría lo mismo, en la medida en que, por su propia condición de «español nacido en el Perú» (que no era, obviamente, el caso del autor de las *Tradiciones peruanas*), no sentía a la historia incaica con el íntimo afecto con que apreciaba a la Colonia o las cosas que concernían a su «raza»: «Decididamente –dice Riva-Agüero refiriéndose al Palma de las *Tradiciones peruanas*–, no tiene amor por la historia incaica. Y no le falta razón, porque no era la más adecuada para suministrar asuntos al género que

------

[360] Riva-Agüero, José de la: *Op. cit.*, pág. 267. Las cursivas son del propio Riva-Agüero.

inventó. En primer lugar (aunque parezca paradoja) tiene mucho de exótica y extraña para nosotros: no la sentimos con el afecto íntimo con que apreciamos la de la Colonia; para los descendientes de español carece del atractivo de lo castizo, de lo que se refiere a la propia raza; y los descendientes de indios tampoco la aprecian mucho, porque han olvidado sus orígenes y en su conciencia étnica hubo con la conquista una verdadera y completa solución de continuidad. Y después, la materia no estaba virgen: los citados Garcilaso y Prescott habían ya cogido la flor de ella. Por último, como las consejas incaicas que nos han llegado no son numerosas y están esfumadas en tan remoto pasado, sucede que no poseen la relativa autenticidad y el carácter ligero y preciso que convienen a las tradiciones».[361]

Fue justo en el contexto de esta singular y aún pendiente discusión sobre la débil relación de Palma con los temas incaicos, que Riva-Agüero dejó traslucir la tremenda tirria que sentía por los indios y, quizás sin quererlo, reveló que su terca oposición al denominado «americanismo histórico» respondía, más que nada, a una motivación de tipo racista: «A primera vista –dice aquí– parece que nuestra región andina, con sus nublados y tempestades, sus nieves eternas, la profundidad tenebrosa de sus quebradas, las moles aplastantes de los cerros, los amarillos pajonales por donde vagan rebaños de vicuñas y llamas y donde el pastor solitario canta el triste yaraví, acompañándose con los sonidos sollozantes de la quena, parece que aquella naturaleza no dejara otra impresión que la del dolor resignado, y que sus habitantes, tímidos y silenciosos, no tuvieran otros sentimientos que la servil humildad y la desconfianza. No hay que engañarse: allí palpita secreta y pérfidamente una hostilidad recelosa y siniestra. El indio es rencoroso; aborrece al blanco y al mestizo con toda su alma; procura engañarles y

---

[361] *Ibíd.*, pág. 189.

prenderles; si no les declara la guerra franca es por cobardía. En él, como en todos los esclavos, fermentan odios mortales e inextinguibles. Las leyendas hablan de envenenamientos misteriosos, de terribles venganzas, de encantamientos, sortilegios y maleficios. Mucho costó desarraigar la idolatría, y aun persisten en las supersticiones sus huellas. En la sierra hay algo de diabólico y hechizado...».[362]

Sin embargo, con el paso de los años, gracias sobre todo al viaje que en 1912 hizo por la sierra sur del Perú y a sus mismas vinculaciones con la Asociación Pro-Indígena, Riva-Agüero comenzó a morigerar sus posiciones hispanófilas y racistas, se mostró más condescendiente con las reivindicaciones del indio y, como si no bastara con lo anterior, se retractó públicamente de lo que en el *Carácter de la literatura en el Perú independiente* había escrito en contra del «americanismo histórico». Riva-Agüero formuló esta especie de autocrítica en un artículo que publicó en 1916 y que después sería recopilado en el que posiblemente es el más hermoso y valioso de todos sus libros: *Paisajes Peruanos* (1955). He aquí lo que afirmó en esa oportunidad: «Entre las afectaciones e ingenuidades de la época [de la Independencia] –dice–, se descubre el grave y justo deseo de incorporar los más insignes recuerdos indígenas en el viviente acervo de la nueva patria. El buen Vidaurre llevaba su celo hasta el extremo candoroso de invocar al dios Pachacámac en su arenga solemne; y Olmedo el Inspirado, de corazón profundamente peruano, hacía vaticinar la victoria de Ayacucho al gran monarca Huayna Cápac y bendecir el estado naciente por el coro de las Vírgenes del Sol. Menéndez Pelayo, en su cerrado españolismo, juzgó esto como *inoportuna ilusión local americana*; y yo mismo, en mi primer escrito, sostuve con fervor la opinión de mi maestro, llevado por mi excesiva his-

---

[362] *Ibíd.*, págs. 189-190.

panofilia juvenil y por mis tendencias europeizantes de criollo costeño. A medida que he ahondado en la historia y el alma de mi patria, he apreciado la magnitud de mi yerro. El Perú es obra de los incas, tanto o más que de los Conquistadores; y así lo inculcan, de manera tácita pero irrefragable, sus tradiciones y sus gentes, sus ruinas y su territorio. No ilusión, por cierto, sino legítimo ideal y perfecto símbolo representa la evocación que Olmedo hizo en su imperecedero canto. El Perú moderno ha vivido y vive de dos patrimonios: del castellano y del incaico...».[363]

De este tipo de prejuicios racistas no se escapó ni siquiera Clemente Palma, el hijo del gran tradicionista peruano, quien, en el prólogo que preparó para la edición póstuma de *Los hijos del Sol* (1921), de Abraham Valdelomar, ensayó una especie de *mea culpa* donde dejó entrever que el escepticismo que hasta ese momento había mostrado ante la posibilidad de poder poetizar o recrear artísticamente la vida de los antiguos habitantes del Imperio de los Incas se debía no tanto a una cuestión de gusto literario, sino, fundamentalmente, a la especie de repugnancia que le producía todo lo que, de una u otra forma, tenía que ver con el indio: «Confieso –dice– que la civilización incaica nunca ejerció sobre mí gran atracción, y que he sido escéptico sobre la posibilidad de hacer obras de arte literario con la vida de nuestros respetables antepasados quechuas y aymaras. La conformación del idioma, las deficiencias decorativas y suntuarias de las costumbres y de la vida de los pobladores del Imperio, la humildad y reconcentración de los descendientes actuales, la falta de datos para concebir una gran movilidad espiritual de los súbditos de los Incas, el

---

[363] Riva-Agüero, José de la: «Excursión a Quinua y al campo de batalla» [1916], en *Paisajes Peruanos* [1955], Lima, PUCP/ Instituto Riva-Agüero, 1995, pág. 145. Las cursivas también son del propio Riva-Agüero.

viejo y tradicional contubernio de los hombres, con los piojos, el primitivismo de sus alimentos y bebidas –la coca, el choclo, la papa y la chicha– me han hecho dudar sobre la existencia de una mentalidad poética entre los habitantes del imperio incaico y, por consiguiente, de la posible poetización de ese período de nuestra vida histórica [...] Sólo desde que he leído a Valdelomar, sólo después de haber escuchado sus conversaciones entusiastas, sus admiraciones desbordantes por la poesía que encierra el alma del indio, sus delicados matices de sentimentalismo, sus heroísmos; sólo después de escuchar unas veces y leer otras las descripciones que Valdelomar hacía de las maravillas espirituales y materiales del pasado incaico, tanto en la acción pública como en la privada, es que he comenzado a creer en la posibilidad de que el arte explote bella y noblemente el pasado remoto de nuestra existencia india, puramente india, y que sólo hace falta el ingenio capaz de compenetrarse con el alma de la raza y traduzca a la mentalidad moderna toda la belleza y grandiosidad del ciclo incaico».[364]

Así, si se toma en consideración el ambiente cultural, literario e intelectual que todavía imperaba en el Perú de la década de 1910, se cae fácilmente en la cuenta que, desde un inicio, el incaísmo de Valdelomar apareció como una amorosa intromisión en el tema del pasado autóctono del Perú que, por esa época, muchos intelectuales, escritores y artistas todavía despreciaban o consideraban imposible de poetizar. En su caso, Valdelomar no ingresó al campo incaísta por error ni por accidente, sino se dirigió a él con paso seguro e impulsado por móviles y objetivos más o menos definidos, pues estaba

---

[364] Palma, Clemente: «Prólogo» a Valdelomar, Abraham: *Los hijos del Sol*, Lima, Euforión, 1921, reproducido en Valdelomar, Abraham: *Obras* [Edición y prólogo de Luis Alberto Sánchez], Lima, Edubanco, 1988, Tomo I, págs. 209-210.

firmemente convencido que, para poder contribuir decididamente a la tarea de realizar «obra nacional», había que hacer arte inspirándose en lo que veía como el punto de unión de la nacionalidad peruana: el mundo fantástico y dorado de la época del Imperio de los Incas.[365] Además, al momento de escribir y publicar sus «cuentos incaicos», Valdelomar sabía que evocaba no sólo las glorias de «la vieja raza imperial», sino también, en cierta forma, el triste cautiverio de sus descendientes, a quienes, por contraste reivindicativo, llamaba «los últimos hijos del Sol».[366] No hay que olvidar tampoco que Valdelomar no confeccionó estos relatos en una época de indecisión, ni de ensayo, sino en una etapa de su vida en que, por una parte, ya había publicado cuentos de la calidad de «El Caballero Carmelo» (1913) o «El vuelo de los cóndores» (1914) y en que, por la otra, su labor de creación determinaba esos movimientos de «consciente objetividad» de los que hablaba Luis Fabio Xammar.[367] Desde este punto de vista, el incaísmo de Valdelomar representó algo así como el despertar hacia la consecución de una narrativa que, con la inclusión de temas, historias y personajes incaicos, ostentase carácteres intensamente peruanos.

Pero, al entrometerse en los tiempos prehispánicos, Valdelomar no buscaba, como Augusto Aguirre Morales en *El pueblo*

---

[365] Valdelomar, Abraham: «¡Por la gloria de la raza!», *La Prensa*, Lima, 26 de febrero de 1917, en Valdelomar, Abraham: *Obras Completas* [Edición, prólogo, cronología, iconografía y notas de Ricardo Silva-Santisteban], Lima, Ediciones Copé, 2001, Tomo IV, pág. 312.

[366] Ver, por ejemplo, Valdelomar, Abraham: «El espíritu de una raza moribunda. Párrafos de la conferencia leída en el Teatro Municipal, en la noche del concierto de música incaica del señor Daniel Alomía Robles, por Abraham Valdelomar», *La Opinión Nacional*, Lima, 7 de enero de 1912, en *Obras Completas*, Tomo I, pág. 292.

[367] Xammar, Luis Fabio: *Valdelomar: Signo* [1940], 2º Edición, Lima, INC, 1990, pág. 67.

del Sol (1924 y 1927), revelar lo que supuestamente había sido «la tiranía de los señores del Cusco» ni ajustar las cuentas con la visión un tanto idílica que, debido al influjo del Inca Garcilaso de la Vega, se tenía sobre la vida en la época del Tahuantinsuyo. Por otra parte, Valdelomar tampoco perseguía, como décadas después lo hará José María Arguedas, presentar una interpretación desde dentro del mundo de los indios peruanos. Resulta que, en una época en la que aún se sentían los hervores del modernismo y estaba de moda el exotismo a lo Gustave Flaubert o a lo Pierre Louys, Valdelomar se planteó un objetivo más acorde con su tiempo pero no por ello menos importante, como era embellecer la vida del imperio incaico, presentarla con relieves y colores semejantes a los de su alfarería, para que así pudiese rivalizar con la amenidad y la policromía de la narrativa de Louys o Flaubert sobre las antiguas civilizaciones de Bizancio, la Baja Atenas y Cartago.[368] Para tal efecto, Valdelomar descartó deliberamente los hechos y acontecimientos de la vida del Tahuantinsuyo que podían obligarlo a hacer algún tipo de «reconstrucción histórica», y, como buen decadentista que era, privilegió todas esas «cosas inefables e infinitas» (el mar, el crepúsculo, la fe y, sobre todo, la muerte) que, de una u otra forma, encajaban perfectamente con su afán de cultivar un tipo de incaísmo que se afincaba básicamente en los terrenos de la creación, la fantasía y la poesía.[369] En este sentido, puede decirse que Valdelomar compartía los mismos gustos literarios de Majta Sumaj, uno de los personajes de sus «cuentos incaicos», al que, más que las leyendas «guerreras», le encantaban las «sentimentales», sobre

---

[368] Sánchez, Luis Alberto: *Valdelomar o La Belle Époque*, México, FCE, 1969, págs. 350-351.

[369] Mariátegui, José Carlos: *7 Ensayos de interpretación de la realidad peruana* [1928], 50º Edición, Lima, Biblioteca Amauta, 1988, pág. 288.

todo aquellas donde «el amor, la sangre y la muerte se fundían en una sola coloración inefable».[370]

Por eso, como se percató que su capacidad evocativa radicaba no tanto en lo que reconstruía o evocaba, sino en lo que creaba o, mejor, en lo que pintaba, Valdelomar también se preocupó muchísimo por la cuestión del preciosismo de su prosa y, como si fuese uno de los intérpretes literarios de la plástica de Eugenio Delacroix, el más innovador y colorista de los pintores del romanticismo francés, recurrió al empleo de un lenguaje que privilegiaba la adjetivación y buscaba aprehender el colorido y el matiz de las personas, la naturaleza y los objetos en general.[371] Así, convencido de que era un pintor verbal y no un simple narrador de cuentos, Valdelomar apeló a una serie de elementos lexicológicos típicos del modernismo, entre los que destacaban un sinnúmero de adjetivos tópicos como «brillante», «suave», «deslumbrante», «azulino», «multicolor», «tenue», «opalino», «frágil» o «tornosolado», y sustantivos tópicos como «oro», «esmeralda», «pluma», «terciopelo», «rosa» o «seda».[372] Al final, gracias a la creación de una prosa que pretendía ser musical, plástica y cromática a la vez,[373] Valdelomar pudo confeccionar un puñado de «cuentos incaicos» que rebosaban de incas ataviados con «aterciopelados mantos de pieles de murciélago», de caciques que morían de pena en «tardes grises», de «pueblos multicolores» cuyas «armas poderosas resplandecían

---

[370] Valdelomar, Abraham: *Los hijos del Sol* [1921], en *Obras Completas*, Tomo II, pág. 339.

[371] Sánchez, Luis Alberto: *Op. cit.*, págs 335 y 360.

[372] Scheben, Helmut: «Indigenismo y modernismo», *Revista de crítica literaria latinoamericana*, Año V, N° 10, Lima, 2° semestre de 1979, págs. 124 y siguientes.

[373] Velázquez Castro, Marcel: «Modernidad, memoria e imaginación en *Los hijos del Sol* de Abraham Valdelomar», *Ajos & Zafiros*, N° 1, Lima, octubre de 1998, pág. 21.

como en un incendio magnífico», de bellísimas y sensuales mujeres de «trenzas brunas y largas» y «carnes oscuramente rosadas», de silenciosas servidumbres imperiales de «tornasoladas plumas» que se dedicaban a quemar «maderas fragantes», de grandes aposentos incaicos que estaban conformados por «grises paredes de sillería», de invernaderos con «floripondios blancos como huesos», de límpidos «cielos azules» que de pronto eran oscurecidos por «una nube negra de cóndores», de feraces «valles verdes y oleosos», de enormes «cerros morados», de «crepúsculos dorados» y, en fin, de «nimbos opalinos».

Sin embargo a diferencia de Flaubert o Louys, Valdelomar no evocaba una civilización que se encontraba fuera del tiempo o el espacio que le había tocado vivir. Resulta que sus «cuentos incaicos» se inspiraban en una sociedad que, pese a que sus orígenes se remontaban hasta los siglos XII y XIII de nuestra era, todavía se hallaba presente bajo la forma de la idea de la vuelta del inca en el imaginario de ese sector social —el indio— que era explotado y despreciado por la clase terrateniente y los gamonales, pero, paralelamente, era reivindicado por Manuel González Prada, Pedro Z. Zulen, Dora Mayer, Joaquín Capelo y todo el colectivo que animaba la Asociación Pro-Indígena, vale decir, por los intelectuales a los que, en cierta forma, Valdelomar se sentía próximo. De allí que su exotismo resultase real e interesado y su evocación del Imperio de los Incas, por encima del tono suntuoso y hasta artificioso que a veces ostentaba, dejase siempre el sabor de una visión positiva, benevolente y hasta romántica. En este aspecto, se puede decir que Valdelomar fue muy influenciado por los *Comentarios Reales de los Incas*, del Inca Garcilaso de la Vega, particularmente en lo que se refería a la presentación de lo inca como si fuese el equivalente del orden y la civilización en los Andes.[374] Así, aunque

---

[374] Lauer, Mirko: *Op. cit.*, pág. 93.

en ningún momento dejó de referirse a algunos de los rasgos más autoritarios y crueles del Tahuantinsuyo, como eran las brutales ejecuciones de los enemigos del imperio, las grandes guerras de conquista que se desarrollaron durante la época de Túpac Yupanqui o la dramática y forzada emigración de los mitimaes, Valdelomar, en algunos de sus «cuentos incaicos», como, por ejemplo, «El alma de la quena», se preocupó mucho de insistir, antes que nada, en la cuestión de la figura del inca justo y magnánimo, que, en este caso, fue simbolizada por Sinchi Roca y su gesto final de concederle a Yactan Naj, el divino flautista errante, la libertad absoluta que necesitaba para poder seguir cultivando su arte.

Además, la mayoría de los personajes principales de los «cuentos incaicos» de Valdelomar eran indios que, debido a su vitalidad, su creatividad, su apasionamiento, su sentimentalismo, su amor a la libertad, sus obsesiones artísticas, la tragedia que llevaban a cuestas, su soberbia y hasta su misma marginalidad, resultaban muy atrayentes y no tenían nada de repulsivos ni de abúlicos. Éstos son los casos de los hermanos Ayar, que obviamente provenían del campo de las leyendas y los mitos; del ya mencionado Yactan Naj, el divino flautista errante que con la gracia del inca vagaba por todos los confines del Tahuantinsuyo llorando la desaparición de su amada; de Apumarcu, el alfarero que sentía un incendio en su alma porque le faltaban los colores que necesitaba para poder reproducir lo que sus ojos veían; de Karchis, el pastor de los ojos hermosos que se queda ciego cuando, más por amor que por soberbia, decide vengarse del Sol e intenta ultrajar las nieves sagradas; de Majta Sumaj, el noble señor que, no obstante que solía llevar consigo un trágico y siniestro collar de cabezas humanas reducidas, se extasiaba cuando le contaban leyendas sentimentales; de Chaska, el viejo general incaico que nunca pudo olvidar la historia de amor y sangre que tuvo con Rurachisca, la reina de una tribu que decía ser el último rezago de un pueblo de gigantes que se extinguía; o de Sumaj e Inquill, la pareja de jóvenes enamorados que forma parte de un pueblo creyente y orgulloso que, después de la caída del Cusco, decide ir al encuentro del Sol e inicia un éxodo que culmina en un trágico e impresionante suicidio colectivo.

En cambio, otra fue la actitud que Valdelomar asumió frente a lo andino pre-inca y/o no-inca, al que presentó como si fuese un sinónimo de barbarie, salvajismo y canibalismo. Esta última situación llegó a aflorar de manera bastante nítida en el cuento «Los hermanos ayar», donde Valdelomar prácticamente puso en labios de Mayta Yupanqui, el personaje encargado de contar la antigua leyenda sobre los orígenes del Imperio de los Incas, un discurso que, en realidad, refraseaba gran parte de lo que el Inca Garcilaso de la Vega, en consonancia con su idea-fuerza sobre la «misión civilizadora» del Tahuantinsuyo, había dicho en torno al supuesto «salvajismo» de los pueblos, culturas y hasta imperios que fueron sometidos por los señores del Cusco: «El magnífico pueblo que mañana verás desfilar ante la majestad del inca, con sus vestidos suaves orlados de oro, en cuyos unjus ríe el color y brilla la luz –dice Mayta Yupanqui–, fue un día abominable muchedumbre de bárbaros, semejantes a los que aún se ocultan tras los bosques de los Antis. Cuando el Sol no había enviado aún a las cuatro parejas al mundo, los hombres no merecían el favor divino. Devorábanse unos a otros, hurtaban, asesinaban por los más fútiles motivos, embriagábanse hasta caer al suelo privados de sentido. En la tierra no tenían jefe y en el cielo no reconocían amo. Untábanse el cuerpo con grasa de cadáveres, alimentábanse con la carne de los vencidos y de los propios parientes, bebían sangre y aspiraban con ansia el olor de las víctimas humanas consumidas al fuego de las hogueras. Nada despreciaban en los prisioneros su infame industria. Hacían viandas de su carne, bebidas de su sangre, de los huesos flautas para animar los festines, con los dientes amuletos para los combates, con los cráneos vasos para las libaciones, con los cabellos cascos y hondas, y con la piel tambores para amedrentar a los enemigos. Deshonestos y crueles, engendraban hijos en las mujeres cautivas y los cebaban para comérselos. Cuando las hembras comenzaban a ser estériles, comíanlas asadas. No respetaban ancianos, padres, hermanos ni hijos. Carecían de incas y de leyes, de afectos y de virtudes. No tenían curacas legítimos, y el más fuerte de la tribu se apropiaba de la hacienda común. Perecían prematuramente de males repugnantes y desconocidos. Sus almas oscuras descendían a las más tenebrosas regiones del Maschay. Tan viles eran que olvidaban a sus muertos».[375]

Así, al propalar una imagen positiva, benevolente y romántica sobre el Tahuantinsuyo, Valdelomar se diferenció también de otro contemporáneo suyo, Ventura García Calderón, que, al sentirse más identificado con los conquistadores españoles que con los propios incas, terminó escribiendo un libro de relatos, *La venganza del cóndor* (1924), donde exudaba una serie de prejuicios raciales en contra del indio peruano. Ocurre que, a diferencia del Valdelomar de *Los hijos del Sol*, García Calderón no se contrajo en la evocación del tiempo del Imperio de los Incas, sino, sintomáticamente, se proyectó hacia la que aparecía como su edad histórica preferida: la Conquista. Por eso, en «Amor indígena», uno de sus cuentos más logrados, el protagonista, que al mismo tiempo era el narrador, dijo que, cuando se estaba robando a una joven y hermosa india, llegó a sentir, por primera vez, «esa alegría de los abuelos españoles

---

[375] Valdelomar, Abraham: *Op. cit.*, pág. 304. El mismo tipo de discurso definitivamente garcilacista subyace también en el cuento «Los ojos de los reyes», donde Valdelomar presentó a la tribu de los caciques Raurak Simi y Rurachisca (que, en este caso, representaba lo no-inca) como un grupo de salvajes crueles y fieros que estaba conformado por gente blanca y de gran estatura, que descendía de un pueblo de gigantes en extinción y, además, se dedicaba a comer peces crudos y carne humana. (*Ibíd.*, pág. 343).

que derribaban a las mujeres en los caminos para solaz de una hora y se alejaban ufanos a caballo, sin remordimiento y sin amor».[376] Además, para referirse al indio peruano, García Calderón recurrió a una serie de adjetivos y epítetos que dejaban traslucir con gran facilidad la mentalidad colonial-oligárquica que subyacía tras la pátina de su prosa modernista y afrancesada: «raza humillada», «raza vencida», «resignada», «sumisa», «siervos de raza inerme», etcétera, etcétera. Incluso, al final de otro de sus cuentos, «Los cerdos flacos», García Calderón llegó a acuñar una frase que hasta ahora no deja de provocar indignación: «Resonaron –dice allí García Calderón– quenas en la altura; otra quena respondió más lejos. Los indios inclinaron la frente morena y sumisa. Todas las flautas del valle parecían cantar la endecha de la raza que nunca supo sublevarse».[377]

Pero, pese a que alcanzó a otear con una clarividencia única la chance de los temas incaicos o al hecho que muchos de sus cuentos trasmitían una visión benevolente, positiva y romántica sobre el Tahuantinsuyo y el indio peruano en general, Valdelomar no fue, definitivamente, el llamado a agotar el venero del cuento indígena. Así, vistos desde la perspectiva de la historia de la literatura peruana, algunos de los relatos reunidos en *Los hijos del Sol* –como «Chaymanta Huayñuy», «El alfarero» y, sobre todo, «El camino hacia el Sol»– aparecieron sólo como una intuición, un atisbo o un anuncio de ese proceso que se iniciaría con los *Cuentos andinos* (1920), de Enrique López Albújar, y que, a partir de la segunda mitad de la década de 1930, desembocaría en las grandes obras literarias de José María Arguedas y Ciro Alegría: el indigenismo narrativo. Fue más tarde, con el desarrollo de esta nueva corriente,

---

[376] García Calderón, Ventura: *La venganza del cóndor*, Madrid, Editorial Mundo Latino,1924, pág. 58.

[377] *Ibíd.*, pág. 76.

que la literatura relacionada con el indio pudo asumir un tono más de denuncia y empezó a mostrar una interpretación desde dentro del mismo mundo andino: algo que, precisamente, no exhibían los «cuentos incaicos» de Valdelomar o acaso era una cuestión que este autor ni siquiera llegó a plantearse. Sucede que su mismo espíritu europeizante y criollista, que precisamente le ayudó a elevar el resto de su obra literaria, acabó limitándolo objetivamente en su afán de captar la profundidad de aquellos mundos que amaba pero, a fin de cuentas, le eran extraños, lejanos y hasta difíciles de comprender: lo netamente indígena o, en este caso, lo incaico.[378] Además, la estructura típicamente modernista de sus «cuentos incaicos» —alejamiento en el tiempo y en el espacio—, contribuyó también a que Valdelomar sólo pudiese mostrar aquello que algunos críticos tan perspicaces, como Augusto Tamayo Vargas, han calificado como el espíritu indígena visto «desde afuera».[379]

Por eso, la mayoría de estos relatos no revelaron mucho sobre el antiguo Imperio de los Incas o la latente sicología indígena, redundaron en algunos casos en la evocación artificiosa, suntuosa y preciosista del Tahuantinsuyo y, como si todo lo anterior fuese poco, hicieron gala de un etnocentrismo que se derivaba de un error que venía desde la época de los antiguos cronistas españoles, como era mirar a los incas a partir del cristal de la monarquía absoluta y feudal que imperaba en la España de Carlos V. Así, por ejemplo, en el cuento «Los hermanos Ayar», Valdelomar escribió que Ayar Manco llegó a prometer a los apacibles pobladores de Pacarejtampu que, si lo seguían, él los haría «nobles» y les daría «siervos».[380] El mismo

---

[378] Basadre, Jorge: *Equivocaciones. Ensayos sobre literatura peruana penúltima*, Lima, La Opinión Nacional, 1928, págs. 35-36.

[379] Tamayo Vargas, Augusto: *Literatura Peruana*, 3º Edición, Lima, Godard, s/f., Tomo II, pág. 874.

[380] Valdelomar, Abraham: *Op. cit.*, pág. 306.

tipo de equivocación se descubre también cuando, en «Chaymanta Huayñuy», Valdelomar se refirió a unos «jóvenes que debían armarse caballeros».[381] Además, gran parte de los personajes principales de los «cuentos incaicos», a pesar de sus rasgos antropológicos definitivamente quechuas, no pasaron de ser otra cosa que seres con «alma de fin de siglo» vestidos con arreos incaicos. Más aún, en los casos de Apumarcu, de «El alfararero», y de Yactan Naj, de «El alma de la quena», puede decirse que se trataba de «dobles» de Valdelomar que habían sido trasladados deliberadamente hasta la sociedad colectivista del Imperio de los Incas con el fin de discutir un problema que más tenía que ver con las angustias del autor que con las de sus ilustres antepasados, como era la reivindicación de «los fueros del artista» o, mejor, «la autonomía del artista moderno».[382]

Aún con todo, los cuentos reunidos en *Los hijos del Sol* representaron un hito en el proceso de la literatura peruana, puesto que, por un lado, abrieron la brecha del incaísmo modernista por donde transitarán, hasta bien avanzada la década de 1920, autores como Augusto Aguirre Morales; y, por el otro, sirvieron de precedente, sobre todo por su evocación benevolente, positiva y romántica del Tahuantinsuyo, a las tendencias nativistas que, por los mismos años veinte, confluirán en el indigenismo insurgente y buscarán abordar la vida del indio peruano de una manera más directa y, por lo tanto, menos contaminada con las exquisiteces y los refinamientos del modernismo.

---

[381] *Ibíd.*, pág. 334.

[382] Sánchez, Luis Alberto: *Op. cit.*, pág. 354. Ver también Velázquez Castro, Marcel: *Op. cit.*, págs. 26-28.

IV. Bibliografía

Adolph, José B.:
 1989   *Dora*, Lima, Peisa.

Aguirre Morales, Augusto:
 1918   *La justicia de Huayna Cápac*, Valencia, Biblioteca Hispanoamericana.
 1989   *El pueblo del Sol* [1924 y 1927], 3º Edición, Lima, Índice Editores.

Alegría, Ciro:
 1969   «Evaluación del proceso de la novela peruana» [Intervención oral], en *Primer encuentro de narradores peruanos. Arequipa, 1965*, Lima, Casa de la Cultura del Perú.

Alvarado Rivera, María:
 1913   «¡En plena esclavitud!», *El Deber Pro-Indígena*, Año I, Nº 5, Lima, febrero.
 1915   «Una carta de Samán», *El Deber Pro-Indígena*, Año III, Nº 29, Lima, febrero.

Alviña, Leandro:
 1908   *La música incaica*, Cusco, Universidad Nacional de San Antonio de Abad.

1919   *De arte peruano. La música incaica, lo que es y su evo-
        lución desde la época de los incas hasta nuestros días*, en
        Revista Universitaria, N°58, Cusco, 2º Semestre de
        1929.

Angeles Caballero, César A.:
1964   *Valdelomar: Vida y obra*, Lima, P.L. Villanueva.

Aquézolo Castro, Manuel (compilador):
1976   *La polémica del indigenismo* [Prólogo y notas de Luis
        Alberto Sánchez], Lima, Mosca Azul Editores.

Arroyo Reyes, Carlos:
1995   «Luces y sombras del incaísmo modernista peruano.
        El caso de los cuentos incaicos de Abraham Valde-
        lomar», *Cuadernos Hispanoamericanos*, N° 539-540,
        Madrid, mayo-junio.
1996   *El incaísmo peruano. El caso de Augusto Aguirre Mo-
        rales*, Lima, Mosca Azul Editores.
1999   «Entre el incaísmo modernista y Rumi Maqui. El
        joven Mariátegui y el descubrimiento del indio»,
        Anuario Mariateguiano, Vol. XI, N° 11, Lima.
2002   «Manuel González Prada y la cuestión indígena»,
        Cuadernos Americanos, Año XVI, N° 91, México,
        enero-febrero.
2004   «La experiencia del Comité Central Pro-Derecho In-
        dígena Tahuantinsuyo», *Estudios Interdisciplinarios
        de América Latina y El Caribe*, Vol. 15, N° 1, Tel
        Aviv, enero-junio.

Barreda Laos, Felipe:
1910   *La música indígena en sus relaciones con la literatura*
        [Conferencia Literario Musical dada en el Salón de
        actuaciones de la Facultad de Letras de la Universi-

dad Mayor de San Marcos, el 21 de febrero de 1910, en ocasión de presentarse por primera vez la compilación de motivos folklóricos de Don Daniel Alomía Robles], Lima.

Basadre, Jorge:
1925 «La herencia de Zulen», *Boletín Bibliográfico de la Universidad Nacional Mayor de San Marcos*, Volumen II, Nº 1, Lima, marzo.

1928 *Equivocaciones. Ensayos sobre literatura peruana penúltima*, Lima, La Opinión Nacional.

1931 *Perú: Problema y Posibilidad. Ensayo de una síntesis de la evolución histórica del Perú*, Lima, F. y E. Rosay.

1961 *Historia de la República del Perú*, 5° Edición, Lima, Ediciones Historia.

1963 «Un fragmento de la historia peruana en el siglo XX. La primera crisis de la república aristocrática hace cincuenta años: la época de Billinghurst», en Pareja Paz-Soldán, José (Director): *Visión del Perú en el siglo XX*, Lima, Ediciones Librería Studium, Tomo II.

1965 «Para la historia de los partidos. El desplazamiento de los demócratas por el civilismo», *Documenta*, Vol. 4, Lima.

1971 *Introducción a las bases documentales para la Historia de la República del Perú con algunas reflexiones*, Lima, Ediciones P. L. Villanueva.

1975 *La vida y la historia. Ensayos sobre personas, lugares y problemas*, Lima, Banco Industrial del Perú.

Belaúnde, Víctor Andrés:
1967 *Trayectoria y destino. Memorias*, Lima, Ediciones de Ediventas.

1987 *La realidad nacional* [1929-1931], *Obras Completas*, Imprenta Lumen, Tomo III.

Beltroy, Manuel:

1921   «Advertencia editorial», en Valdelomar, Abraham: *Los hijos del Sol*, Lima, Euforión, en Valdelomar, Abraham: *Obras*, Tomo I.

1964   «Valdelomar en mi recuerdo», *El Comercio*, Lima, 8 de febrero.

Blanchard, Peter:

1977   «A Populist Precursor: Guillermo Billinghurst», *Journal of Latin American Studies*, 9: 2, noviembre.

Burga, Manuel y Flores Galindo, Alberto:

1980   *Apogeo y crisis de la República Aristocrática (Oligarquía, aprismo y comunismo en el Perú 1895-1932)*, Lima, Ediciones Rikchay Perú.

1997   «Feudalismo andino y movimientos sociales (1866-1965)» [1980], en Flores Galindo, Alberto: *Obras Completas*, Lima, Sur, Tomo V.

Burga, Manuel:

1988   *Nacimiento de una utopía. Muerte y resurrección de los incas*, Lima, Instituto de Apoyo Agrario, Lima.

2001   «Lo andino hoy en el Perú», *Quehacer*, N° 128, Lima, enero-febrero.

Bustamante, Luis:

1987   *Mito y realidad: Teodomiro Gutiérrez Cuevas o Rumi Maqui en el marco de la sublevación campesina de Azángaro (1915-1916)*, Memoria de Bachiller en Historia, Pontificia Universidad Católica del Perú, Lima.

1989   «Rumi Maqui y la sublevación campesina de 1915 (Azángaro, Puno): Una retrospectiva historiográfica», *Pasado y Presente*, N° 2-3, Lima, julio.

2003 «Basadre y los movimientos campesinos republicanos. El caso de Rumi Maqui», *Historia y Cultura*, Nº 25, Lima.

Cabel, Jesús:
2003 *Valdelomar. Memoria y leyenda*, Lima, Editorial San Marcos/ INC.

Cadena, Marisol de la:
2004 *Indígenas mestizos. Raza y cultura en el Cusco*, Lima, IEP.

Capelo, Joaquín:
1895a *Sociología de Lima, Vol. I (La entidad orgánica)*, Lima, Imprenta Masías.
1895b *Sociología de Lima, Vol. II (La vida nutritiva de Lima)*, Lima, Imprenta Masías.
1896 *Sociología de Lima, Vol. III (La vida relacional de Lima)*, Lima, Imprenta Masías.
1902 *Sociología de Lima, Vol. IV (La vida intelectiva de Lima)*, Lima, Imprenta Masías.
1912a *La despoblación del Perú*, Lima, Sanmartí y Compañía.
1912b *Los menguados*, Madrid.
1913 «¿Será hasta que perezca el último indígena?», *El Deber Pro-Indígena*, Año I, Nº 12, Lima, septiembre
1914a «Libertad y justicia», *El Deber Pro-Indígena*, Año II, Nº 18 y 19, Lima, marzo y abril.
1914b «Educación indígena», *El Deber Pro-Indígena*, Año II, Nº 27, Lima, diciembre.
1915a «El cambio de la base económica», *El Deber Pro-Indígena*, Año III, Nº 28, Lima, enero.

1915b «¿Y, cómo cambiaremos la base económica?», *El Deber Pro-Indígena*, Año III, N° 29, Lima, febrero.

1915c «Las escuelas y nuestra base económica», *El Deber Pro-Indígena*, Año III, N° 30, Lima, marzo.

1915d «Espinas y abrojos», *El Deber Pro-Indígena*, Año III, N° 36, Lima, setiembre.

1916 «Bandolerismo y gamonalismo», *El Deber Pro-Indígena*, Año IV, N° 41, Lima, febrero.

1921 «Carta a Pedro S. Zulen, Berlín, 2 de setiembre de 1921», en Kapsoli, Wilfredo: *Ayllus del Sol. Anarquismo y utopía andina*.

Cárdenas Timoteo, Clara Matilde:

1988 «Dora Mayer de Zulen: Apuntes para un estudio de su vida y obra», *Perú Indígena*, N° 27, Lima.

Carpio, Juan G.:

2002 «Francisco Mostajo: Historia de un caudillo», *Umbral*, N° 14, Arequipa.

Castro Arenas, Mario:

1965 *La novela peruana y la evolución social,* Lima, Ediciones Cultura y Libertad.

Chuquihuanca Ayulo, Francisco:

1908 *La propiedad indígena*, Arequipa.

1913 «Carta a Francisco Mostajo, Lampa, 30 de octubre de 1913», en Ramos Zambrano, Augusto: *Rumi Maqui. Movimientos campesinos de Azángaro (Puno)*.

1915a «Carta a Pedro S. Zulen, Lampa, 8 de diciembre de 1915», en Kapsoli, Wilfredo: *Ayllus del Sol. Anarquismo y utopía andina*.

1915b «La sublevación indígena en Azángaro», *El Comercio*, Lima, 15 de diciembre.

1916a «Relación de los hechos realizados en Azángaro el 1º de diciembre de 1915», *El Deber Pro-Indígena*, Nº 40, Lima, enero.

1916b «Los sucesos de Azángaro», *El Siglo*, Puno, diciembre de 1915 y marzo de 1916.

Cline, Catherine:
1980 *E. D. Morel 1873-1924. The Strategies of Protest*, Belfast, Blackstaff Press.

Contreras, Carlos/ Bracamonte, Jorge:
1988 «Positivismo e indigenismo en el Perú de 1900», en *Rumi Maqui en la sierra central. Documentos inéditos de 1907*, Lima, IEP.

Cornejo Polar, Antonio:
1980 *Literatura y sociedad en el Perú: La novela indigenista*, Lima, Lasontay.

1983 «La reivindicación del imperio incaico en la poesía de la emancipación del Perú», *Letterature d'America*, IV, 19-20, Roma.

1989 *La formación de la tradición literaria en el Perú*, Lima, CEP.

Cornejo Polar, Jorge:
2003 «Al rescate de Francisco Mostajo», *Identidades* [Suplemento Cultural de *El Peruano*], Nº 29, Lima, 20 de enero.

Cosio, José Gabriel:
1910 «Estudio crítico del melodrama *Ollantay*», *Revista de Ciencias*, Tomo XIII, Lima.

1915 «Música incaica. La obra de Daniel Alomía Robles», *Revista Universitaria*, Nº 12, Cusco.

1931   «La lengua y la literatura quechua», *Revista Universitaria*, Nº 60, Cusco.

Cúneo Vidal, Rómulo:
1912   «La huelga de Chicama: Informe apoyado por la Sociedad Pro-Indígena sobre los sucesos de Chicama y las medidas que deben ponerle reparo», *La Prensa*, Lima, 10 de octubre.
1925   *Historia de la guerra de los últimos incas peruanos contra el poder español (1535-1572)*, Barcelona, Maucci.

De la Puente Candamo, José A.:
1992   «Lo andino y lo criollo en la Independencia», en *La Independencia en el Perú*, Madrid, Editorial Mapfre.

Denegri, Marco Aurelio:
1911   *La crisis del enganche*, Lima, Sanmartí y Compañía.
1914   «La cuestión agraria», *El Deber Pro-Indígena*, Año II, N° 20, Lima, marzo.

Deustua, José/ Rénique, José Luis:
1984   *Intelectuales, indigenismo y descentralismo en el Perú, 1897-1931*, Cusco, Centro Bartolomé de Las Casas.

Escajadillo, Tomás G.:
1986   *Narradores peruanos del siglo XX*, La Habana, Casa de las Américas.
1994   *La narrativa indigenista peruana*, Lima, Amaru Editores.
2004   *Mariátegui y la literatura peruana*, Lima, Amaru Editores.

Escribano, Pedro:
  2004   «*El cóndor pasa* patrimonio cultural de la nación», *La República*, Lima, 13 de abril.

Espinoza Bravo, Clodoaldo:
  1944   «Homenaje a Pedro S. Zulen», *Fénix*, N° 1, Lima, Revista de la Biblioteca Nacional del Perú.
  1961   «Pedro S. Zulen: Pioner de la cultura y defensor del indio», en *Diez figuras de América*, Lima, P. L. Villanueva.

Espinoza Soriano, Waldemar:
  2003   *Abraham Valdelomar en Cajamarca*, Lima, Universidad Ricardo Palma.

Flores Galindo, Alberto:
  1977   *Arequipa y el sur andino: ensayo de historia regional (siglos XVIII-XX)*, Lima, Editorial Horizonte.
  1982   *El pensamiento comunista 1917-1945* (Antología), Lima, Francisco Campodónico & Mosca Azul Editores.
  1987   *Buscando un inca: Identidad y utopía en los Andes*, Lima, Instituto de Apoyo Agrario.

Galarreta, Julio:
  1951   *El Perú de Abelardo Gamarra*, Lima, Ediciones Trilce.

García Calderón, Ventura:
  1924   *La venganza del cóndor*, Madrid, Editorial Mundo Latino.

Gibson, Carlos:
  1913   «El indio en la formación económica nacional», *El Deber Pro-Indígena*, Año I, N° 9, Lima, junio.

1926   «Regionalismo y nacionalidad», *Mercurio Peruano*, Vol. XV, Nº 93, Lima.

Giordano, Verónica:
1996   «La resistencia simbólica en las haciendas de la sierra peruana», *Estudios Sociales*, Año VI, Nº 11, Santa Fe, Segundo semestre.

Goldberg, Isaac:
1922   *La literatura hispano-americana. Estudios críticos*, Madrid, Editorial América.

Gonzales, Osmar:
1996   *Sanchos fracasados. Los arielistas y el pensamiento político peruano*, Lima, Ediciones PREAL.

González Prada, Adriana de:
1947   *Mi Manuel*, Lima, Editorial Cultura Antártica.

González Prada, Alfredo:
1940   «Carta a Luis Alberto Sánchez, Nueva York, 26 de noviembre de 1940», en *Colónida. Edición Facsimilar*, Lima, Ediciones Copé, 1981.

González Prada, Manuel:
1904   Nuestros indios» [1904], en *Páginas libres/ Horas de lucha* [Edición, notas y prólogo de Luis Alberto Sánchez], Caracas, Biblioteca Ayacucho, 1976.
1905   «Autoridad humana», *El Indio*, Lima, 1905, en *Prosa menuda* [1941], *Obras* [Prólogo y notas de Luis Alberto Sánchez], Lima, Copé, Tomo II, volumen 4, 1986.

Gutiérrez Cuevas, Teodomiro:
  1907 «Memoria de gobierno de la provincia de Huanca-
         yo que Teodomiro A. Gutiérrez eleva al prefecto de
         Junín» [1907], en Contreras, Carlos/ Bracamonte,
         Jorge: *Rumi Maqui en la sierra central. Documentos
         inéditos de 1907.*
  1913 «El Comisionado Especial del Supremo Gobierno a
         los pueblos de habla quechua del departamento de
         Puno» [Puno, 20 de septiembre], en Ramos Zam-
         brano, Augusto: *Rumi Maqui. Movimientos campesi-
         nos de Azángaro (Puno).*
  1914 «Carta a Francisco Chuquihuanca Ayulo, Lima, 29
         de diciembre de 1914», en Ramos Zambrano, Augus-
         to: *Rumi Maqui. Movimientos campesinos de Azánga-
         ro (Puno).*
  1916 «Reportaje al mayor Teodomiro Gutiérrez Cuevas»,
         El Pueblo, Arequipa, 22 de junio.

Hochschild, Adam:
  2002 *El fantasma del rey Leopoldo. Una historia de codicia,
         terror y heroísmo en el África colonial*, Barcelona, Pe-
         nínsula.

Holzmann, Rodolfo:
  1943 «Catálogo de las obras de Daniel Alomía Robles»,
         Boletín Bibliográfico, Vol. 13, Nº 1-2, Lima, julio.

Irigoyen Diez Canseco, Pedro:
  1909 *Inducciones acerca de la civilización incaica*, Lima,
         Tesis para el bachillerato de Letras en la Universidad
         Nacional Mayor de San Marcos.
  1922 *El conflicto y el problema indígena*, Lima, Sanmartí y
         Compañía.

Itier, César:

    1990   *La théâtre moderne en quechua à Cusco (1885-1950)*, Thèse de doctorat de nouveau régime, Aix-en-Provence, Université de Provence.

    1995   *El teatro quechua en el Cusco. Tomo I. Dramas y comedias de Nemesio Zúñiga Cazorla*, Cusco, Instituto Francés de Estudios Andinos/ Centro Bartolomé de las Casas.

    2000   *El teatro quechua en el Cusco. Tomo II. Indigenismo, lengua y literatura en el Perú moderno*, Cusco, Instituto Francés de Estudios Andinos/ Centro Bartolomé de las Casas.

Jacobsen, Nils:

    1989   «Civilization and its barbarism. The inevitability of Juan Bustamante's failure», en Ewell, Judith/ Beexley, William H. (Editores): *The human tradition in Latin America. The nineteenth century*, Wilmington, Delaware, SR Books.

    1993   *Mirages of Transition. The Peruvian Altiplano, 1780-1930*, Berkeley, University of California Press.

Kapsoli, Wilfredo:

    1977   *Los movimientos campesinos en el Perú, 1879-1965*, Lima, Delva Editores.

    1980   *El pensamiento de la Asociación Pro-Indígena*, Cusco, Centro Bartolomé de Las Casas.

    1984   *Ayllus del Sol. Anarquismo y utopía andina*, Lima, Editorial Tarea.

    1986   *Literatura e Historia del Perú*, Lima, Editorial Lumen.

    2001   *El retorno del inca*, Lima, Universidad Ricardo Palma.

Lauer, Mirko:
  1989   *El sitio de la literatura. Escritores y política en el Perú del siglo XX*, Lima, Mosca Azul Editores.
  1997   *Andes imaginarios. Discursos del indigenismo 2*, Lima, CBC/ Sur.

Leibner, Gerardo:
  1994   «*La Protesta* y la andinización del anarquismo en el Perú, 1912-1915», *Estudios Interdisciplinarios de América Latina y El Caribe*, Vol. 5, Nº 1, Tel Aviv, enero-junio.
  1997   «Pensamiento radical peruano: González Prada, Zulen, Mariátegui», *Estudios Interdisciplinarios de América Latina y El Caribe*, Vol. 8, Nº 1, Tel Aviv, enero-junio.
  1999   *El mito del socialismo indígena. Fuentes y contextos peruanos de Mariátegui*, Lima, PUCP.

Lenin, Vladimir I.:
  1964   «British pacifism and the British dislike of theory» [junio de 1915], en *Collected Works* 4º English Edition, London, Vol. 21.

Maguiña, Alejandrino:
  1902   *Informe presentado como Delegado del Supremo Gobierno en el Departamento de Puno*, Lima, en Macera, Pablo/ Rengifo, Antonio: *Rebelión india*.

Málaga, Modesto:
  1911   «La educación indígena», *El Ariete*, Arequipa, 1ºmarzo y 1º de abril.
  1913   «Tiranía de las costumbres», *El Deber Pro-Indígena*, Año I, Nº 4, Lima, enero.

1914   *Problema social de la raza indígena*, Arequipa, Tipografía Quiroz.

Mariátegui, Javier:

1993   «Una locura de amor: El "caso" de Dora Mayer de Zulen», *Anuario Mariateguiano*, Volumen V, Nº 5, Lima.

Mariátegui, José Carlos:

1914   «La cosecha», *La Prensa*, Lima, 18 de junio, en *Escritos Juveniles*, Tomo III.

1915   «Nuestro teatro y su actual período de resurgimiento», *La Prensa*, Lima, 3 de enero, en *Escritos Juveniles*, Tomo III.

1917a   «Grimas y zozobras», *El Tiempo*, Lima, 17 de enero, en *Escritos Juveniles*, Tomo IV.

1917b   «Minuto solemne», *El Tiempo*, Lima, 25 de abril, en *Escritos Juveniles*, Tomo V.

1924   «El problema primario del Perú», *Mundial*, Lima, 9 de diciembre, en *Peruanicemos al Perú*.

1925   «Vidas paralelas: E. D. Morel-Pedro S. Zulen», *Mundial*, Lima, 6 de febrero, en *Peruanicemos al Perú*.

1926   «Aspectos del problema indígena», *Mundial*, Lima, 17 de diciembre, en *Peruanicemos al Perú*.

1927a   «La nueva cruzada Pro-indígena», *El proceso del gamonalismo. Boletín de defensa indígena*, Nº 1, en *Amauta*, Nº 5, Lima, enero.

1927b   «Prólogo» a *Tempestad en los Andes* [1927], de Luis E. Valcárcel, en *La polémica del indigenismo*.

1928a   *7 Ensayos de interpretación de la realidad peruana* [1928], 50º Edición, Lima, Biblioteca Amauta, 1988

1928b   «D. Joaquín Capelo», *Amauta*, Nº 19, Lima, noviembre-diciembre.

1929a «Antecedentes y desarrollo de la acción clasista» [1929], en *Ideología y Política*.

1929b «Del autor» [1929], en *Ideología y política*.

1986 *Peruanicemos al Perú,* 10º Edición, Lima, Biblioteca Amauta.

1987 *Ideología y Política*, 18º Edición, Lima, Biblioteca Amauta.

1991 *Escritos Juveniles. Tomo III: Entrevistas, crónicas y otros textos* [Prólogo, compilación y notas de Alberto Tauro], Lima, Biblioteca Amauta.

1992a *Escritos Juveniles. Tomo IV: Voces I* [Prólogo, compilación y notas de Alberto Tauro], Lima, Biblioteca Amauta.

1992b *Escritos Juveniles. Tomo III: Voces II* [Prólogo, compilación y notas de Alberto Tauro], Lima, Biblioteca Amauta.

Mayer, Dora:

1912 «El estado de la causa», *El Deber Pro-Indígena*, Año I, Nº 1, Lima, octubre.

1913a «Un tributo a la causa», *El Deber Pro-Indígena*, Año I, Nº 9, Lima, junio.

1913b «Federalismo y feudalismo», *El Deber Pro-Indígena*, Año II, Nº 15, Lima, diciembre.

1914 *La conducta de la Compañía Minera de Cerro de Pasco*, Lima, Asociación Pro-Indígena.

1915a «Manía educacionista», *El Deber Pro-Indígena*, Año III, Nº 28, Lima, enero.

1915b «El secreto de la educación», *El Deber Pro-Indígena*, Año III, N° 30, Lima, marzo.

1916a «La trama de la sublevación indígena», *El Comercio*, Lima, 3 de enero.

1916b «La masacre de San José (Azángaro)», *El Comercio*, Lima, 14 de enero.

1916c «La sátira en su lugar», *El Deber Pro-Indígena*, Año IV, N° 41, Lima, febrero.

1917 «La historia de las sublevaciones indígenas en Puno», *El Deber Pro-Indígena*, N° 48 y 49, Lima, septiembre y octubre.

1921 *El indígena peruano a los cien años de la república libre e independiente*, Lima, Imprenta Peruana de E. Z. Casanova.

1925 *Zulen y yo: testimonio de nuestro desposorio ofrecido a la humanidad*, Lima, Imprenta Garcilaso.

1926 «Lo que ha significado la Pro-Indígena», *Amauta*, Año I, N° 1, Lima, setiembre.

1927 *La poesía de Zulen. In Memoriam*, Lima, Imprenta Lux.

1930 «Carta a Anna Chiappe de Mariátegui, Callao, 17 de abril de 1930», *Anuario Mariateguiano*, N° 3, Lima, 1993.

1932 *El oncenio de Leguía*, Callao, Tipografía Peña.

1934 *El desarrollo de las ideas de avanzada en el Perú*, Callao, Tipografía Peña.

1992 *Memorias* [Transcripción y preparación editorial Rosa Boccolini], Lima, Universidad Nacional Mayor de San Marcos.

Mc Evoy, Carmen:

1997 *La utopía republicana. Ideales y realidades en la formación de la cultura política peruana, 1871-1919*, Lima, PUCP.

1999 «Indio y Nación: Una lectura política de la rebelión de Huancané (1866-1868)», en *Forjando la nación. Ensayos sobre historia republicana*, Lima, PUCP.

Miguel de Priego, Manuel:

2000 *El conde plebeyo. Biografía de Abraham Valdelomar*, Lima, Fondo Editorial del Congreso del Perú.

More, Federico:
  1989   *Andanzas*, Lima, Editorial Navarrete.

Morse, Richard M.:
  1973   «La Lima de Joaquín Capelo: Un arquetipo latino-
         americano», en Morse, Richard M. (Editor): *Lima en
         1900*, Lima, IEP.

Mostajo, Francisco:
  1896a *El modernismo y el americanismo*, Arequipa, Impren-
         ta de La Revista del Sur.
  1896b «Los modernistas peruanos», *La Neblina*, Lima, N°
         12, 13 y 14, Lima, 16 de septiembre, 1° de octubre y
         16 de octubre.
  1913a «Contra una argumentación trivial», *El Deber Pro-
         Indígena*, Año I, N° 4, Lima, enero.
  1913b «Contra los malévolos y escépticos», *El Deber Pro-
         Indígena*, Año I, N° 8, Lima, mayo.
  1913c «Bajo otra forma», *El Deber Pro-Indígena*, Año I, N°
         9, Lima, junio
  1913d *Algunas ideas sobre la cuestión obrera. El contrato de
         enganche*, Arequipa, Tipografía Quiroz.
  1915   «El indio en Bolivia», *El Deber Pro-Indígena*, Año
         III, N° 33, Lima, junio.
  1916   «Los abusos del indio», *El Deber Pro-Indígena*, Año
         IV, N° 44, Lima, mayo.

Orrego, Antenor:
  1918   «Hablando con el señor Valdelomar», *La Reforma*,
         Trujillo, 26 de mayo, en *Valdelomar por él mismo*,
         Tomo II.

Ossio Acuña, Juan M.:
  1992   *Los indios del Perú*, Madrid, Editorial Mapfre.

1994   *Las paradojas del Perú oficial. Indigenismo, democracia y crisis estructural*, Lima, PUCP.

Oviedo, José Miguel:
1965   *Genio y figura de Ricardo Palma*, Buenos Aires, Editorial Universitaria.
1997   «Palma y el arte de la tradición», en Oviedo, José Miguel: *Historia de la literatura hispanoamericana. 2. Del Romanticismo al Modernismo*, Madrid, Alianza Editorial.

Pacheco Vélez, César:
1987   «Nota introductoria a las Obras Completas de Víctor Andrés Belaúnde», en Belaúnde, Víctor Andrés: *Obras Completas*, Tomo I.

Palma, Clemente:
1921   «Prólogo» a Valdelomar, Abraham: *Los hijos del Sol*, Lima, Euforión, 1921, en Valdelomar, Abraham: *Obras*, Tomo I.

Palma, Ricardo:
1964   *Tradiciones peruanas completas* [Edición de Edith Palma], Madrid, Aguilar.
1979   *Cartas a Piérola*, Lima, Editorial Milla Batres.

Paredes, Mauro:
1970   «El levantamiento campesino de Rumi Maqui (Azángaro, 1915)», *Campesino*, N° 3, Lima.

Paz-Soldán, Juan Pedro:
1917   *Diccionario biográfico de peruanos contemporáneos*, Lima, Librería e Imprenta Gil.

Pévez, Juan Hipólito:
  1983a *Memorias de un viejo luchador campesino* [Editado por Teresa Oré, Nelly Plaza, René Antezana y Jaime Luna], Lima, Illa-Editorial Tarea.
  1983b «Entrevista» [Lima, febrero de 1983], en Kapsoli, Wilfredo: *Ayllus del Sol. Anarquismo y utopía andina.*

Pinilla, Enrique:
  1985 «La música en la República. Siglo XX», en *La música en el Perú*, Lima, Patronato Popular y Porvenir Pro-Música Clásica.

Pinto, Ismael:
  1987 «Pedro Zulen, de San Marcos», *Expreso*, Lima, 30 de enero.

Podestá, Guido A.:
  1994 *Desde Lutecia. Anacronismo y modernidad en los escritos teatrales de César Vallejo*, Berkeley, Latinoamericana Editores.

Quiroga, Manuel A.:
  1915 *La evolución jurídica de la propiedad rural en Puno*, Arequipa, Tipografía Quiroz.
  1920 *Proyecto de legislación indígena, presentado por el diputado de la provincia de Chucuito, señor Doctor Manuel A. Quiroga, al Congreso Regional del Sur*, Arequipa, Tipografía Quiroz.

Ramos Zambrano, Augusto:
  1985 *Rumi Maqui. Movimientos campesinos de Azángaro (Puno)*, Puno, Centro de Publicaciones IIDSA-UNA.

1994   *Ezequiel Urviola. Apóstol del indigenismo puneño*, Puno.

Rénique, José Luis:
1991   *Los sueños de la sierra. Cusco en el siglo XX*, Lima, Cepes.
2004   *La batalla por Puno. Conflicto agrario y nación en los Andes peruanos 1866-1995*, Lima, IEP/ Cepes/ Sur.

Rengifo, Antonio:
1977a   «Esbozo biográfico de Ezequiel Urviola y Rivero», en Kapsoli, Wilfredo: *Los movimientos campesinos en el Perú, 1879-1965*.
1977b   «Semblanza del Mayor de Caballería Teodomiro Gutiérrez Cuevas, defensor calificado de los indios y enemigo de los gamonales», *Campesino*, Nº 7, Lima.
1988   *Rebelión india*, Lima, Ediciones Rikchay Perú.

Riva-Agüero, José de la:
1962   *Carácter de la literatura del Perú independiente* [1905], en *Obras Completas*, Lima, PUCP , Tomo I.
1995   *Paisajes Peruanos* [1955], Lima, PUCP/ Instituto Riva-Agüero.
1990   *Epistolario* [Edición de César Gutiérrez Muñoz y Juan Carlos Estenssoro Fuchs], Lima, PUCP.

Ross, Edward Alsworth:
1915   *South of Panama*, Nueva York, The Century Company.

Sánchez Ortiz, Guillermo:
1987   *La prensa obrera 1900-1930. (Análisis de «El Obrero Textil»)*, Lima, Ediciones Barricada.

Sánchez, Luis Alberto:
  1969   *Valdelomar o La Belle Époque*, México, FCE.
  1981   *La literatura peruana. Derrotero para una historia cultural del Perú*, 5º Edición, Lima, Editorial Juan Mejía Baca.
  1990   *El joven Sánchez. Antología 1909-1923* [Recopilación, prólogo y notas de Ismael Pinto], Lima, Concytec.

Santos Chocano, José:
  1954   *Alma América. Poemas indo-españoles* [1906], en *Obras completas* [Compilación, prólogo y notas de Luis Alberto Sánchez], México, Aguilar.

Salazar Bondy, Augusto:
  1965   *Historia de las ideas en el Perú contemporáneo*, Lima, Francisco Moncloa Editores.

Sarkisyanz, Manuel:
  1992   *Temblor en los Andes. Profetas del resurgimiento indio en el Perú*, Quito, Ediciones Abya-Yala.

Scheben, Helmut:
  1979   «Indigenismo y modernismo», *Revista de Crítica Literaria Latinoamericana,* Año V, Nº 10, Lima, segundo semestre.

Silva-Santiesteban, Ricardo:
  1977   *José María Eguren. Aproximaciones y perspectivas* (Antología), Lima, Universidad del Pacífico.
  1996   «Historia y problemas textuales de *Los hijos del Sol* de Abraham Valdelomar (Con una propuesta para su ordenamiento)», *Boletín de la Academia Peruana de la Lengua*, Nº 28, Lima.

Sivirichi, Atilio:
  1927   «Diez horas con Francisco Mostajo», *La Sierra*, Nº 5,
         6, 7 y 8, Lima, mayo, junio, julio y agosto.
  1928   «Hacia el nacionalismo musical», *La Sierra*, Nº 16-
         17, Lima, abril-mayo.
  1937   «Contenido espiritual del movimiento indigenista»,
         Revista Universitaria, N° 72, Cusco, 1° Semestre.

Tamayo Herrera, José:
  1980   *Historia del indigenismo cusqueño siglos XVI-XX*, Li-
         ma, INC.
  1981   *El pensamiento indigenista* (Antología), Lima, Fran-
         cisco Campodónico-Mosca Azul Editores.
  1982   *Historia social e indigenismo en el Altiplano*, Lima,
         Ediciones Treintaitrés.

Tamayo Vargas, Augusto:
  S./f.   *Literatura Peruana*, 3º Edición, Lima, Godard.

Ulloa Sotomayor, Alberto:
  1916   «Una gloriosa página de la literatura nacional. Della
         Roca Vergalo y los inmortales», *Colónida*, Año I, Nº
         1, Lima, 15 de enero.

Urquiaga, José Sebastián:
  1916   *Sublevaciones indígenas en el departamento de Puno*,
         Arequipa, Tipografía Franklin.

Valcárcel, Edgar:
  1991   «Daniel Alomía Robles», *Conservatorio. Revista Mu-
         sical Peruana*, Nº 3, Lima.

Valcárcel, Luis E.:
  1914   *La cuestión agraria en el Cusco*, Cusco, Imprenta El
         Trabajo.

1925	*De la vida incaica. Algunas captaciones del espíritu que la animó*, Lima, Editorial Garcilaso

1926	«Tempestad en los Andes», *Amauta*, Nº 1, Lima, setiembre.

1981	*Memorias* [Editadas por José Matos Mar, José Deustua C. y José Luis Rénique], Lima, IEP.

Valdelomar, Abraham:

1911a	«Los peruanos triunfan», *La Prensa*, Lima, 21 de mayo, en *Obras Completas*, Tomo I.

1911b	«Un documento interesante», *La Opinión Nacional*, Lima, 3 de diciembre, en *Obras Completas*, Tomo I.

1911c	«Se anuncia gran concierto incaico para el dos de enero», *La Opinión Nacional*, Lima, 29 de diciembre, en *Obras Completas*, Tomo I.

1912	«El espíritu de una raza moribunda. Párrafos de la conferencia leída en el Teatro Municipal, en la noche del concierto de música incaica del señor Daniel Alomía Robles, por Abraham Valdelomar», *La Opinión Nacional*, Lima, 7 de enero, en *Obras Completas*, Tomo I.

1913a	«Carta a su madre» [Roma, 12 de agosto], en *Valdelomar por él mismo*, Tomo I.

1913b	«Carta a Enrique Bustamante y Ballivián» [Viarregio, 29 de agosto], en *Valdelomar por él mismo*, Tomo I.

1916	«Al lector», Introducción a *Verdolaga* [1916], en Cabel, Jesús: «El último acto de *Verdolaga*», en *Valdelomar. Memoria y leyenda*.

1917a	«¡Por la gloria de la raza!», *La Prensa*, Lima, 26 de febrero, en *Obras Completas*, Tomo IV.

1917b	«¡El triunfo de la raza!», *La Prensa*, Lima, 28 de febrero, en *Obras Completas*, Tomo IV.

1917c	«El drama *Ollantay*. Conferencia leída por Abraham Valdelomar, en el Teatro Municipal, la noche del sábado último», *La Prensa*, Lima, 5 de marzo, en *Obras Completas*, Tomo IV.

1918a   «Carta a Enrique Bustamante y Ballivián, José María Eguren, Percy Gibson y Alberto Ibarra» [Lima, enero de 1918], en *Valdelomar por él mismo*, Tomo II.

1918b   «La verdadera democracia» [Cajamarca, junio], en *Obras*, Tomo II.

1918c   «Acción de gracia a los paisajes peruanos», *Sudamérica*, N° 51, Lima, 7 de diciembre, en *Obras Completas*, Tomo IV.

1919a   «El verdadero patriotismo» [Cusco, junio], en *Obras Completas*, Tomo IV.

1919b   «Ideales nacionales» [Cusco, junio], en *Obras Completas*, Tomo IV.

1919c   «Una tesis brillante de Leandro Alviña, descubridor de la gama pentafónica incaica» [1919], en *Obras Completas*, Tomo IV.

1919d   «El valor aborigen en la vida nacional» [1919], en *Obras Completas*, Tomo IV.

1921   *Los hijos del Sol*, Lima, Euforión, en *Obras Completas*, Tomo II

1988   *Obras* [Edición y prólogo de Luis Alberto Sánchez], Lima, Edubanco.

2000   *Valdelomar por él mismo* [Edición, prólogo, cronología y notas de Ricardo Silva-Santisteban], Lima, Fondo Editorial del Congreso del Perú.

2001   *Obras Completas* [Edición, prólogo, cronología, iconografía y notas de Ricardo Silva-Santisteban], Tomo IV, Lima, Ediciones Copé.

Varallanos, José:

1988   *El cóndor pasa. Vida y obra de Daniel Alomía Robles*, Lima, P. L. Villanueva.

Varillas Montenegro, Alberto:
  1992   *La literatura peruana del siglo XIX. Periodización y caracterización*, Lima, PUCP.

Vasallo, Manuel:
  1978   «Rumi Maqui y la nacionalidad quechua», *Allpanchis*, Nº 11-12, Cusco.

Vásquez, Emilio:
  1976   *La rebelión de Juan Bustamante*, Lima, Editorial Juan Mejía Baca.

Velasco Aragón, Luis:
  1941   «Comentarios inéditos sobre Teodomiro Gutiérrez Cuevas», en González Prada, Manuel: *Prosa menuda* [1941], *Obras*, Tomo II, volumen 4.

Velázquez Castro, Marcel:
  1998   «Modernidad, memoria e imaginación en *Los hijos del Sol* de Abraham Valdelomar», *Ajos & Zafiros*, Nº 1, Lima, octubre.

Villavicencio, Víctor Modesto:
  1922   *Nikolai Lenin*, Lima.
  1925   «El valor intelectual de Zulen», *Boletín Bibliográfico de la Universidad Nacional Mayor de San Marcos*, Volumen II, Nº 1, Lima, marzo.

Villena, Francisco:
  1979   «La sociedad arequipeña y el Partido Liberal, 1885-1920», *Análisis*, Nº 8-9, Lima, mayo-diciembre.

Villena, Pedro C.:
  1913   *Informe que presenta el doctor Pedro C. Villena Comisionado por el Supremo Gobierno para investigar las*

quejas de los indígenas de Lampa, en el Departamento de Puno, Lima, Imprenta del Estado.

Wettstein, Germán:
1984   «Lenguaje alegórico e ironía pedagógica en el quehacer político de Bolívar», *Casa de las Américas*, Año XXI, N° 143, La Habana, marzo-abril.

Xammar, Luis Fabio:
1990   *Valdelomar: Signo* [1940], 2º Edición, Lima, INC.

Zolezzi, Martha:
1983   «Pedro S. Zulen», *Aporía*, N° 9, Lima, julio.

Zubizarreta, Armando:
1968   *Perfil y entraña de «El Caballero Carmelo». (El arte del cuento criollo)*, Lima, Editorial Universo.

Zulen, Esther:
1925   «Noticia biográfica y bibliográfica de Pedro S. Zulen», *Boletín Bibliográfico de la Universidad Nacional Mayor de San Marcos*, Volumen II, N°1, Lima, marzo.

Zulen, Pedro S.:
1909a «Filosofía del error», *Contemporáneos*, Año I, N°1, Lima, 1° de abril.
1909b «Nuestro indígena y las conversaciones del "Centro Universitario"», *La Prensa*, Lima, 17 de abril.
1909c «La crisis filosófica contemporánea», *Contemporáneos*, Año I, N° 3, Lima, 1° de mayo.
1910a «Bases formuladas por el señor Zulen sobre las que se fundó la Asociación Pro-Indígena», *El Comercio*, Lima, 31 de enero.

1910b «Squillace y la sociología comtiana», *Ilustración Peruana*, Lima, 22 de junio.

1910c «Respuesta a la carta de A. R. Stark, comisionado de la Anti-Slavery and Aborigines Protection Society, para informarse sobre la cuestión del Putumayo», *El Comercio*, Lima, 20 de julio.

1910d «William James», *La Prensa*, Lima, 1° de septiembre.

1911a «Los estudios de Riva-Agüero», *Ilustración Peruana*, Lima, 15 y 22 de febrero, 15 de marzo y 15 de abril.

1911b «Vahído», *Balnearios*, Barranco, 7 de mayo.

1911c «En el vallezuelo», *Balnearios*, Barranco, 4 de junio.

1911d «El carácter y la moralidad», *Balnearios*, Barranco, 22 de octubre.

1911e «Un neo-simbolismo poético. Apuntaciones sobre José María Eguren y sus poesías», *Ilustración Peruana*, N° 112, Lima, 22 de noviembre.

1912a «Obsesiones», *Balnearios*, Barranco, 7 de enero.

1912b «Soliloquio», *Balnearios*, Barranco, 22 de febrero.

1912c «Las correrías en el Bajo Ucayali», *La Prensa*, Lima, 13 de julio.

1912d «Las correrías en las montañas del Cusco», *La Prensa*, Lima, 21 de julio.

1912e «¿Cómo celebraremos nuestro centenario?», *El Deber Pro-Indígena*, Año I, N° 1, Lima, octubre.

1914a «La vida según Herbert Spencer», *Balnearios*, Barranco, 26 de abril.

1914b «Memoria de la Secretaría General», *El Deber Pro-Indígena*, Año II, N° 26, Lima, noviembre.

1914c «Sobre las comunidades indígenas», *La Crónica*, Lima, 14 de noviembre.

1915a «Discurso a los indios de Chucuito», *La Crónica*, Lima, 9 de febrero.

1915b «Doctrina y programa de la Asociación Pro-Indígena», Lima, 8 de marzo.

1915c «Revolucionarios, sí, revolucionarios», *El Deber Pro-Indígena*, Año III, N° 30, Lima, marzo.

1915d «Por la nacionalidad», *La Autonomía*, Año I, N° 1, Lima, 21 de julio.

1915e «Sobre regionalismo», *La Autonomía*, Año I, N° 9, Lima, 18 de septiembre.

1915f «Destruyamos el latifundio», *La Autonomía*, Año I, N° 19, Lima, 27 de noviembre.

1918a «Socialismo y problema social peruano», *La Evolución*, Huancayo, 7 de mayo.

1918b «Discurso a los indígenas de Marco» [Marco, 28 de julio], *Claridad*, Año II, N° 6, Lima, setiembre de 1924.

1919 «Socialistas de nuevo cuño», Jauja, 1919, en Kapsoli, Wilfredo: *El pensamiento de la Asociación Pro-Indígena*.

1920a «Josiah Royce», *El Tiempo*, Lima, 11 de enero.

1920b «Henri Bergson», *El Tiempo*, Lima, 19 de enero.

1920c *La filosofía de lo inexpresable. Bosquejo de una interpretación y una crítica de la filosofía de Bergson*, Lima, Sanmartí y Compañía.

1921 «El Perú en su primera centuria republicana», *La Prensa*, Lima, 2 de agosto.

1922 «La literatura contemporánea en los Estados Unidos. ¿Existe una literatura norteamericana?», *Variedades*, Lima, 23 de diciembre.

1923 «La literatura contemporánea en los Estados Unidos. Los poetas: Masters, Sandburg, Lindsay, Amy Lowell. H. D., Fletcher, Robinson, Frost», *Variedades*, Lima, 6 de enero.

1924a «La personalidad de Bertrand Russell», *Claridad*, Año II, N° 7, Lima, noviembre.

1924b *Del neohegelianismo al neorealismo. Estudio de las corrientes filosóficas en Inglaterra y los Estados Unidos desde la introducción de Hegel hasta la actual reacción neorealista*, Lima, Imprenta Lux.

1925   *Programas de Sicología y de Lógica. Según el curso dictado en el 2º semestre de 1924*, Lima, Imprenta Garcilaso.

1930   *El olmo incierto de la nevada. Poemas*, Lima, J. E. Chenkey.

ÍNDICE

Otros títulos de la colección Insumisos Latinoamericanos

América Latina: Integración, democracia y desarrollo. Retos para el siglo XXI, Ignacio Medina

La educación superior en América Latina. Globalización, exclusión y pobreza, Laura Mota Díaz y José Luis Cisneros

Redes e imaginario del exilio en México y América Latina: 1934-1940, Ricardo Melgar Bao

Venezuela: Horizonte democrático en el siglo XXI, Eduardo Sandoval Forero, Robinson Salazar Pérez y Alexis Romero Salazar

Democracias en riesgo en América Latina, Robinson Salazar Pérez, Eduardo Sandoval Forero y Dorangélica de la Rocha Almazán

El sindicalismo mexicano en la transición al siglo XXI, Ignacio Medina

América Latina: conflicto, violencia y paz en el siglo XXI, Robinson Salazar Pérez

Lectura crítica del Plan Puebla Panamá, Robinson Salazar Pérez

Comportamiento de la sociedad civil latinoamericana, Robinson Salazar Pérez

Sujetos y alternativas contrahegemónicas en el espacio andino amazónico, Jorge Lora Cam y Robinson Salazar Pérez

Los valores y sus desafíos actuales, José Ramón Fabelo Corzo

Editorial LibrosEnRed

LibrosEnRed es la Editorial Digital más completa en idioma español. Desde junio de 2000 trabajamos en la edición y venta de libros digitales e impresos bajo demanda.

Nuestra misión es facilitar a todos los autores la **edición** de sus obras y ofrecer a los lectores acceso rápido y económico a libros de todo tipo.

Editamos novelas, cuentos, poesías, tesis, investigaciones, manuales, monografías y toda variedad de contenidos. Brindamos la posibilidad de **comercializar** las obras desde Internet para millones de potenciales lectores. De este modo, intentamos fortalecer la difusión de los autores que escriben en español.

Nuestro sistema de atribución de regalías permite que los autores **obtengan una ganancia 300% o 400% mayor** a la que reciben en el circuito tradicional.

Ingrese a www.librosenred.com y conozca nuestro catálogo, compuesto por cientos de títulos clásicos y de autores contemporáneos.